AF742523

IPHONE15とIPHONE15 PROの超簡単ガイド

2023 IPHONEとIOS 17を使い始める

SCOTT LA COUNTE

RIDICULOUSLY
SIMPLE BOOKS
カリフォルニア州アナハイム

www.RidiculouslySimpleBooks.com

目次

免責事項：*本書は正確を期して作成されたものですが、アップル社が保証するものではなく、非公式なものであることにご留意ください。*

はじめに

iPhone 15とiPhone 15 Proの内部と外部をこのガイドで発見してください。熟練のiPhoneユーザーも、Appleの最新製品に興味がある人も、本書を読めば、これらの先進的なデバイスの新機能や性能を深く知ることができます。

iOS 17にアップグレードするにしても、新しいiPhoneのロックを解除するにしても、解凍しなければならないことがたくさんある！

このガイドブックでは、次のようなことが紹介されている：

- 新しいデザインの美学：フラットなエッジとノッチ（切り欠き）を最小限に抑えた洗練されたデザインは、iPhoneに現代的な魅力を与えています。
- カメラシステムの概要
- ヒントとコツ：専門家のアドバイスと提案で、iPhone 15やiPhone 15 Proの可能性を最大限に引き出しましょう。
- Face IDの使用
- ダイナミック・アイランドの使用
- 映画やテレビ番組のピクチャー・イン・ピクチャーの使い方
- ホーム画面にウィジェットを追加する方法
- アプリ・ライブラリでアプリを整理する
- アプリの購入、削除、再配置、アップデート
- テキストメッセージの未送信と編集
- Siriを使う
- メモ、カレンダー、リマインダーなどのプリインストールアプリの使用
- そしてもっともっと！

このガイドは、iPhone 15とiPhone 15 Proの機能を徹底的に理解することを目的としています。

注：本書はアップル社が推奨するものではなく、非公式なものとお考えください。

[1]

電話の概要

何が大きく違うのか？

携帯電話の使い方について話す前に、携帯電話の種類について少しだけ話しておく必要がある。昨年のモデルからアップグレードする場合、すぐに違いがわかるかもしれません。このセクションでは、その違いについて説明します。

知っておくべき最大のポイント：このガイドはすべての機種に適用されます。iPhone Pro Maxは、通常のiPhoneやiPhone SEと操作が異なることはありません。どれも同じように使えます。例えば、MaxにはRAWフォーマットで写真を撮影するオプションがあります。

もうひとつ知っておかなければならないのは、iPhoneは素晴らしいデバイスだということだ。たとえ安いモデルを持っていたとしても、そのパワフルさには驚かされるだろう。

iPhone 14 ProとiPhone 15 Proの比較

まずは最高峰のプロシリーズについて。今年のモデルは昨年のモデルと比べてどうなのか？

デザイン

チタン製の頑丈なフレームを採用したiPhone 15 Proは、その強度が際立つだけでなく、ステンレススチール製のものと比べて格段に軽量です。ベゼルがより細くなり、iPhone 14 Proとは視覚的に異なるモダンな美しさを見せています。

チタン製になったことで、ステンレススチール製のiPhone 14 Proと比べて、iPhone 15 Proは耐久性と耐傷性が向上しました。洗練されたベゼルは、片手での使用を容易にし、カラーバリエーションが増えたことで、あらゆる個性にマッチする色合いがあります。

カメラ

iPhone 15 Proは、48MPのメインカメラ、12MPのウルトラワイドレンズ、12MPの望遠レンズ（光学3倍ズーム）で構成される洗練されたカメラシステムを誇ります。これは、iPhone 14 Proの12MPメインカメラからの明らかな進化だ。このアップグレードは、低照度撮影の強化だけでなく、より鮮明で詳細な画像を約束する。さらに特筆すべきは、iPhone 15 Proに採用された潜望鏡望遠レンズで、被写体を光学的に最大6倍まで拡大し、iPhone 14 Proの2倍ズームを3倍に拡大する。

すでに印象的なiPhone 14 Proのカメラシステムは、価値ある後継機を手に入れた。iPhone 15 Proに搭載された48MPのメインカメラは、低照度下でも優れた性能を発揮し、より細部まで鮮明に撮影できる。光学6倍ズームを備えた革新的な潜望鏡レンズは、前モデルとの違いをさらに際立たせている。さらに、iPhone 15 Proにはシネマティックモードが搭載され、被写界深度を活かした映画のような動画を撮影できるようになりました。

チップ

ボンネットの下には、iPhone 14 ProのA15 Bionicをさらに進化させたA17 Bionicチップが搭載されている。A15 Bionicはすでにモバイルプロセッシングを席巻しているが、A17 Bionicは処理能力とマルチタスク機能を比類ないレベルに引き上げ、高解像度のビデオ撮影や激しいゲームセッションにも容易に対応できるようになると期待されている。

また、A17 Bionicチップの統合により、より効率的な電力管理が可能になり、iPhone 15 Proのバッテリー寿命が延びる可能性がある。

充電

iPhone 15 ProはUSB-Cポートを採用することで、充電体験をシンプルにした。USB-Cが現代の多くのデバイスの定番であることを考えると、ユーザーはiPhone 15 Proを他のガジェットと交換して充電することがより簡単になるだろう。iPhone 14 ProはUSB-Cを搭載していたが、主にLightningポートに依存していた。しかし、iPhone 15 Proでは、USB-Cは単なるオプションではなく、新しい標準となった。

その他の特徴

iPhone 15 Proにはアクションボタンが追加され、Siriへの即時アクセスから合理化されたショートカットまで、さまざまな機能が追加されました。注目の機能である衛星経由のロードサイドアシスタンスは、アクセスしにくい場所に取り残されたユーザーを救済します。

比較的、iPhone 14 ProはSiriとの対話やスクリーンショットのためにサイドボタンを採用していたが、衛星対応のロードサイドアシスタンスは搭載していなかった。この新しいアクションボタンは、機能性と利便性の両方を重視し、素早くアクセスできる機能の多さを約束する。

iPhone14とiPhone15の比較

では、通常のiPhoneに話を移し、昨年モデルと比較してみよう。

デザイン

iPhone 14とiPhone 15はともに、フラットエッジのシルエットにステンレススチールのフレームを組み合わせている。共通点はあるものの、iPhone 15は、6.1インチのスクリーンを搭載しながらも、前モデルよりも一回り大きくなっている。

ディスプレイ

いずれのモデルもSuper Retina XDRディスプレイを搭載し、2532x1170ピクセルの解像度でビジュアルを映し出す。しかし、iPhone 15は輝度が一段と高く、iPhone 14のピーク輝度1200ニットに対し、1600ニットを誇示している。

カメラ

これらのiPhoneの共通点は、12MPのメインカメラ、12MPの超広角レンズ、12MPの望遠レンズからなるトリプルレンズのリアカメラ配列だ。しかし、iPhone 15は、iPhone 14の12MPレンズから飛躍した48MPの強力なメインカメラを搭載し、新たな領域を切り開いた。写真体験をさらに豊かにするために、iPhone 15は潜望鏡望遠レンズを導入し、被写体を光学的に最大6倍まで拡大し、iPhone 14の2倍ズームを凌駕する。

チップ

iPhone 14を駆動するのはA15 Bionicチップだ。これに対してiPhone 15は、アップルの次世代モバイルプロセッサーであるA16 Bionicを中心に設計されている。A16 Bionicはパフォーマンスの向上を約束するが、A15からの飛躍は微妙なものになると予想される。

その他の特徴

その中核となるのは、Face ID、LiDARスキャナー、没入型ステレオスピーカーといった両iPhoneの共通機能だ。iPhone15を際立たせているのは、クイックアクセスツールやSiriのトリガーとして機能する可能性のある斬新なアクションボタンと、遠隔地でのユーザーの安全を確保する衛星経由の革新的なロードサイドアシスタンスである。

iPhone 14とiPhone 15の違いは微妙に見えるかもしれないが、iPhone 15はディスプレイの明るさからカメラの性能、革新的なアクションボタンに至るまで、一連の洗練された機能を備えている。

iPhone 15 vs iPhone 15 Pro

前世代モデルのどこが違うのかを知るのはいいことだが、今年はどうだろう？もしあなたが店頭で、本当にProに追加料金を払うべきかどうか決めかねているとしたら？しかし、繰り返しになるが、これらの携帯電話はどちらも素晴らしいデバイスであり、どちらを選んでも満足できるだろう。

スクリーン

iPhone 15もiPhone 15 Proも、6.1インチのSuper Retina XDRディスプレイを搭載している。ProのディスプレイにはProMotionテクノロジーが採用されているのだ。簡単に説明すると、VIDEOを見たり、ゲームをしたり、ウェブを見たりしているときでも、とても滑らかに表示されるということだ。さらに、TikTokなどに熱中していないときは、バッテリーを節約するために表示速度を下げることもできる。一方、ベーシックなiPhone 15は、「私は通常の60Hzのリフレッシュレートで十分です。

また、夜更かしをする人のために、Proには常時オン表示のディスプレイが搭載されており、StandByモードに最適だ。15インチは？そうでもない。

デザイン

iPhone15には、たくさんの色がある！きれいなピンク、柔らかなイエロー、落ち着いたグリーン、落ち着いたブルー。一方、15 Proは、ブラック、ホワイト、洗練されたブルー、そしてベージュのようでありながらファンシーなチタンの色合いと、上品な雰囲気が特徴です。15はアルミニウムのボディで、背面のガラスにポップなカラーがあしらわれている。Proは？ジェームズ・ボンドをイメージしてください：質感のあるマットなルックのチタニウム。

サイズと重量

iPhone15は少し大きくなったが、驚くほど軽くなった。通常、チタニウムはアルミニウムよりも軽い。おそらくカメラが追加されたからだろう。簡単な統計：iPhone　15は6.02オンス、Proは6.6オンス。

クールな追加

15　Proでは、ミュートスイッチが廃止され、この新鮮な「アクションボタン」が採用された。これは基本的に、懐中電灯を使ったり、素早く写真を撮ったりするためのクイックボタンだ。

カメラ対決

しかし、誰もが本当に気にしている機能についてはどうだろう？カメラだ。

15インチは2つのカメラを搭載しているが、Proは鮮明なズームショットのためにもう1つ追加されている。ナイトモードは？どちらも搭載していますが、Proではポートレートモードで使用できます。

ボンネットの中

両機種ともスピードは速いが、ゲーム好きにはProの方が若干優れたチップを搭載している。また、写真やアプリをたくさんお持ちの方には、Proだけが1TBのストレージオプションを用意している。

充電

USB-Cの登場だ！しかし、超高速を求めるなら、プロになるしかない。ただし、スピードアップにはUSB-C 3ケーブルが必要です。

他にも微妙な違いはあるが、これらが主なものだ。

iPhone 15 Pro Max vs サムスンS23 Ultra

アンドロイド携帯を筆頭に、ダウンしている携帯電話が他にもあることはご存知だと思う。では、それらの機種はどうなのか？アップルのプレミアム端末を、最も人気のあるプレミアム端末のひとつ、サムスンS23 Ultraと比較してみよう。その性能は？

思い浮かべてほしい：あなたはiPhone 15 Pro Maxを手にしている。まず最初に気づくのは、そのなめらかで輪郭のあるチタン製のデザインで、これまでの製品とは明らかに異なっている。そして、ついにUSB Type-Cに対応した！カスタマイズのファンには、Apple Watch Ultraを彷彿とさせるアクションボタンが喜ばれるだろう。重さは約221グラムとやや軽く、ナチュラル、ブルー、ホワイト、ブラックといった洗練されたチタンの色合いが揃っている。

ギャラクシーS23ウルトラ。ギャラクシーS22ウルトラを彷彿とさせる、おなじみのガラスサンドイッチ・デザインだ。スケッチやメモをする人にとっては、内蔵のSペン・スタイラスが嬉しいだろう。重さは234グラムで、iPhoneより少し重く、クリーム、ラベンダー、ファントムブラックなどのカラーバリエーションがある。

さて、注意してほしいのは、どちらを選んでも壁掛けアダプターは同梱されないということだ。そう、それが今の時代なのだ。

ディスプレイに目を移すと、iPhone 15 Pro Maxは6.7インチのSuper Retina XDRディスプレイを搭載しており、Netflixの視聴が素晴らしいものになることを保証する。ダイナミックな機能としては、1-120HzのProMotionテクノロジーがあり、見ているものに応じて調整される。セキュリティー面では、信頼できるFace IDに頼ることになる。一方、ギャラクシーS23ウルトラは6.8インチディスプレイでわずかに劣り、フロントカメラ用の小さなパンチホールがある。超音波式のディスプレイ内指紋スキャナーは、SF映画に出てきそうな雰囲気だ。

iPhoneには3nmのApple A17 Proチップセットが搭載され、8GBのRAMが搭載されている。そしてiPhoneでは、5年間のアップデートが約束されたiOS 17がすぐに手に入る。一方、Snapdragon 8 Gen 2のカスタムバージョンを搭載したGalaxy S23 Ultraは、8GBと12GBのRAMオプションを提供している。携帯電話をミニコンピューターに変身させるDeX機能、そしてもちろん、特別なSペン機能も忘れてはならない。

カメラの面では、iPhoneは48MPのメインシューターと新しいフォトニックエンジンを搭載している。これは、薄暗いディナーや晴れた公園の日でも、よりキレのある写真が撮れることを意味する。しかし、ギャラクシーは、200MPのメインカメラと12MPのフロントカメラで、他とは一線を画している。休暇中の写真は、プロの写真に匹敵するかもしれない。しかし、画素数が多ければ良い写真が撮れるというわけではないことを覚えておいてほしい。しかし、あなたを驚かせる素晴らしいレンズがある。

音楽を聴きながら、あるいは映画鑑賞を楽しむなら、どちらの機種も最高のオーディオを約束する。iPhoneは、ステレオスピーカーとAdvanced Taptic Engineハプティクスを搭載し、より没入感のある体験を約束する。ギャラクシーも遠慮することなく、模範的なオーディオとハイエンドの触覚フィードバックを誇示している。

バッテリーが心配ですか？ iPhoneの推定容量は4,200～4,300mAhで、20Wの有線充電とワイヤレス用のMagSafeで15Wの充電が可能です。しかし、ギャラクシーS23ウルトラは、より強力な5,000mAhのバッテリー、より高速な45Wの有線充電、さらには逆ワイヤレス充電に対応している。

で、収穫は？いずれにせよ、楽しみは尽きない！多くの人にとって、どのようなエコシステムに投資したいかということに尽きる。Apple Watch、Apple TV、iPadを持っているなら、iPhoneを選ぶのは当然のことだろう。

iOS 17の新機能

iPhoneの優れた点のひとつは、OSのアップデートが無料であることだ。つまり、新しい携帯電話を買わなくても、たくさんの新機能を利用できるということだ。ただし、OSの一部の機能は旧モデルでは利用できない。新機種限定の機能がある場合は、その旨を記しておく。

iOSにはたくさんのアップデートがあるが、その中でも特に知っておきたいものを以下に紹介しよう。

最大の特徴

以下は、人々が最も期待していると思われる機能である。

ライブ・ボイスメール

ボイスメールを聞きたくない衝動に駆られたことはありませんか？ライブ・ボイスメールをご紹介しましょう。基本的にはリアルタイムスタイルのマジック書き起こしです。まるでマンガをめくるように、ボイスメールに目を通すことができます。誰からかわからない？相手の名前と数字がすぐそこにあります。仕事のオファーを待っているのなら？HRがメッセージを残したかどうか、聞くことなく確認できます。

ポスター

これはあなたの名刺だと思ってください。あなたの連絡先ポスターは、生意気なメモ帳にも、輝かしい自撮り写真にも、あるいはその両方にもなります！もっと華やかにしたいですか？あなたの肩書きや代名詞、あるいは人生のモットー "ピザは多めに、ドラマは少なめに "などの文字を入れてみましょう。

ネームドロップ

名刺はもういい。NameDropを使えば、誰かのiPhoneのそばで携帯を軽く動かすだけで、連絡先が交換できる。デジタル時代の秘密の握手のようなものだ。エンドツーエンドの暗号化により、金庫のように安全だ。

スマートスタック

ウィジェットがアップグレード。ホーム画面にウィジェットをまとめれば、一目瞭然。1週間の予定、今日の天気、トップ5のタスクが表示されるミニコントロールセンターを想像してみてください。

ジャーナル

あなたの新しいデジタル親友。気持ちを吐き出したり、ランダムに落書きしたり、思い出を記録したり。あなたのデバイスにセルフケアを。リマインダーを使えば、毎日の「自分の時間」を忘れることもありません。この機能はiOS 17にはすぐにリリースされません。

スタンバイ

最後になるが、StandByは携帯電話のスクリーンセーバーのようなものだ。iPhoneが冷えてジュースを飲んでいるとき、このモードが起動し、完全なウェイクアップなしで必要な情報を表示します。あなたの美的感覚に合わせてカスタマイズしてください。

その他の特徴

他の機能についてはどうだろうか？

メッセージ

統一されたiMessageアプリ：プラスアイコンをタップするだけで、よく送るアイテムにアクセスできます。上にスワイプすると、さらに多くのiMessageアプリケーションにアクセスできます。

効率的なメッセージング：キャッチアップ矢印で未読のメッセージにジャンプし、スワイプで素早く返信できます。

検索機能の強化：複数のフィルタを実装して、効率的なメッセージ検索を実現。

ロケーション機能：位置情報を簡単に共有またはリクエストし、チャットで直接表示できます。

音声メッセージの書き起こし：音声メッセージの書き起こしを読み、都合の良い時に聞くことができます。

ステッカーの整理：Live　Stickers、Emojis、Memojiなど、すべてのステッカーを一か所で見つけられ、デバイス間で同期されます。

フェイスタイム

メッセージを残す接続できませんか？音声またはビデオメッセージを残してください。

拡張現実で反応しよう：楽しい3Dリアクションを表示したり、ハンドジェスチャーでトリガーしたりできます。

Apple　TVでFaceTime：iPhoneをカメラとして使い、FaceTime通話をテレビで開始または転送できます。

キーボードの強化

オートコレクトとインライン予測機能が改善され、よりスムーズな入力が可能になりました。

サファリとパスワード

プロフィール：仕事とプライベートのようなトピックごとにプロフィールを分けることで、閲覧体験を分けることができます。

強化されたプライベートブラウジング：プライベートブラウジング時のセキュリティが向上しました。

オートフィル機能：電子メールからワンタイム認証コードを瞬時に入力。

音楽とAirPlay

コラボレイティブ・プレイリスト機能、スマート・デバイスの提案、そしてホテルの部屋でのAirPlayは、あなたの音楽体験と共有体験に革命を起こそうとしている。

地図

オフライン地図へのアクセスや改良された電気自動車のルーティング機能により、ナビゲーションがこれまで以上にスムーズになりました。

健康アプリ

精神と視覚の健康に関する新たな洞察は、全体的な幸福を強調する。

プライバシーとセキュリティ

強化された通信の安全性、機密コンテンツの警告、改善されたアクセス許可、拡張されたロックダウンモードにより、データの安全性が確保されます。

対応デバイス

iOS　17は無料アップデートだが、すべてのデバイスでサポートされているわけではない。お使いの携帯電話が数年前のものであれば、問題ありません。以下は対応機種一覧です。もしあなたの機種が表示されていない場合は、iOS 17へのアップグレード対象外ということになります：

- iPhone 15

- iPhone 15 Plus
- iPhone 15 Pro
- iPhone 15 Pro Max
- iPhone 14
- iPhone 14 Plus
- iPhone 14 Pro
- iPhone 14 Pro Max
- iPhone 13
- iPhone13ミニ
- iPhone 13 Pro
- iPhone 13 Pro Max
- iPhone 12
- iPhone12ミニ
- iPhone 12 Pro
- iPhone 12 Pro Max
- iPhone 11
- iPhone 11 Pro
- iPhone 11 Pro Max
- iPhone XS
- iPhone XS Max
- iPhone XR
- iPhone SE（第2世代以降）

アップデート方法携帯電話のアップデート

自動アップデートをオンにしているなら、何もする必要はない。通常はスリープ中に）勝手にダウンロードされます。手動で行いたい場合、または自動アップデートがオンになっているかどうかを確認したい場合は、「設定」>「一般」>「ソフトウェアアップデート」の順に進みます。.

アップデートの容量はかなり大きいので、必ずWi-Fi経由でダウンロードしてください。でダウンロードしてください。ダウンロードが完了すると、インストールに数分かかり、その間は電話を使用することができません。

ウェルカムホーム

コスメティックになろうか？

　物理的なホームボタンはiPh-oneの長年の特徴であり、SEの携帯電話では今でもそうだ。しかし2018年、アップルはiPh-one Xのリリースでこれを変えた。

　ホームボタンがないことに慣れ始めた人も多いだろうが、ホームボタンがないiPh-oneを使ったことがない人もまだたくさんいる。

　次の章では、セットアップについてお話しします。少し後ろ向きな話に聞こえるかもしれませんが、多くの人が以前のモデルから新しいiPh-oneにアップグレードするのですから、異なる主な点についてお話しする価値はあるでしょう。

　ホームボタン付きのiPh-oneを使ったことがある人なら、親指をボタンがあった場所に置き続けて一日を過ごすことになるに違いない！ご心配なく！大丈夫。実際、ボタンがないことに慣れると、ボタンがない方がより効果的だとわかるようになります。

　ジェスチャーについて説明する前に、この携帯電話について他の点と異なる点について説明しよう。

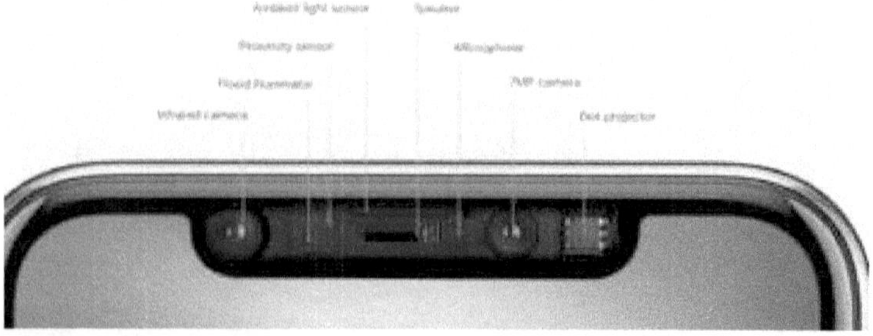

電話の上部（トップノッチと呼ばれる）は黒い帯になっています。これらはすべて、携帯電話がよりよく機能するためのものです。携帯電話を見て）右端にはドット・プロジェクターがある。iPhoneを壁に投影するもののようですね？そうであってほしい！これはFace IDのためにあなたの顔をスキャンするカメラです。(その隣がカメラ。）その隣がカメラで、12MPです。左端には他にもいくつかのセンサーとカメラがある。どれも派手に聞こえるでしょう？近接センサー。フラッドイルミネーター。ファンシーは...そう、ファンシーだ！しかし、簡単に言うと一体どういうことなのか？それは、前面カメラがかなり印象的なセルフィーを撮れるということだ！もしあなたがiPhone 8や8
Plusを使ったことがあるなら、ポートレートモードをご存知でしょう。モードをご存知だろうか？そうでなくても、簡単に言えば、写真をぼかしてプロっぽく仕上げるものだ。そのためには、いくつかの追加センサーが必要です。iPhone X（およびそれ以降のすべてのiPh-one）では、これらの機能は携帯電話の前面と背面の両方に搭載されています。つまり、どちらのカメラを使っても（前面でも背面でも）同じような写真が撮れるということだ。

上記はほとんどの携帯電話に当てはまる。しかし2022年、アップルはあえて他とは違う新しい携帯電話、iPhone Pro
14を発表した。この携帯電話は、その上部のフロントセンサーを "Dynamic Island
"に置き換えた。それについては少し後で説明しよう。この機種を持っている人に知っておいてほしいことがある。他のiPh-
oneとは異なり、この錠剤のような形をした全体は、触ってインタラクティブに操作することができる。

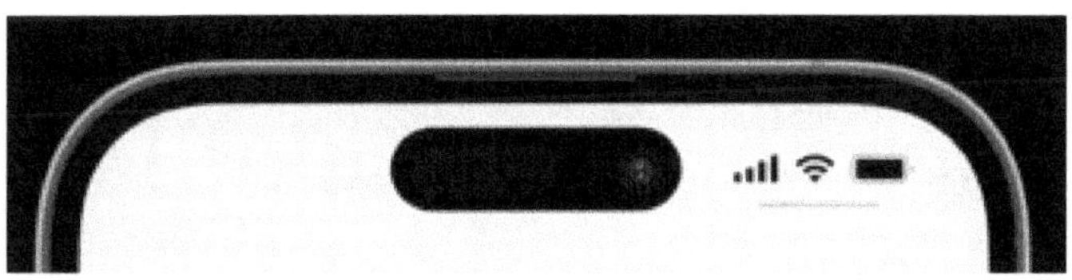

なるほど、興味深いことばかりですね。でも、ノッチで実際に何かをするわけではありません。携帯電話本体のボタンについてはどうでしょう？いい質問ですね！ご質問ありがとうございます！

ボタンの配置は、これまでのiPhoneから大きく外れてはいない。

携帯電話の右側には、ボリュームアップとダウンがある。それは何か？音量を上下させます！その上には、音を消すスイッチもある。

左側には "サイドボタン
"がある。."伝説によると、携帯電話の側面にあるため、サイドボタンと名付けられたそうだ！このボタンは他の携帯電話にもありますが、少し短いですが、ここでは少し機能が異なります。

サイドボタンはホームボタンの代わりなのか、そうでないのか。曖昧に聞こえるでしょう？このボタンを使ってホーム画面に戻ることはありませんが、Siriを起動することはできます。(を起動するために使うことができます（「Hey
Siri」と言うこともできます）。また、このボタンは電話の電源を入れたり切ったりするときにも使いますし、スタンバイ状態にするときにも使います（トイレでAngry
Birdsをプレイし終わって、手を洗うためにちょっと電話を置くときに使うモードです）。

サイドボタンは、携帯電話をスリープ解除するためのものです。携帯電話を手に取り、イライラした表情や困惑した表情で見つめるのもこの方法です。しかし、携帯電話を取り上げてもスリープが解除されない場合は、サイドボタンを押し下げれば大丈夫です。

サイドボタンは、Apple Payを使いたいときにも便利だ。-
ボタンをダブルプッシュすると、魔法のようにお金が引き出され、悲しそうに携帯電話を見つめる。

顔について話そう

あなたとホームボタンはうまくいっていた。親指をこすりつけると、まるで瓶の中の精霊のように、魔法のようにDNAを読み取って電源が入るのだ。なぜアップルは良いものを台無しにしなければならなかったのか？

確かに、ボタンをなくすことで、画面領域は広くなるが、他の多くの携帯電話では、背面にボタンを追加している。まるでアップルが無理矢理好きにさせようとしているみたいじゃないか。なぜアップルが何でもするのかわからないが、過去の歴史が教えてくれることは、アップルは私たちが愛するものを取り上げることで、より良いものに適応させるということだ。私たちはCDドライブを愛していた…そしてアップルはそれを取り去り、代わりにUSBドライブを置いた！私たちはそれを乗り越えた。そして新しいMac-
BookではUSBがなくなり、その代わりに高速なUSB-Cが採用された。.

変化は決して楽しいものではないが、必ずしも悪いことではない。数字が好きなら、これは気に入るだろう。あなたの古い携帯電話についている小さなフィンガースキャナーの比率は50,000:1だ。Face IDを搭載したiPh-
one?1,000,000:1.つまり、セキュリティにこだわるのであれば、Face IDは間違いない。

もしあなたがいつも「もしも」を方程式に放り込んでいる人なら（「もし誰かが私の携帯電話を盗んで、ロックを解除するために指を切り落としたら？指紋スキャナーはまだ使えるのだろうか？"）、いくつか疑問があることだろう。例えば

- 眼鏡をかけていて、それを外したりコンタクトを入れたりしたらどうなりますか？
- ヒゲを剃っている場合は？
- 自分ではブラッド・ピットに似ていると思っていても、電話ではライル・ラベットに似ていると言われたら？

申し訳ないが、ライル、誰もがブラッドになれるわけではないが、最初の2点については心配する必要はない。Face IDには適応認識があるので、Movem-
berのために髪を伸ばそうと思っても大丈夫だ。

暗い部屋にいても、Face
IDは動作する。ベッドに横たわっていて、顔をスキャンするためにライトを点灯させるしかロックを解除する方法がない場合は、少し煩わしい。暗い部屋にいる場合は、サイドボタンを押して手動で開き、Face IDをスキップすることもできます。

空へ伸びる

数年前、アップルはiPh-
oneを大きく変えた！彼らは「プラス」モデルと呼ばれるものを発表した。それは素晴らしく…そして大きかった！もしあなたがシャックのような手を持っているなら、このデバイスを使いこなすのに何の問題もないだろう。もしあなたが普通の人間の手を持っていたなら、携帯電話の最上段にあるアプリはちょっと無理があった。

iPhone
Xはplusより少し小さかったので、これは大きな問題ではなかった。しかし、次世代機種では「最大」モデルが導入された。旧機種では、ホームボタンをダブルタップ（押す、ではなく、タップ）するだけで、簡単に操作できた。新しい携帯電話は？申し訳ないが、また新しいことを学ばなければならない。

一番上に行くには、画面の下端を下にスワイプする。

強制再起動

携帯電話を強制リセットする必要がないのが理想だ（つまり、携帯電話がフリーズして何もできなくなる）。もしそうなったら、ホームボタンがなくてどうする？心配することはない！簡単です：

1. ボリュームアップボタンを素早く押して離す。
2. ボリュームダウンボタンを素早く押して離す。
3. アップルマークが表示されるまでサイドボタンを押し続けます。

これらは、携帯電話の電源を強制的に切るためのオプションです。フリーズしておらず、ただ電源を切りたい場合は？サイドボタンとボリュームアップを同時に長押しします。スライドで電源オフ、メディカルID、緊急SOSなどのオプションが表示されます。.あなたが望むものは、明らかに最初のものです。**SOSは地域の緊急サービスを呼び出しますので、間違ってもスライドさせないでください！**

バカバカしいほどシンプルな第1章のまとめ

では、1分しか時間がないのだから、重要なことを1分で要約する必要があるということか？

ジェスチャーについて説明しよう。左側が以前のジェスチャー、右側が新しいiPhoneでのジェスチャーです。

iPhone 8とその下	iPhone X以上
ホーム画面へ - ホームボタンを押す。	ホーム画面に移動 - 画面の下から上にスワイプします。
マルチタスク- ホームボタンを2回押す。	マルチタスク- 画面の下から上にスワイプしますが、画面の真ん中まで指を離さないでください。
コントロールセンター- 画面の下から上にスワイプします。	コントロールセンター- 画面右上から下にスワイプします。
お知らせ- 画面上部から下にスワイプします。	お知らせ- 画面中央上から下にスワイプします。
検索 - ホーム画面から画面中央を下にスワイプします。	検索 - ホーム画面から画面中央を下にスワイプします。
ウィジェットへのアクセス- ホーム画面またはロック画面から、右にスワイプします。	ウィジェットへのアクセス- ホーム画面またはロック画面から、右にスワイプします。
トップに到達する - ホームボタンをダブルタップする（押さない）。	トップに到達 - 画面の下端を下にスワイプ。

ハロー、ワールド

この章で取り上げるのは

- iPhoneを初めてセットアップする
- 以前の携帯電話の設定でiPh-one を設定する
- Face IDの設定
- 充電
- ジェスチャーを使った電話操作
- オンスクリーンキーボードの使用

さて、携帯電話の物理的な性質の主な違いについて知っていただいたところで、一歩下がってセットアップについてお話ししましょう。すでにホーム画面にいる場合は、当然ながらこのセクションは飛ばしても構いません。

iPh-
oneを開封して驚くことはないだろう。マニュアルはないが、アップルにとっては普通のことだ。アップルのウェブサイト（https://support.apple.com/manuals/iph-
one）でマニュアルを見ることができる。特筆すべきはヘッドフォンだ。数年前、アップルは私たちのために、もう普通のヘッドフォン・ジャックは必要ないと決めた。なんて素敵なんだろう？しかし、Appleは常に3.5mのLight-
ningアダプターを同梱していた。新モデルではそれが廃止された。もしどうしても使いたいのであれば、10ドル以下で購入できる。

サイドボタンで携帯電話の電源を入れるとで電源を入れると、セットアップ画面が表示される。セットアップは多くの人にとって不安なものだが、アップルのセットアップはおそらくあなたがこれまでにやったことのないほど簡単なものだ。

かなり簡単だ。画面に表示されることをすべて書けばいいのだろうが、画面に表示されているのだから少し冗長な気がする。一言で言えば、好みの言語と国、ワイヤレスネットワーク（ここでワイヤレスネットワークに接続していることを確認してください。ワイヤレスネットワークに接続しないと、LTE経由でアプリを大量にダウンロードすることになり、データを食いつぶすことになる）、ワイヤレスキャリアでデバイスをアクティベートする必要がある。

これが基本だ。この後、少しわかりにくいオプションがいくつかあります。1つ目は、位置情報サービスをオンにするかどうかを尋ねる質問です。私は「はい」と答えることをお勧めする。こうすることで、Mapが自動的にあなたの居場所を知ることができます。また、アメリカのボーリングタウンで写真を撮ったとき、数年後に「この写真はいったいどこで撮られたのだろう？覚えておいてほしいのは、ここでオンにしなかったこと（あるいはオンにしたこと）は、後で変更できるということだ。だから、気が変わっても大丈夫です。

知っておくべきこと位置情報サービスがアプリで使用されている場合、画面の右上に小さな矢印のアイコンが表示されます。

フェイスID

フェイスIDは、おそらく最もよく耳にする機能のひとつだろう。指紋よりも安全です。使い始めるには、「Get Started」ボタンをタップしてください。

次に、カメラの中心に顔を置くように指示されるので、基本的に頭を動かして、カメラにあなたの特徴がすべて見えるようにします。首を回すような感じだ。約20秒で完了します。

それが終わると、メッセージが表示されます。これで完了です。これであなたの携帯電話は、あなたのゴージャスな顔を見てロックを解除する準備が整いました！

Face IDを設定するとを設定した後、パスコードの入力を求められます。Face IDがあるのに、なぜパスコードが必要なのでしょうか？最大の理由は、Face IDを使いたくない場合があるからです。例えば、暗くて携帯電話からたくさんの光が照らされるのが嫌な場合や、あなたの携帯電話に入る必要のある友人がいる場合などです。

デフォルトでは、パスコードは6桁です。追加したくない場合は、「パスコードを追加しない」をタップする。同じエリアで、4桁のパスコードに変更することもできる。ここでの唯一のアドバイスは、工夫することです：銀行の暗証番号と同じ4桁や、社会人の最後の4桁を使わないことです。そして覚えておいてほしいのは、後で変更できるということだ。

セキュリティオプションが設定されたら、バックアップから復元するオプションがあります。以前のiPhoneをお持ちの方は、この方法をお勧めします。

バックアップから復元することに決めたのなら、バックアップが最新であることを確認してください。古いiPh-
oneで「設定」を開き、一番上にある自分の名前をタップし（おそらくあなたの写真が表示されます）、次に「iCloud」をタップします。"をタップし、最後に "iCloudバックアップ
"に進む。自動に設定されているかもしれません。しかし、念のため、"Back Up Now
"をタップしよう。今すぐバックアップ
"オプションの下に、前回のバックアップがいつ実行されたかが表示されます。

もう少しだ！しかし、まずアップルはあなたのお金の受け取り方を理解する必要があります！次の画面はApple
IDの作成です。すでに持っている場合はサインインし、持っていない場合は無料で作成する。稼いだお金をアップルに渡したくない？私はあなたを責めない！結局のところ、彼らはあなたの携帯電話から1,000ドル以上を奪ったのだから！それでもApple
IDは必要だ。ご心配なく-
本当に嫌ならこれ以上お金を渡す必要はありませんが、無料アプリ（Face-
bookとか）をダウンロードしたいでしょうから、Apple
IDが必要になります。など）をダウンロードしたいと思うはずで、その際にもApple
IDが必要になる。

あなたの携帯電話は、それがあなたのお金を取る方法について考えるすべての終了したら、iCloudを設定する時間になります。.iCloudはリモートですべてをバックアップするので、複数のデバイス（例えばApple Watch、iPad、MacBook、Apple
TVなど）で共有したい場合は、簡単に設定できる。など）で共有したい場合は、とても簡単だ。

iCloudの次ははApple
Pay."待てよ！"アップルはどうやってお金を増やすつもりなんだ？"
ってもう聞いたんじゃないのか？そうだ！これは、他人がどのようにあなたのお金を取るかについてのすべてである！ひとたび高価な携帯電話を持てば、誰もがその一部を欲しがる！
Apple
Payは基本的にバーチャルなクレジットカードを作るので、食料品店で財布を出す代わりに電話をタップして支払うことができる。

アップルには独自のカード（Apple Card)も持っている。

アップルペイ本当に安全なのか？一言で言えば「イエス」だ。財布に入れて持ち歩くカードよりも安全だ。カードと違って、誰もその番号を見ることはできない。また、もし誰かがあなたの携帯電話を盗んだとしても、パスワードを知らない限りApple
Payを使うことはできない。Apple
Payの暗号化もはるかに洗練されており、あなたの番号がオンライン上でハッキングされる可能性は、携帯電話上でハッキングされる可能性よりもはるかに高い。

ほとんどの銀行がアップル・ペイしかし、残念ながらそうでない銀行もある。自分の銀行が表示されていない場合は、待つ必要があります。手動で追加することはできません。

次はiCloudキーチェーン.セットアップのほとんどのことと同じように、あなたが快適に使えるかどうかがすべてです。キーチェーンはすべてのパスワードを一箇所に保存します。そのため、オンラインで買い物をするときに、パスワードを追加したり、覚えたりする必要はありません。すべて安全で、あなた以外は見ることができません。もちろん、後からオン・オフすることもできます。

あと数ステップ！ここまでは簡単でしょう？

次はSiriだ.Siriはあなたのパーソナルアシスタントです。Hey, Siri: What's the weather? "と言えば、魔法のように天気を教えてくれる。

この本の後半で取り上げますが、今のところはオンにしておきましょう。

Siriを有効にした後を有効にした後、診断データと使用データをAp-
pleに報告するかどうかを決定します。プライバシーが心配な場合は、「診断とプライバシーについて」をタップしてください。「をタップして、Ap-
pleがどのような情報を受け取り、どのように使用するかを確認します。

最後に、拡大表示をするかどうかを決めます。アイコンを大きく表示したい場合は、拡大表示を選択できます。この設定は後で変更することも可能です。

そしてようやくセットアップが完了する！最後の画面には "Welcome to iPhone - Get Started
"と書かれている。これをタップするとホーム画面になり、ここからが本当の楽しみの始まりだ。

私は充電されていると感じている！

携帯電話の使い方を深く掘り下げる前に、充電について本当に手短に話したい。あなたはおそらく、充電器を携帯電話に差し込む方法を知っているだろう。もし "out-y "を "in-y "に差し込む方法がわからないのなら、電話をかけてもかかってこない甥っ子に電話して聞いてみるといい。彼はきっと、あなたから話を聞くのが大好きになるはずだ。

あまり知られていないかもしれないが、iPh-oneは充電するために何かに接続する必要がない。新しいiPh-oneはワイヤレスで充電できる。そのためには、"Qi充電器 "と呼ばれるものが必要だ。それほど高価なものではない（20ドル台）。Qi充電器は他の携帯電話とも互換性があるため、多くのカフェやホテルではすぐに使えるようになっている。

使い方は、ワイヤレス充電マットの上に携帯電話を置き、充電ランプ( )が点灯するのを確認するだけ。実に簡単だ。

2020年、アップルはMag-Safeと独自のワイヤレス充電器を発表した。悪いニュースは...追加料金がかかることだ。アップルはワイヤレス充電器を同梱していない。Mag-Safeワイヤレス充電器は39ドルもする！アダプターも必要だ。正確には20WのUSB-C電源アダプタだ。特別なアダプターが必要なのは、最速の充電を可能にするためだ。使用量が少ないと、携帯電話の充電が遅くなる。

MagSafeといえば、それを利用したいのであれば、Mag-
Safeケースが必要だ。これらのケースは内側に特殊な磁石が付いています。この磁石のリングが、充電器をiPhoneに固定し、ワイヤレス充電に適した位置に設置するのに役立ちます。

MagSafe充電器は、古いiPhoneやAn-
droidデバイスも充電できる。AirPodsは充電できますがは充電できるが、Apple
Watchは充電できない。ただし、iPhoneとApple
Watchを同時にワイヤレス充電するアクセサリーはある。

セットアップはもういい！どうやって使うの？

iPh-
oneはタッチスクリーン・デバイスであるため、それを使うにはタッチすることだけを心配すればいいと思うだろう！

その通りだ。でも、タッチの仕方はいろいろあります。幸いなことに、ジェスチャーと違って、何も変わっていない。だから、ジェスチャーの使い方を知っていれば大丈夫だ。以下、簡単にまとめてみました：

タップ

これがiPh-
oneの世界の「クリック」だ。タップはほんの短いタッチです。強く触れる必要も、長く触れる必要もありません。アイコンやハイパーリンク、フォームの選択肢などをタップする。電話をかけるためにタッチキーパッドで数字をタップすることもある。ロケット・サイエンスではないだろう？

タップ・アンド・ホールド

これは簡単に言うと、スクリーンに触れ、指をガラスに接触させたままにすることだ。一部のアプリでコンテキストメニューやその他のオプションを表示するのに便利です。

ダブルタップ

これは、指でダブルクリックするように、素早く2回タップすることを指します。ダブルタップはアプリによって異なる機能を実行します。また、写真やウェブページを拡大することもできます。

隠されたジェスチャー!

マイクは携帯電話のジェスチャーのようなものです。タップを認識するように携帯電話を設定することができます。つまり、携帯電話の背面を2回（または3回）タップすると、何かトリガーがかかり、通知が表示される。タイピングをタップと勘違いするとか、ちょっと問題がありそうですが、意外とうまくいきます。

バックタップを追加するには、設定アプリからアクセシビリティ>
を選択します。次に、利用可能なオプションのリストから選択します。

スワイプ

スワイプとは、スクリーンの表面に指を置き、あるポイントまでドラッグしてから指を離すことです。この動作は、アプリケーションのメニューレベルを移動したり、Sa-
fariなどなど。一晩で自然にできるようになること請け合いだ。

ドラッグ

これは機械的にはスワイプと同じだが、目的が異なる。オブジェクトをタッチして選択し、必要な場所にドラッグして離す。マウスでドラッグ＆ドロップするのと同じだが、中間マージンが省かれている。

ピンチ

2本の指をiPh-
oneの画面上に置き、ピンチまたは逆ピンチの動きで、指を互いに近づけたり遠ざけたりします。指を離すとズームアウトします。

回転と傾斜

iPh-
oneの多くのアプリは、デバイス自体の回転や傾きを利用している。例えば、有料アプリ「S
tar WalkStar Walkは、iPhoneが向いている方向に応じて星座を表示する。

かわいい絵文字をみんなに送るには？

あなたがiPh-
oneを手に入れた理由は、テキストメッセージと一緒にかわいい絵文字を送るためであることは明らかだ！では、どうすればいいのか？それはキーボードにあります！

メッセージを入力すると、いつでも自動的にキーボードがポップアップします。余計な操作は一切ない。しかし、キーボードをもっと自分好みにするためにできることがいくつかあります。

キーボードにはいくつか注意すべき点がある。de-
leteキーは小さな「x」マーク（Mの文字のすぐ隣）、シフトキーは上向き矢印のキー（Zの文字の隣）だ。

デフォルトでは、最初に入力した文字は大文字になります。大文字と小文字は一目でわかる。

シフトキーを使うには、シフトキーをタップしてから、大文字にしたい文字または代替句読点をタップします。または、シフトキーをタッチし、大文字にしたい文字まで指をドラッグすることもできます。シフトキーをダブルタップするとキャップスロックに入り（つまり、すべてが大文字になります）、1回タップするとキャップスロックを終了します。

特殊文字

特殊文字を入力するには、オプションがポップアップ表示されるまで、関連する文字のキーを長押しするだけです。使いたい文字まで指をドラッグしてください。これは具体的に何に使うのでしょうか？例えば、スペイン語で何かを書いていて、"e
"にアクセントが必要だとします。"e
"をタップしたまま長押しすると、そのオプションが表示されます。

ディクテーションの使用

正直に言おう：キーボードでタイピングするのは、時には臭い！書きたいことを口に出す方が簡単だと思いませんか？それなら、ディクテーションがお役に立ちます。が役立ちます！スペースバーの横にあるマイクをタップして話し始めましょう。かなり使えます。

数字と記号のキーボード

もちろん、人生には文字や感嘆符以上のものがある。数字を使いたい場合は、左下にある123キーをタップしてください。数字と句読点の入った別のキーボードが表示されます。

このキーボードから、左下にあるABCキーをタップすると、アルファベットに戻ることができます。また、ABCキーのすぐ上にある#+-
キーをタップすると、残りの標準記号を含む追加キーボードにアクセスできます。

絵文字キーボード

そしてついに、待ちに待った瞬間がやってきた！絵文字！

絵文字キーボードには、123キーとディクテーションキーの間にあるスマイリーフェイスキーからアクセスできます。絵文字は小さな漫画のようなイメージで、テキストメッセージやその他の文章を楽しくするために使うことができます。これは、かつてのコロンベースの顔文字をはるかに超えるもので、あなたのiPh-
oneには、視覚的な語彙全体を作成するのに十分な数の絵文字があります。

絵文字キーボードを使うには、下にカテゴリーがあることに注意しよう（左端の地球儀アイコンは言語の世界に戻る）。これらのカテゴリの中から、いくつかの絵文字を選ぶことができる。人間の絵文字の多くには、多文化的なバリエーションが含まれている。絵文字を長押しすると、他のオプションが表示される。

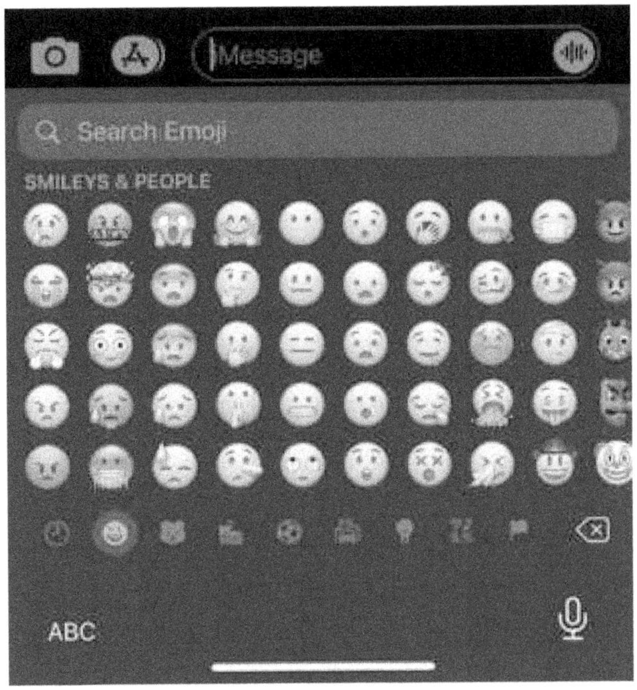

絵文字検索

絵文字が好きなら、絵文字を検索するのは嫌いだろう。絵文字が1つか2つだった時代は終わりを告げ、今では絵文字キーボードには何十種類もの絵文字が用意されています！それは選択肢を増やすには素晴らしいことです！しかし、発見には不向きです！

検索バーに絵文字の表現を入力すると、絵文字キーボードを検索できます。

例えば "Happy "と検索してみる。その言葉にマッチする絵文字が表示されます。

スペースバーの隣にあるいくつかの絵文字をタップすると、通常のキーボードに戻ることができます。

多言語タイピング

ほとんどの人は準備万端だろう。iPh-
oneでの文字入力について知っておくべきことはすべて知っているし、友達に絵文字を吹き込む準備もできている。すべての人に当てはまるわけではないが）他にもいくつかの機能がある。

そのような機能の1つは、多言語タイピングです。.これは複数の言語を同時に入力する人のためのものだ。スペイン語と英語を同時に入力しても、スペルが間違っているというメッセージが表示され続けることはない。

もしそうなら、別の辞書を有効にすればいい。設定 > 一般 > 辞書.

国際キーボードの設定

異なる言語で入力する機会が多い場合は、国際キーボードを設定するとよいでしょう。国際キーボードを設定するには、設定 > 一般 > キーボード>
キーボード.その後、"新しいキーボードを追加
"をタップして、適切な国際キーボードを追加することができます。例として、iPh-
oneは中国語のテキスト入力をサポートしており、ピンイン、ストローク、朱音、手書きから選択できる。

他のキーボードを有効にすると、スマイリーフェイスキーが地球儀アイコンに変わります。国際的なキーボードを使用するには、地球儀キーをタップしてキーボードの選択肢を切り替えます。

あなたのiPh-
oneには、よくあるタイプミスを防ぐアップルの定評あるオートコレクト機能をはじめ、ミスを防ぐための機能が満載されています。アップルはiOS
8で、あなたが入力しそうな単語を予測する予測入力機能を導入しましたが、新しいiOSではその精度がさらに向上しています。

キーボードのすぐ上に3つの選択肢が表示される。予測入力は、文脈にも多少対応している。上司にメールを送ったり、親友にメールを送ったりするうちに、あなたの会話パターンを学習し、メッセージやメールの相手に応じて適切な候補を表示する。もちろん、それが気になる場合は、設定 > 一般 >
キーボードにアクセスし、緑のスライダーを左にスライドさせて予測テキストをオフにすることができます。

サードパーティ製キーボード

最後に、サードパーティ製のキーボードを携帯電話に追加することができる。iPh-
oneのキーボードが嫌いで、Androidと同じようなものが欲しいなら、App
Storeに行ってで入手できる（詳しくは後述）。

基本に忠実に…そしてシンプルに！

この章で取り上げるのは

- ホーム画面
- 電話をかける
- アプリの追加と削除
- 整理整頓アプリ
- ウィジェットの追加
- メッセージの送信
- メッセージのピン留め
- iMessageアプリ
- お知らせ
- エアドロップ

おかえり

初代iPh-
oneが発売されて以来、ほとんど変わっていないものがある。見た目は進化したが、レイアウトは変わっていない。ホーム画面について知っておく必要があるのは、メイン画面だということだけだ。つまり、「ホーム画面に移動する」というのは、この画面のことなのだ。お分かりいただけただろうか？

常時表示

iPhone 14 ProにはAlways On Dis-
playが搭載されている（他の機種には残念ながら搭載されていない）。これは素晴らしいことだ！常に画面を表示させたくない場合は（注：常時オンディスプレイはバッテリー寿命にほとんど影響しません）、「設定」アプリで「ディスプレイと明るさ」を選択し、最後に「常時オン」をオフに切り替えます。

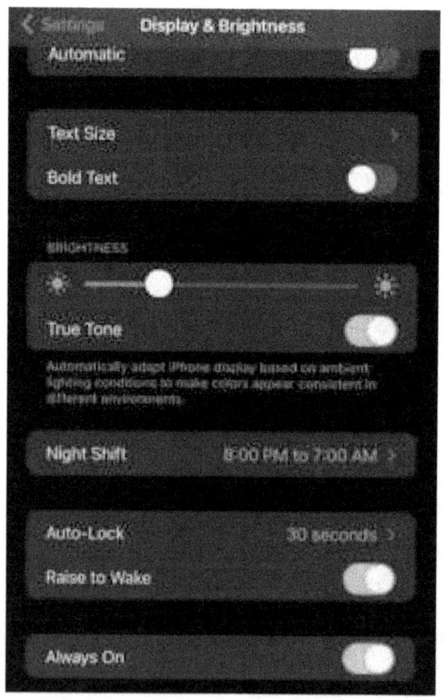

コントロールセンター

コントロールセンターという言葉を知らなくても、おそらく使ったことがあるでしょう。音量やカメラなど、携帯電話でよく使う機能をコントロールするショートカットがあります。

コントロールセンターiOS
13では、コントロールセンターに2つの新機能が追加された：ナイトモードとWi-

Fiネットワークへの参加（以下で説明）。しかし、あなたが知らないかもしれない古い機能もあります。

右上隅をスワイプしてコントロールセンターを表示させる.

コントロールセンターの使用

コントロールセンターの各セクションを見てみよう。.最初のグループは、携帯電話のワイヤレスアクティビティを制御するものです。左上にある飛行機のアイコンは機内モードです。モードです。ブルートゥースその隣はセルラーの下にあるのがWi-
Fiトグル、最後にBluetoothトグルです。

これらのボタンのどれかを長押しすると、オプションの拡張リストが表示される。

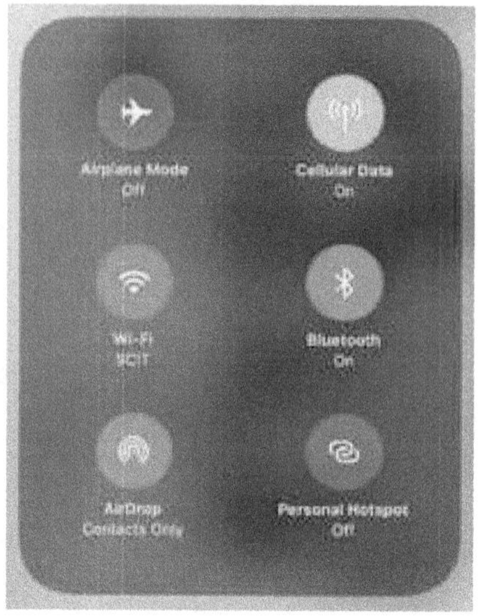

上の画面でWi-Fi上の画面で「Wi-Fi」ボタンを長押しすると、圏内にあるすべてのWi-Fiネットワークが表示され、そのひとつに参加できます。

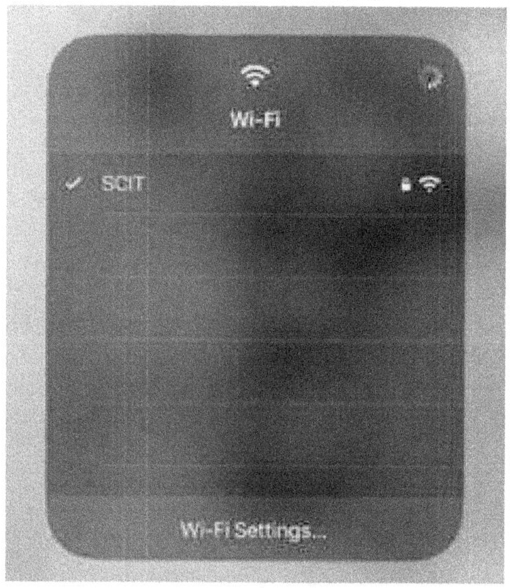

ワイヤレス設定の下には、画面回転ロック（これを押すと、携帯電話を横に傾けても画面が自動回転しなくなる）、Do Not Disturb（邪魔しないで）モード、Screen Mirror（画面ミラーリング）モードがある。モード、スクリーンミラーリング(Apple TVをお持ちの場合、このボタンを使って携帯電話をテレビにミラーリングします)。

右側にはミュージックAirPodsなどのAir-
Playデバイスがあれば、その右上隅をタップして、音楽を聴く場所を選択できます。デバイス（AirPodsやHomePodなど）。その下には電話の明るさと音量があります。

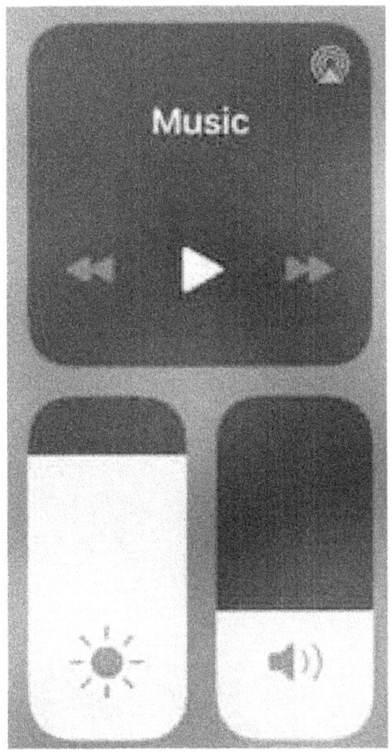

明るさボタンを長押しすると、ナイトモードをオンにするかどうかを選択できます。例えば、iBooksで本を読んでいるときは、ページが暗くなります。で本を読んでいる時など、ページが暗くなります。夜間にこの種の光を浴びると、睡眠習慣に影響を与える可能性があります。

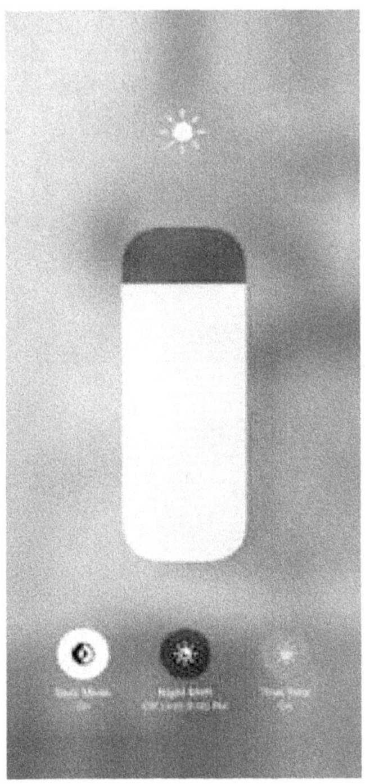

コントロールセンターの下部にある懐中電灯タイマー、電卓カメラショートカット、画面録画（これがない理由は後述します）、Apple TVリモートがある（これもあってもなくてもいい）。

これらのほとんどを長押しすると、アプリのオプションへのショートカットが表示されます。例えば、カメラボタンを長押しすると、さまざまな種類の写真を撮るためのショートカットが表示されます。

コントロールセンターのカスタマイズ

コントロールパネルのオプションの追加と削除は、**設定 > コントロールセンター**に進み、コントロールのカスタマイズを選択します。

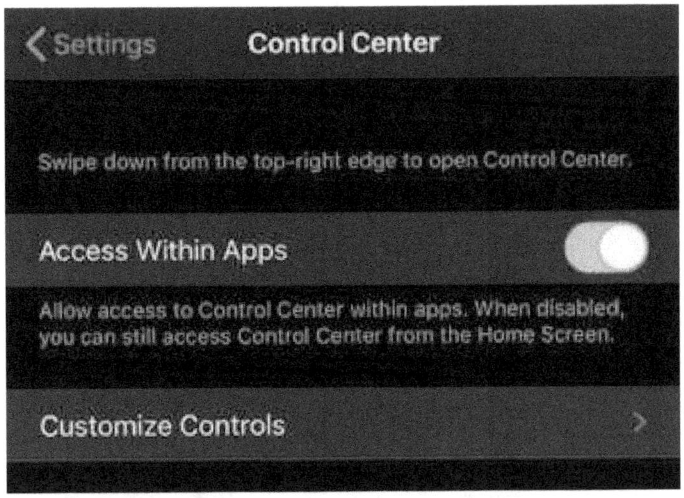

上部には、現在含まれているコントロールが表示されています（つまり、削除できるコントロールです）。赤いマイナスを押すと削除されます。

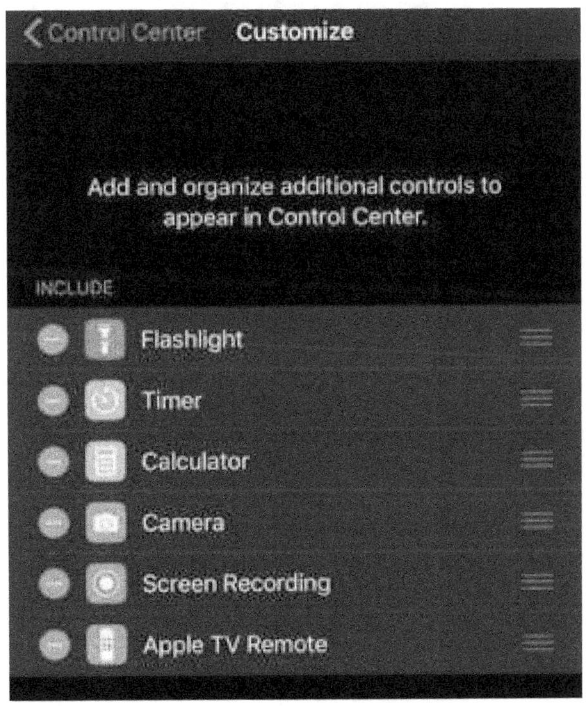

私が持っていて、あなたが持っていないかもしれないコントロールがあると言ったのを覚えていますか？ここにそれらを追加することができます。この下にあるのは、コントロールセンターに追加できるものです。.プラス記号をタップして追加してください。

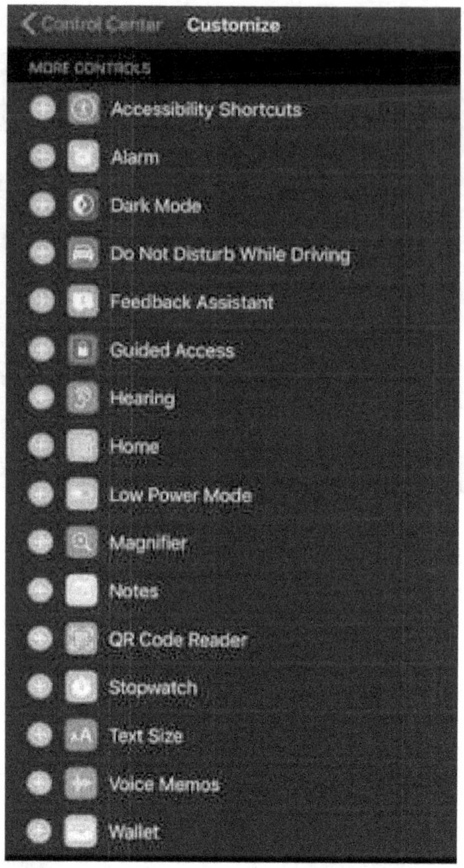

電話をかける

iPh-
oneのコマーシャルを見ていつも驚くことがある。電話なんだけど、みんな電話で話しているようには見えない！しかし、実際に電話をかけることができるのだ！

実際に誰かに電話する必要がある場合は、ホーム画面の左下にある緑色の電話アイコンをタップします。iPh-
oneのキーパッドが表示されます。電話番号をタップし、緑色の「通話」ボタンを押す。電話を切るには、画面下の赤い終了ボタンをタップします。通話画面には他のオプションも表示されます。通話中にキーパッドが必要な場合は、キーパッドの丸をタップして表示させます。同様に、通話をミュートにしたり、スピーカーにしたりすることもできます。

電話の着信はかなり直感的だ。電話が鳴ると、iPhoneが誰からかかってきたかを教えてくれる。相手の名前が連絡先に保存されていれば（詳しくは後述）、それが表示される。あとはスワイプするだけで電話に出ることができる。リマインド・ミー」をタップすれば、後でiPhoneに電話をリマインドしてもらうこともできるし、テキストメッセージで応答することもできる。iOSには、"今は話せません..."、"後で電話します"、"今向かっています"、"どうしました？"などの便利な定型文が用意されている。必要に応じてカスタムメッセージを送ることもできる。電話をかけ損ねた場合は、iPhoneが次に電話を起こしたときに知らせてくれる。デフォルトでは、ロック画面から不在着信に直接応答できます。

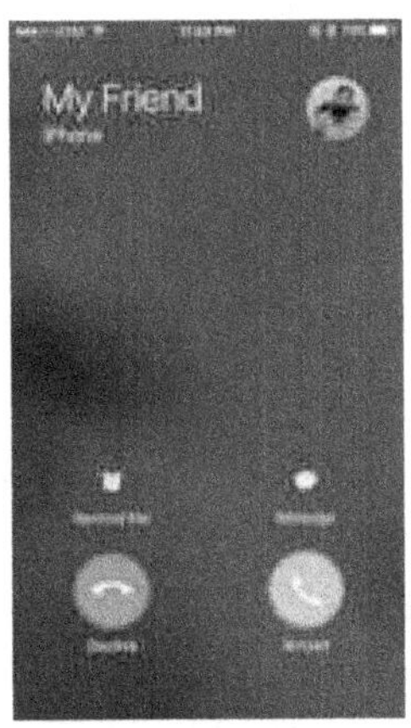

知らない番号から電話がかかってくると、iPhoneはメールなどの他のアプリで電話番号が登録されていないかチェックする。その情報を使って推測し、誰からかかってきたかを知らせてくれるのだ。ちょっと不気味でしょう？でも、本当に便利だ。

特別な気分になりたいときは、Siriにアナウンスさせることができます。この機能をオンにするには、「設定」>「電話」>「通話のアナウンス.常時」、「ヘッドフォンと車内」

、「ヘッドフォンのみ」、または「しない」を選択して、通話をアナウンスする方法を選択します。

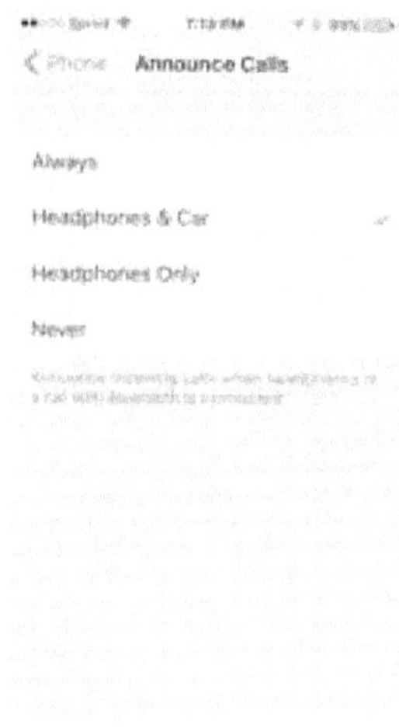

ボイスメールに送る

岩の下で暮らしている人でない限り、ボイスメールについてすべてご存知でしょう。Voicemailには、あまり聞き慣れない別のタイプがあります：ライブ・ボイスメールです。

ライブ・ボイスメールは、誰かがあなたに電話をかけてきたときに表示されるオプションで、「応答」の横に「ボイスメールに送信」という小さなボタンが表示されます。

そうすると、相手はメッセージを残すように促され、あなたはそのメッセージをリアルタイムで見ることができます。

では、ライブ・ボイスメールと通常のボイスメールの違いは何でしょうか？ライブボイスメールでは、相手が話している最中に電話に出ることができ、相手が残しているメッセージを中断することができます。通話を選別し、スパムを避けるのに最適な方法です。

メッセージング

電話の代わりにテキストメッセージで連絡を取り合うスマートフォンユーザーが増えていますが、iPhoneなら誰とでも簡単に連絡を取り合うことができます。
通常のSMSテキストメッセージやマルチメディアメッセージ（写真、リンク、ビデオクリップ、ボイスメモ）の送信に加えて、iMessageを使って他のApple ユーザとやり取りすることもできます。 この機能では、OS X Mountain Lion以降を搭載したMac、またはiOS 5以降を搭載したiOSデバイスにサインインしている相手にインスタントメッセージを送信できます。

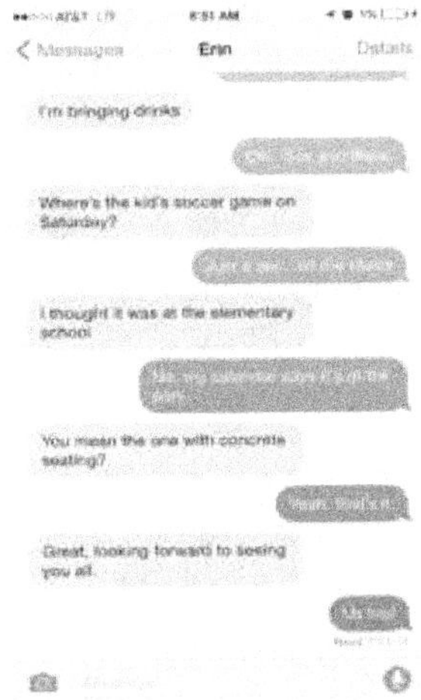

メインのメッセージ画面では、進行中のさまざまな会話を見ることができます。
会話を右から左にスワイプし、赤い削除ボタンをタップすると、会話を削除することもできます。
新しい会話、または新しいメッセージがある既存の会話は、その横に大きな青い点で強調表示され、メッセージのアイコンには、メールや電話のアイコンと同じように、未読メッセージの数を示すバッジが表示されます。

メッセージを作成するには、メッセージアイコンアイコンをクリックし、右上隅にある作成ボタンをクリックします。

新規メッセージのダイアログボックスがポップアップしたら、プラスボタン（+）をクリックして連絡先リストから選択するか、メールしたい相手の電話番号を入力します。グループメッセージの場合は、何人でも追加できます。最後に、一番下のフィールドをクリックしてメッセージを入力します。

iMes-
sageはここ数年の間に多くの新機能を追加してきた。メッセージを送るだけなら、青い上向き矢印をタップすればいい。

でも、メッセージを送るだけでなく、もっといろいろなことができます！(古いOSやアップル以外のデバイスを使っている人に新しい機能を使ったメッセージを送信する場合、画面に表示されているようには見えませんのでご注意ください)。

まずはじめに、青いボタンを押します（ただし離さないでください。またはHaptic touchを使用している場合は、もう少し強く押してください）。すると、メッセージのアニメーションがいくつか表示されます。

1つは「バブル」、もう1つは「スクリーン」です。「スクリーン」をタップすると、スクリーン全体にアニメーションを追加できます。右と左にスワイプすると、それぞれの新しいアニメーションが表示されます。

気に入ったメッセージを受け取り、それに返信したいときは、メッセージや画像の上で指をタップしたままにすると、さまざまな反応方法が表示されます。

あなたが選択すれば、受け手側はあなたの反応を見ることができる。

アニメーション、写真、ビデオ、その他いろいろなものを追加したい場合は、メッセージの横にあるオプションを見てみよう。

3つの選択肢があり、さらに多くの選択肢が表示されます！ひとつはカメラで、メッセージと一緒に写真を送ることができます（または新しい写真を撮ることもできます。アプリを使うことができ（詳しくは後ほど）、最後には声でメッセージを録音することができます。

まずカメラのオプションを見てみよう。

メッセージに写真を添付したい場合は、カメラをタップした後、左上の写真アイコンをタップします。

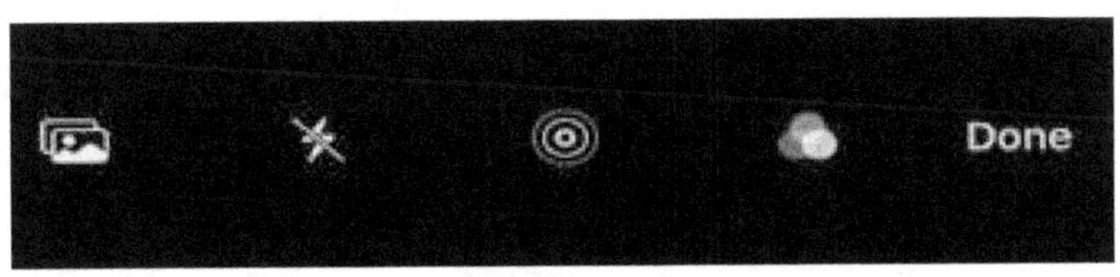

オリジナルの写真を撮りたい場合は、下の丸いボタンをタップします。エフェクトを追加するには、左下の星マークをタップします。

エフェクトをタップすると、さまざまなエフェクトが表示されます。アニ文字アニ文字については近々詳しく説明するが、一例として、このアプリでは自分の顔にアニ文字をつけることができる。

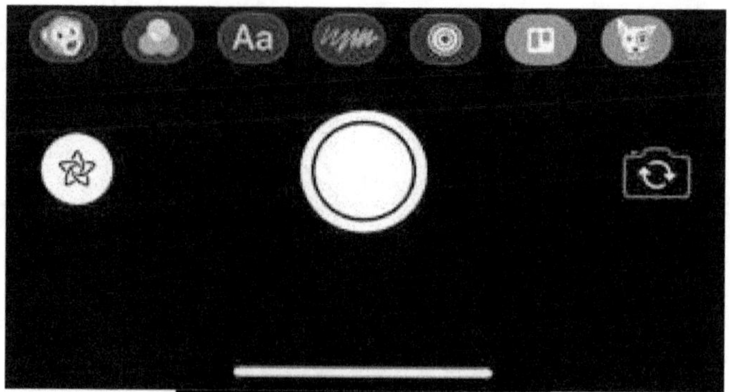

　最後のオプションはアプリだ。電話アプリについてはもうご存知のはずだが、iMessageアプリという新しいアプリが登場した。アプリがある。これらのアプリを使えば、おバカなこと（デジタルステッカーを送る）も、真面目なこと（テキストで誰かに現金を送る）もできる。まずは、「+」ボタンをタップしてiMessageアプリを開きましょう。ストア.

　通常のApp
Storeと同じように、すべてのアプリケーションを閲覧できます。.インストールも同じです
。

アプリを使う準備ができたら、アプリをタップし、読み込みたいアプリをタップして、送信したい内容をタップするだけです。メッセージの上にステッカーをドラッグすることもできます。タップしたままドラッグするだけです。

また、アプリのセクションには "#images "というボタンがある。

このボタンをタップすると、何千ものユーモラスなミームやアニメーションGIFを検索できます。このボタンをタップして、"Money"（お金）や
"Fight"（喧嘩）など、探したい言葉を検索するだけです。

最後のiMes-
sage手書きメモを試してみる価値はある。新しいメッセージを入力するように、新しいメッセージをタップする。すると、指を使って手書きメモを作成するオプションが表示されます。手書きでサインをし、完成したら完了を押す。

メッセージのタグ付け

Slackのようなメッセージング・プログラムを使ったことがある人なら、会話の中で誰かにタグを付けることはよくご存知だろう。タグ付けは相手の注意を引き、会話の中で新しいスレッドを始める。

つまり、大量のテキストメッセージをやりとりしている場合、誰かにタグを付けると、全員がそれを読むことができますが、全員に通知されるわけではありません。そのため、少し控えめになります。

会話の中で誰かをタグ付けするには、返信の際に相手の名前の前に@を付けるだけです。

メッセージにインラインで返信したい場合は、そのメッセージを長押しします。インラインというのは、つまり次のような意味です：数テキスト上にメッセージがあるとします。

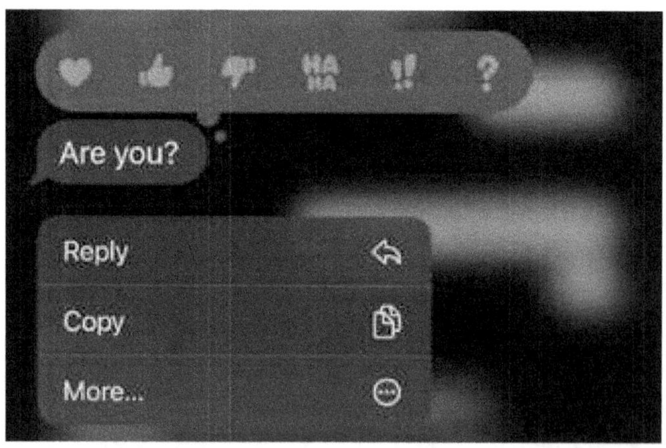

返信」をタップしたら、あとは通常通り返信するだけ。

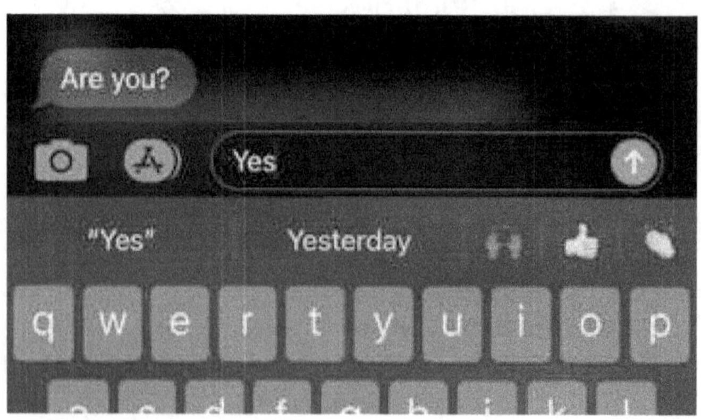

これで相手に警告が発せられ、メッセージの下に返信通知が表示される。

もしそれが数テキスト上であれば、下のメッセージのように相手にも表示される。

メッセージのピン留め

メールをたくさん送る人は、返信が少し面倒になるかもしれない。メッセージの仕組みは、最新の会話が一番上に表示される。ほとんどの場合、これでうまくいきますが、お気に入りを一番上に固定することもできます。

下の例では、私の妻は会話の一番上に固定されている。他の人がもっと最近私に手紙を書いたとしても、彼女は（私が彼女を削除しない限り）常に一番上に表示されます。これなら返信も簡単だ。

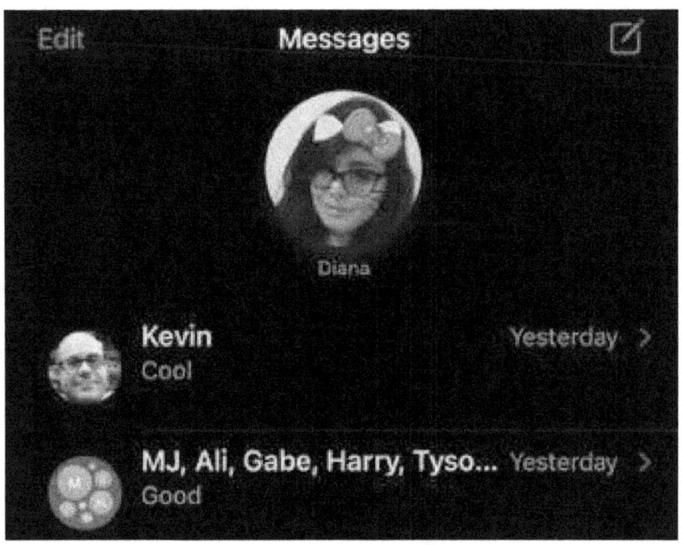

上から誰かを追加または削除するには、左上の編集ボタンをタップし、ピンの編集を選択します。

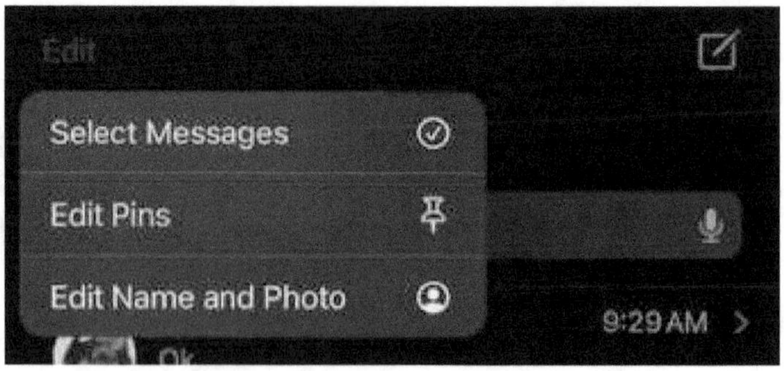

削除したい場合は、写真の上（左上）にあるマイナスアイコンをタップし、追加したい場合は黄色いピンのアイコンをタップします。

何人かをトップに固定することができる。個人的には3人がいいと思いますが、もっと増やすこともできます。

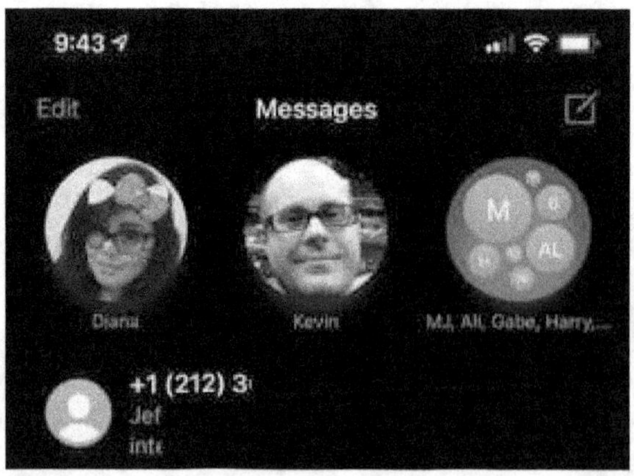

メッセージで写真を送信する

写真のグループを送信すると、メッセージは3枚以下の写真を縦に並べます。タップすると大きくなります。

3枚以上の写真を送ると、写真が重なってスワイプで切り替わる。

メッセージの未送信

正直に言おう：私たちは皆、後悔したメールを送ったことがある。そのようなテキストを取り消したり、編集したりすることができます。メッセージをタップしたままホールドし（比較的素早く行う必要があります-
時間が経ちすぎるとオプションが消えます）、送信取り消しまたは編集のいずれかを選択するだけです。

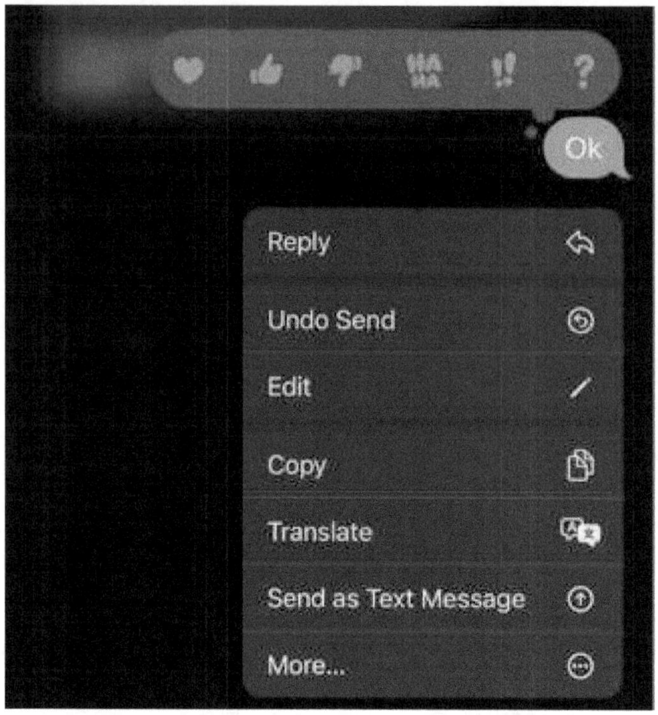

もし、これであなたが犬小屋から出られ、"そんなことは言っていない！"と言えると思っているのなら、考え直してほしい。もう一度考えてみてください！メールの相手は、メッセージが未送信または編集されたことを知ることになる。

メッセージで位置情報を共有する

どこか混雑した場所で友人とランチの約束をしている。あなたはそこにいる。彼らはそこにいる。しかし、彼らはどこにいるのでしょう？メッセージであなたのメッセージをピンポイントで伝えることができます。だから、もし相手が
"今どこにいるの？"と言ったら、"ピンドロップ
"と返せばいい。と言われたら、ピンドロップで返すことができます。

メッセージを開いたら、左にある小さな＋をタップしてください。

そこでいくつかの選択肢が浮かび上がる。ひとつはロケ地。それはあなたが望むものです。

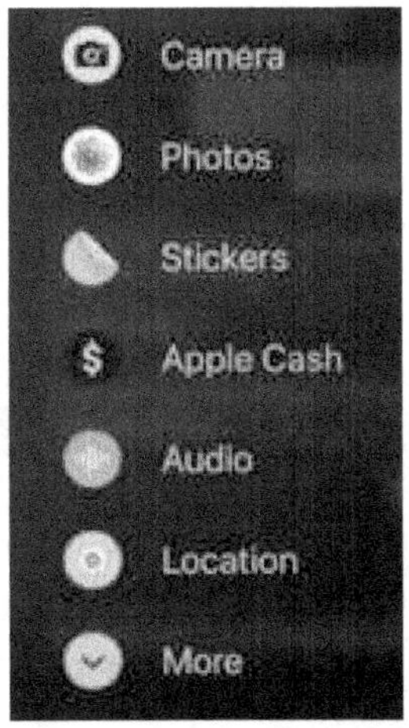

これで位置情報が表示され、あとは送信をタップしてテキストメッセージに入れるだけだ。

左上にあるピンのアイコンをタップして、ピンを置くこともできる。今いる場所ではなく、30分後の場所を共有したい場合は、ピンをタップして、これから行く場所にドラッグする。

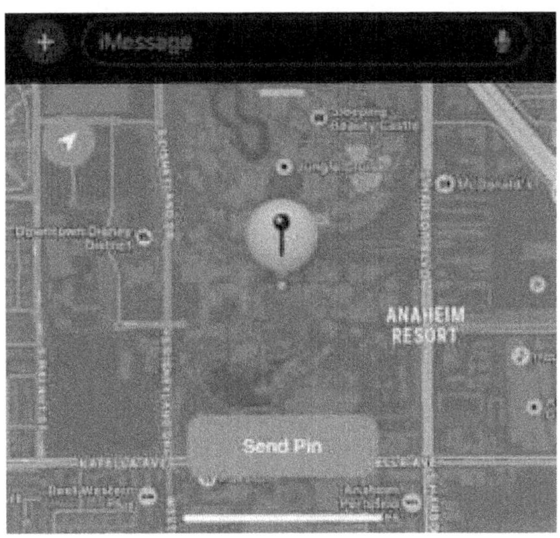

最後に、Send
Pinをタップすると、位置情報がメッセージに表示され、メッセージを入力して送信を押すか、メッセージなしで送信を押すかのどちらかになる。テキストを受け取った人は、そのマップをタップし、Apple Mapsであなたがいる場所を確認する。

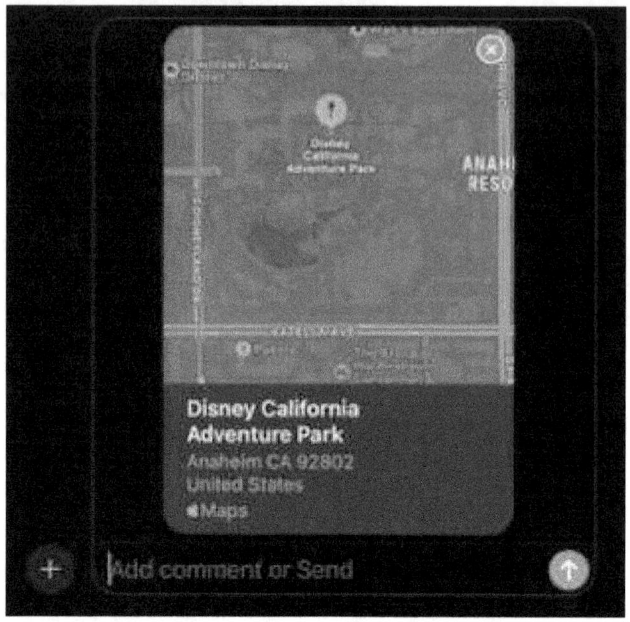

写真からメッセージ・ステッカーを作る

iPhoneには以前からステッカーがあったが、iOS
17からは写真をステッカーにできるようになった。

例えば、メッセージの返信に使いたい毛むくじゃらのお友達のゴージャスな写真を撮ったとしよう。あとは、写真から消したい人や物（私の場合はジャック・ラッセル）をタップしたまま、メニューがポップアップするのを待つだけ。メニューが表示されたら、ステッカーを追加をタップします。

これでメッセージのステッカーセクションに追加されます。

また、アウトラインをつけたい場合など、エフェクトを加えることもできる。

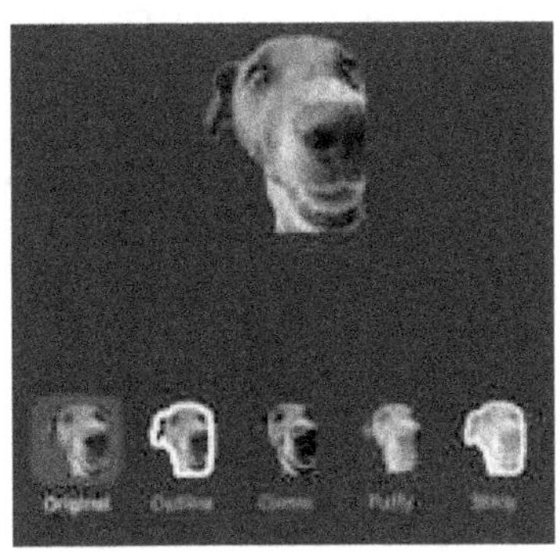

これで、メッセージを送信するときはいつでも、メッセージの左にある＋アイコンをタップして、ステッカーをタップすることができます。

ステッカーをタップしたまま、メッセージにドラッグするだけです。

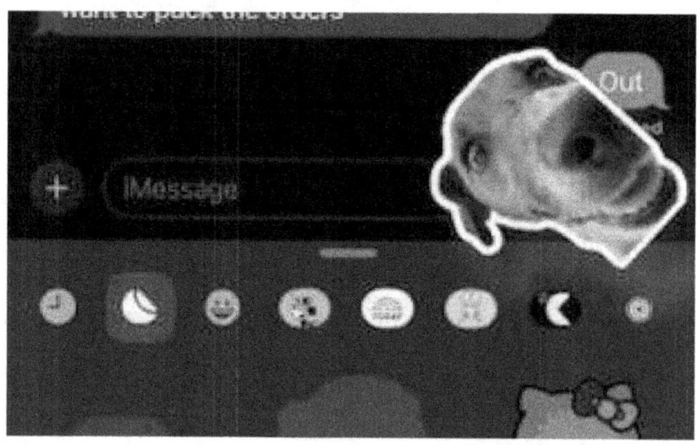

そのためのアプリがある

アプリとはアプリケーションの略である。つまり、「There's an app for that（そのためのアプリがある）」という言葉を聞いたとき、それは単にあなたがやりたいことをするプログラムがあるということを意味する。Windowsユーザーなら、いつも開いているもの（WordやExcelなど）はすべてアプリだ。アップルには文字通り何百万ものアプリがある。アプリを開くのはタッチするだけで簡単だ。

パソコンのアプリと違って、スマホのアプリを閉じる必要はない。すべて自動で行われる。ほとんどのアプリは、あなたがどこにいたかを記憶しているので、再び開いたときに保存されています。

整理整頓アプリ

私のように、そしてほとんどの人がそうであるように、あなたはアプリが大好きで、たくさんのアプリを持っている！だから、アプリを移動したり、フォルダに入れたり、削除したりする方法を知っておく必要がある。すべて簡単だ。

ホーム画面は最初に表示される画面かもしれないが、右にスワイプするとさらに表示される。個人的には、よく使うアプリは最初の画面に、あまり使わないアプリは2番目の画面にフォルダ分けして置いている。一番下のドックには、いつも使うアプリ（メールやSafari).

アプリを並べ替えるには、指でアプリのひとつをタッチします。アプリのオプションがポップアップ表示されますが、アプリがピクピク動くまで押し続けます。アプリのオプションがポップアップ表示されますが、アプリが動くまで押し続けてください。アプリが動いているときは、アプリを開かずにタッチし、画面上でドラッグすることができます。試してみてください！アプリをタッチし、指でドラッグして動かします。完璧な場所が見つかったら指を離すと、アプリがその場所に落ちます。さらに多くのアプリをダウンロードしたら、ホーム画面をまたいでアプリをドラッグすることもできます。

アプリの削除は、アプリの移動と同じ方法で行えます。唯一の違いは、移動する代わりにアイコンの左上隅にある「x」をタップすることです。誤って削除してしまう心配はありません。アプリはクラウドに保存されています。アプリはクラウドに保存され、何度でも削除してインストールすることができます。

アプリを別々の画面に配置するのも便利だが、本当に整理整頓するためには、フォルダを使いたい。例えば、ゲームアプリ、ファイナンスアプリ、ソーシャルアプリなど、好きなものをフォルダ分けすることができます。名前は自分で決める。もし「トイレで使うアプリ」フォルダが欲しいのであれば、それは絶対です！

フォルダを作成するには、フォルダに追加したい別のアプリの上にアプリをドラッグするだけです。

フォルダを削除するには、アプリを "ピクピクモード
"にして、フォルダからドラッグします。フォルダーを削除するには、フォルダーアプリを「ジグルモード」にして、フォルダーの外にドラッグするだけです。 iPh-
oneは空のフォルダーを許可しません-フォルダーが空になると、iPh-
oneは自動的にそれを削除します。

アプリの整理が終わったら、右上の「完了」ボタンをタップします。

さよならクラッタ、こんにちはアプリ・ライブラリ

アップルのApp
Storeは巨大です！何千、何万のアプリがある！何千、何万ものアプリがある。素晴らしい！素晴らしい！素晴らしい！ホーム画面上でとても大きなスペースを占めています！

これらのアプリの問題は、携帯電話をしばらく使っていると、アプリが溜まってくることだ。スマホはアプリでごちゃごちゃになる。いつも使っているアプリもあるが、それを探すのに数分を費やすことになる。

そこでApp Li-
braryが役立ちます。最も重要なアプリはホーム画面で見つけやすくしておき、それ以外のアプリはアプリライブラリで整理して、ひとつのリストにまとめておくことができます。

図書館に送る

アプリをダウンロードしたら、ホーム画面にそのアプリをインストールし始めたことはないだろうか？個人的には、これは迷惑なことだと思う！ホーム画面は私の携帯電話の特権だ！キャンディークラッシュやワーズウィズフレンズのように、私の人生を変えるほどの価値があることが証明されたアプリだけが使える場所なのだ！その画面に、実績のないアプリをインストールするなんて。

設定」アプリから「ホーム画面」を選択し、次に「Appライブラリ」のトグルを選択することで変更できます。次に「App Library」のトグルを選択します。次に「新しくダウンロードしたアプリ」の下にある「App Library Only」のトグルを選択します。次にアプリをダウンロードすると、そのアプリがApp Libraryに送信されます。

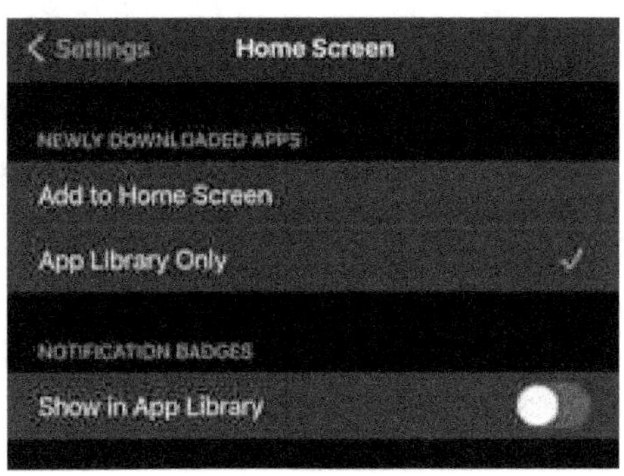

いつも使っているアプリがゲームチェンジャーになったとしても、そのアプリを別の画面に移動させることができる。そのアプリの上で指をタップしたままドラッグすればいい（他のアプリを並べ替えるときと同じように）。

アプリをホーム画面からアプリライブラリに移動することもできます。.アプリを長押しし、アプリの左上にあるマイナスボタンをタップします。アプリを削除するか、Appライブラリに移動するかを尋ねられます。

そのためのウィジェットがある！

An-
droidユーザーは、おそらく何年も前からウィジェットを見せびらかしてきたことだろう。iPh-
oneにも以前からウィジェットはあったが、ホーム画面に置くものではなかった。それがiOS 15で変わった。

やり方は簡単です。ホーム画面を長押しします。下の例では、すでに写真ウィジェットが付いています。別のウィジェットを追加するには、左上隅の+アイコンをタップします。

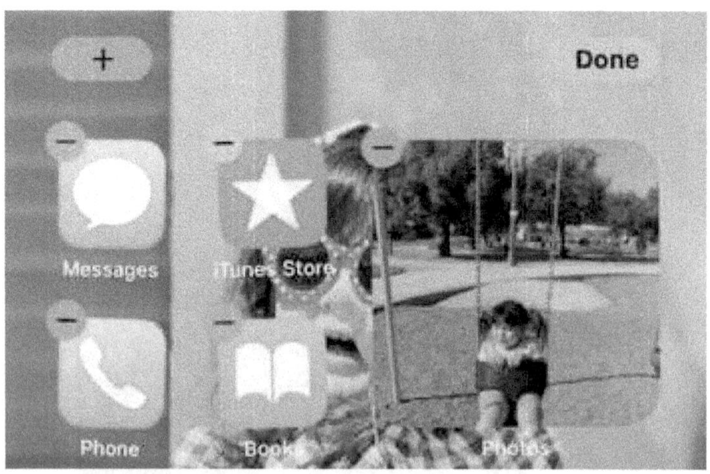

ウィジェットを検索することも、スクロールすることもできます。

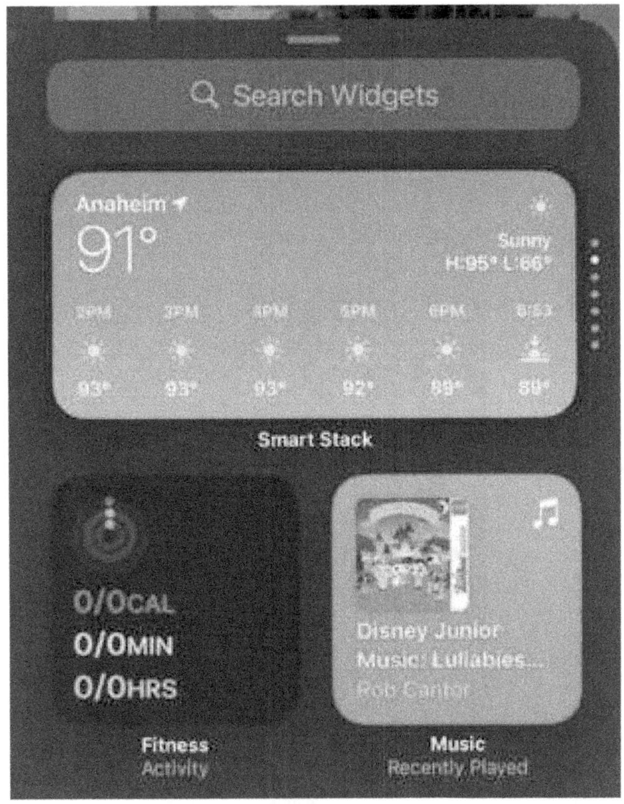

ウィジェットによっては、いくつかのバリエーションやサイズから選ぶことができます。

ウィジェットを追加したら、アプリアイコンのショートカットと同じように、画面上でドラッグできます。ウィジェットが不要になったら、ウィジェットの左上にある-
アイコンをタップしてください。

スマートスタック

また、スマートスタックとして知られるものを追加することもできる。

ウィジェットが同じサイズであれば、別のウィジェットボックスにドラッグして、独自のスマートスタックを作成できます。

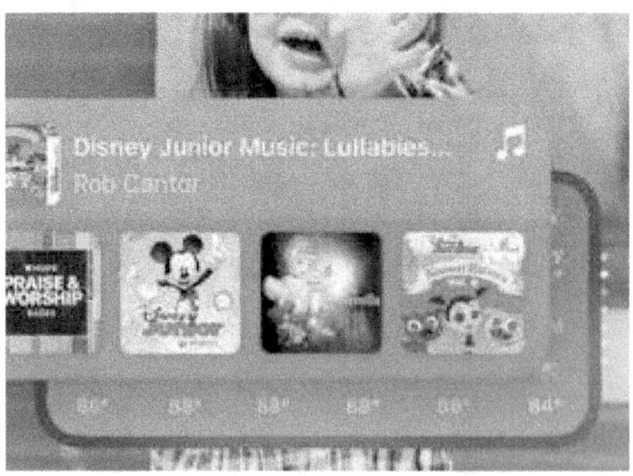

一度追加すると、そのウィジェット内で上下にスワイプしてアプリを切り替えることができる。

それを長押しすると、スタックを編集することができる。

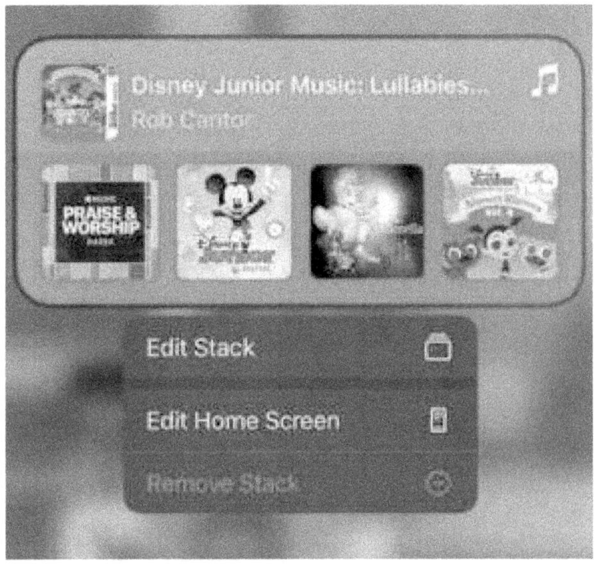

編集するときは、スタックにあるものを移動したり、スマートローテーションをオフにしたりできるので、一日中回転することはありません。

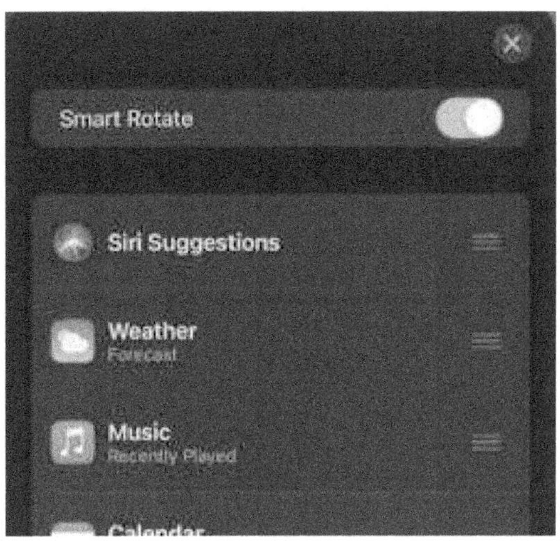

テキスト検索アプリ内

画面中央から下にスワイプすると、アプリを素早く検索できるので、アプリがたくさんある場合に便利です。"アプリ内検索
"という項目までスクロールすると、アプリ内のテキストを検索することもできます。

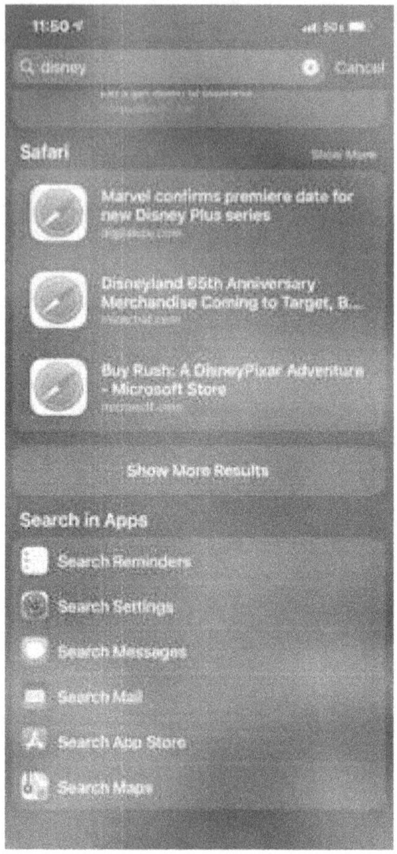

お知らせ

携帯電話をロックしていると、ある時点から通知が表示されるようになる。「新しいEメールが届いています」「アラームの設定をお忘れなく」などの通知だ。

ロック画面にすべての通知が表示されたら、そのカテゴリごとに整理されます。一つのカテゴリーからのすべての通知を見るには、そのカテゴリーをタップするだけです。

グループ分けが苦手？問題ありません。どのアプリでもオフにできます。設定」から「通知グループ化をオフにしたいアプリをタップします。通知のグループ化で自動をオフにします。

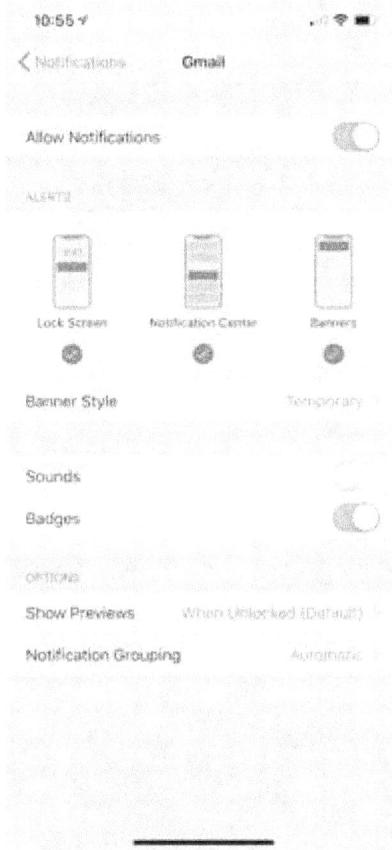

通知概要

通知はちょっと…多いかもしれない。Nest、Eメール、メッセージなどのデバイスを接続している場合、あなたの携帯電話は頻繁に鳴り始めるだろう。Notification Summaryを使えば、さまざまな通知が来るスケジュールを設定できるので、圧倒されずに済む。

まずは「設定」アプリから「通知」にアクセスしてください。

次に「Scheduled Summary」に進む。

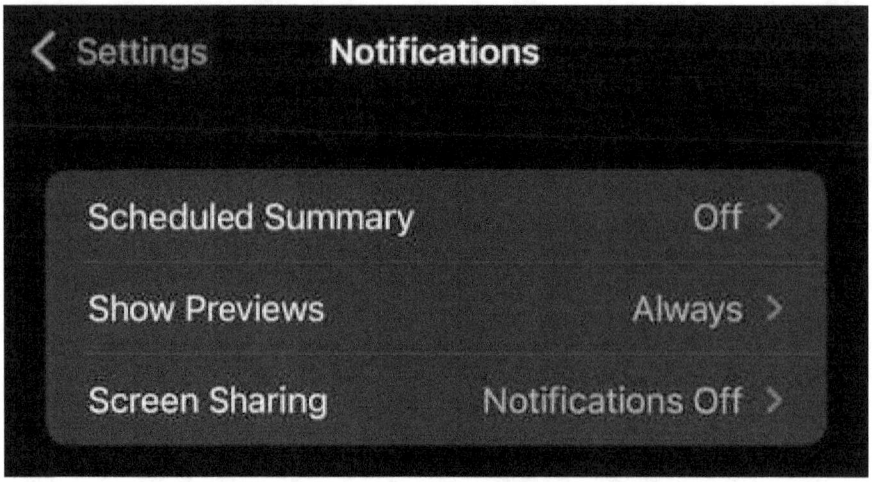

オフになっている場合はオンに切り替え、スケジュールを設定する。

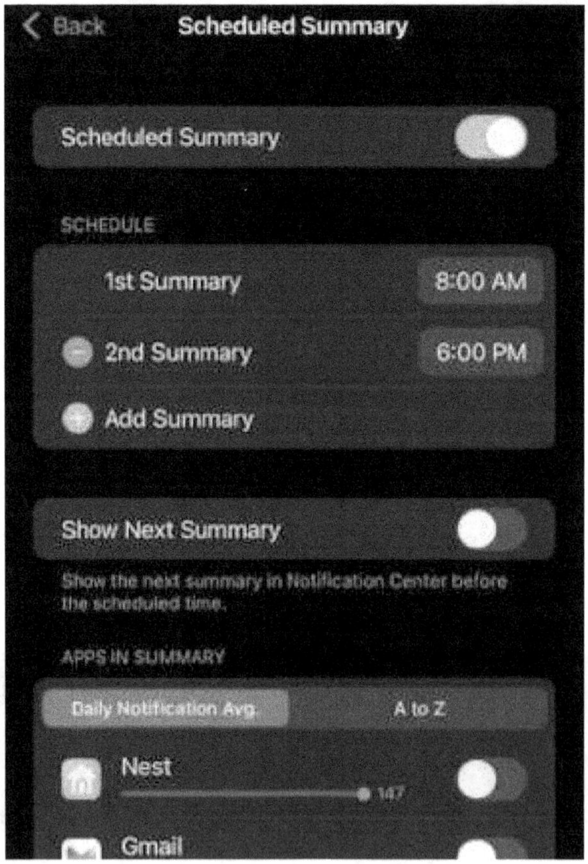

AIRDROPの使用

エアドロップ

思い浮かべてみてほしい：友人とコーヒーを飲みに出かけたとき、先週末の面白いビデオをどうしても見せたいと言われた。以前の方法なら、それを共有するために様々なオプションをナビゲートする典型的な歌と踊りを経験することになる。しかし、アップルの技術者

たちのおかげで、iPh-
one同士で共有する際の退屈なステップに別れを告げることができる。Air-
Dropの時代へようこそ。

この機能をオンにするには、「設定」＞「一般」＞「Air-
Drop」と進みます。デバイスをまとめる」がオンになっていることを確認します。

フォーカス

携帯電話は、やるべきことから私たちの気をそらすことがある。トイレでゲームをするには最適だが、本当は仕事に戻らなければならない。そんなあなたのために、フォーカスモードが用意されている。アクセスするには、右上隅から下にスワイプし、フォーカスボタンをタップします。

いくつかの異なるフォーカスモードがあり、それぞれ設定が異なる。例えば、通知は送信されるが通話は送信されないものもある。

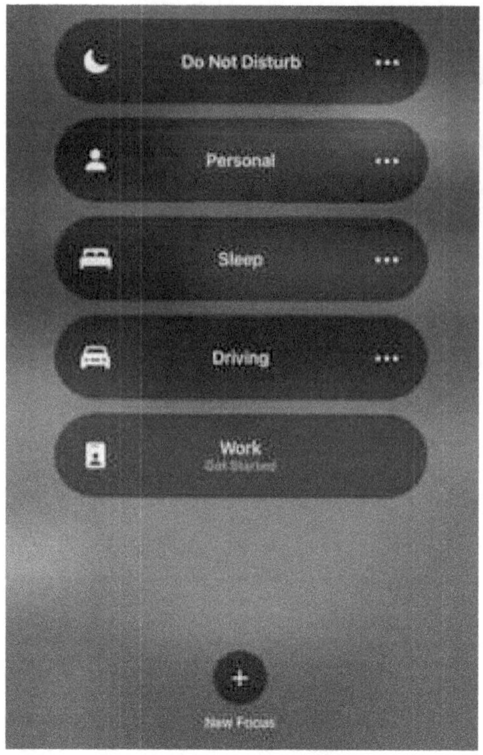

モードの隅にある3つの点をクリックすると、オンになっている時間を選択できます（この操作をしないと、オフにするまでオンになっています）。

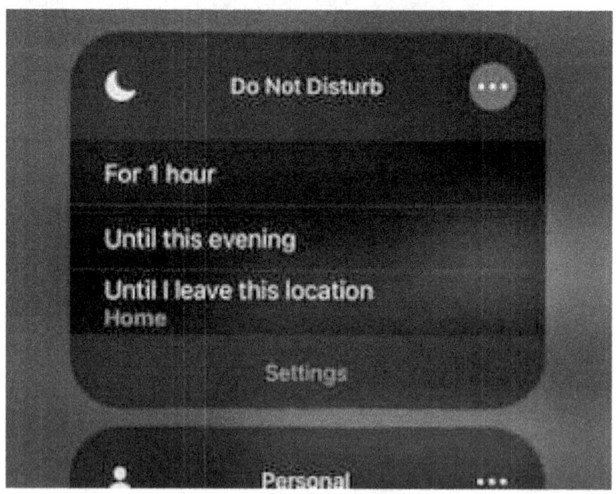

モードを追加することもできます。追加できるモードはあらかじめ定義されています。

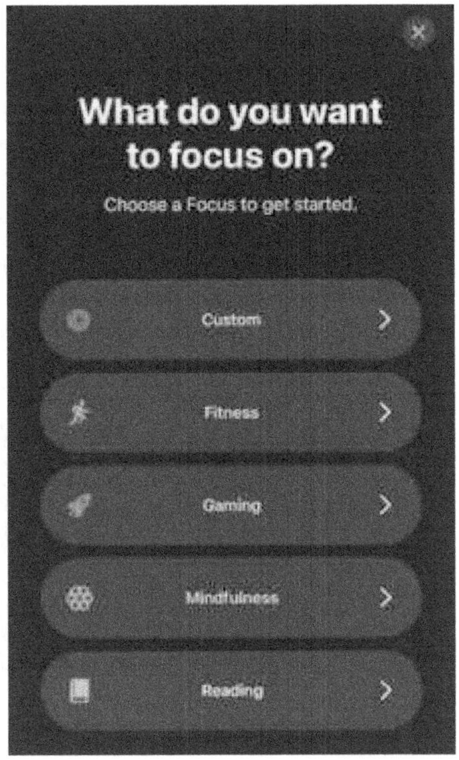

各モードをタップすると、そのモードが何をするのかがわかる。

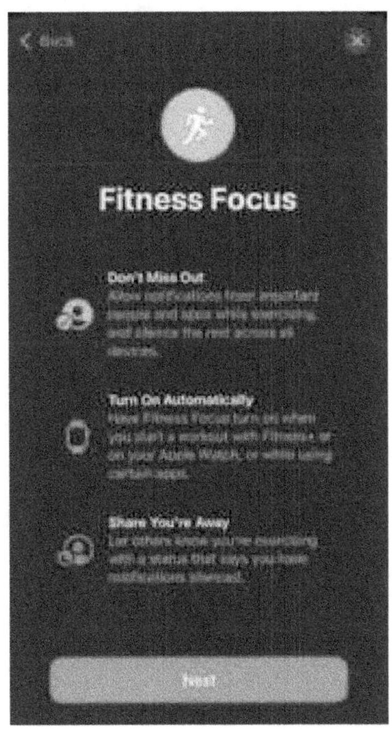

また、独自のカスタムモードを作成することもできる。

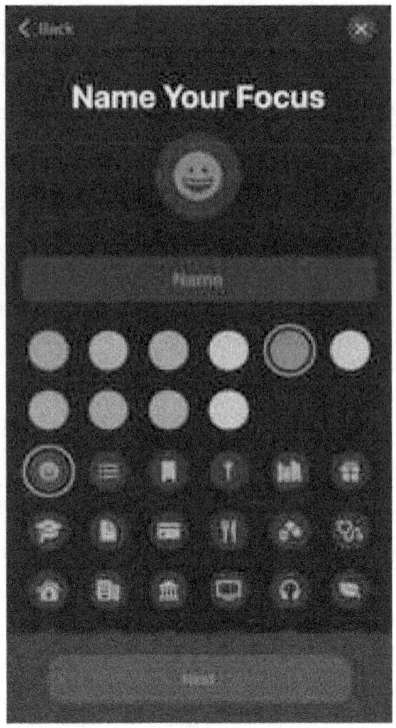

独自のモードを作ることで、制限を定義することができる。

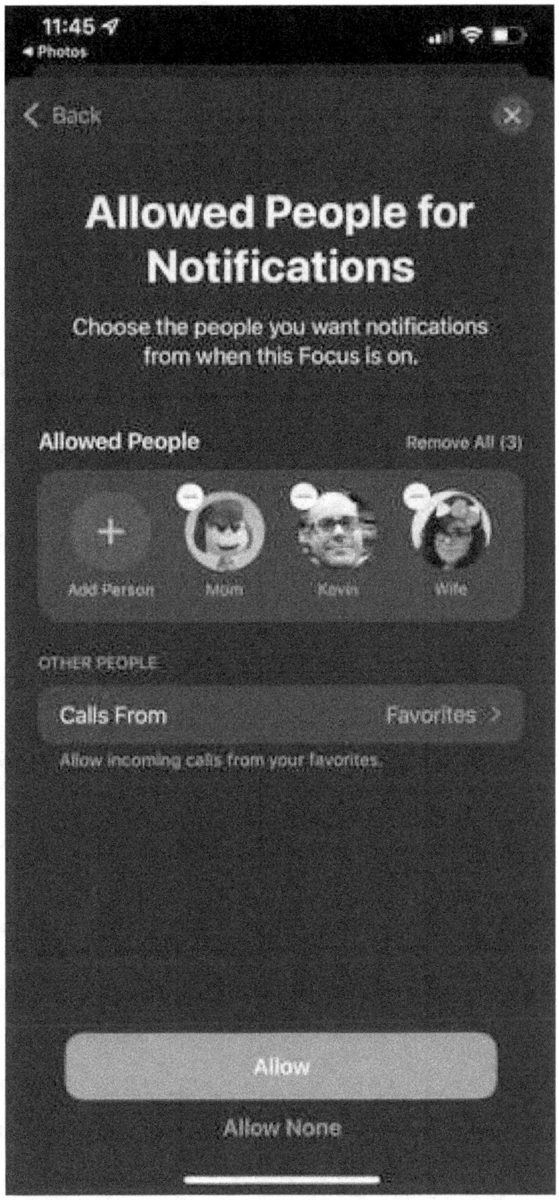

また、通知を許可するアプリを選ぶこともできる。つまり、ツイートは受け取れるが、フェイスブックのメッセージは受け取れないようにすることができる。

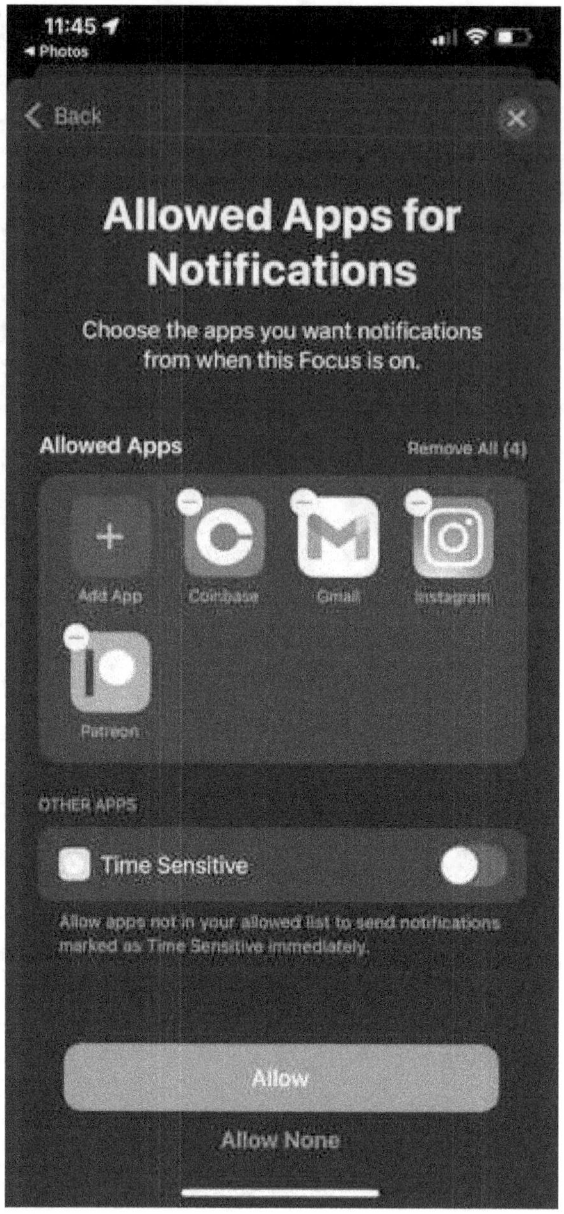

Doneを押せば追加される。

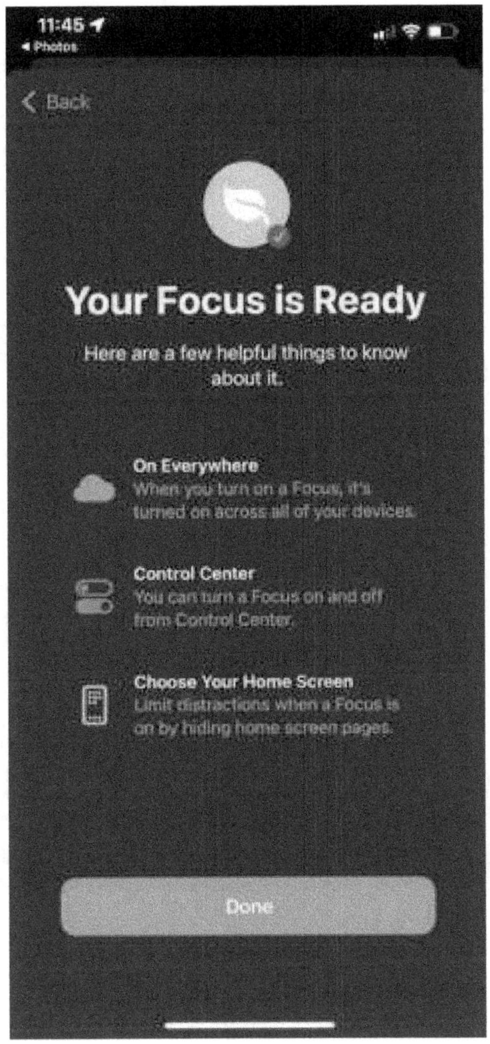

財布

Apple Wal-
letは、クレジットカードや保険証、さらにはIDや鍵などのデジタル版を保存できる場所だ。このシステムは年々大きくなっているが、残念ながらアップルのシステムに追加できるかどうかは企業次第だ。クレジットカード会社が表示されなかったり、IDのようなものが追加できなかったりするのは、まだサポートされていないからだ。

本ガイドのApple Servicesセクションで、この機能について詳しく説明します。

Walletに何かを追加するには、Walletアプリを開き、右上の＋アイコンをタップします。

次に、追加したいものを選択します。Apple Cardを申し込むこともできます。Apple CardはAppleのクレジットカードです。

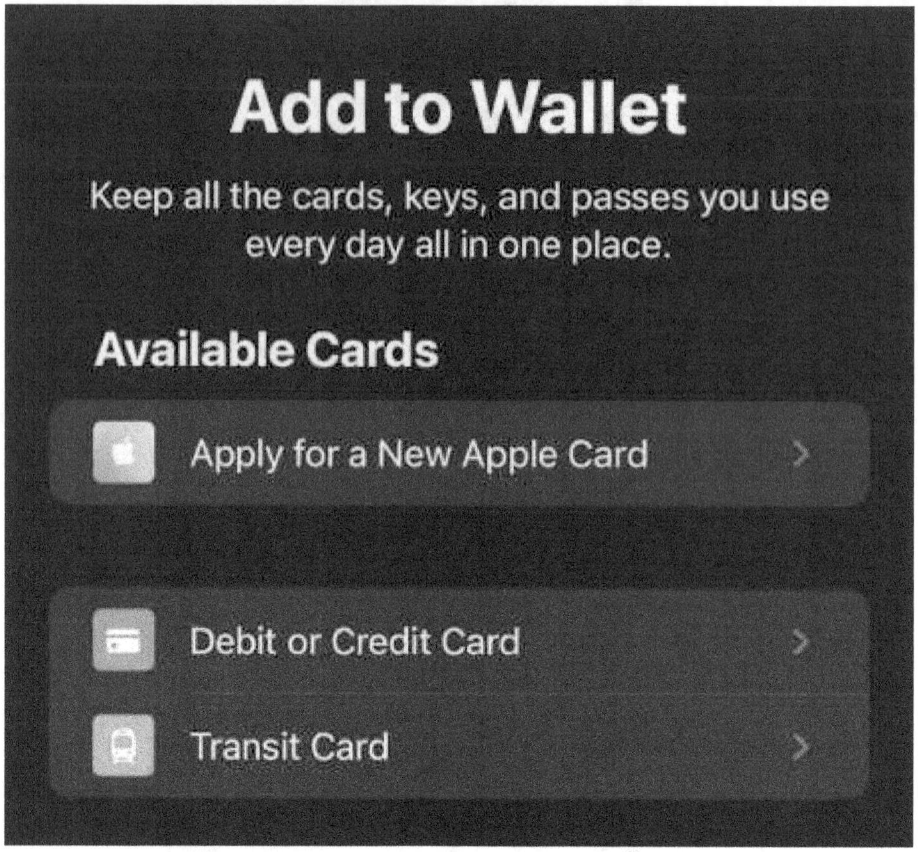

これを読んでいるのがアメリカだからといって、他の国のものを見ないとは思わないでください。中国のような国を旅行しているのであれば、その国のトランジットカードだって目にするだろう。

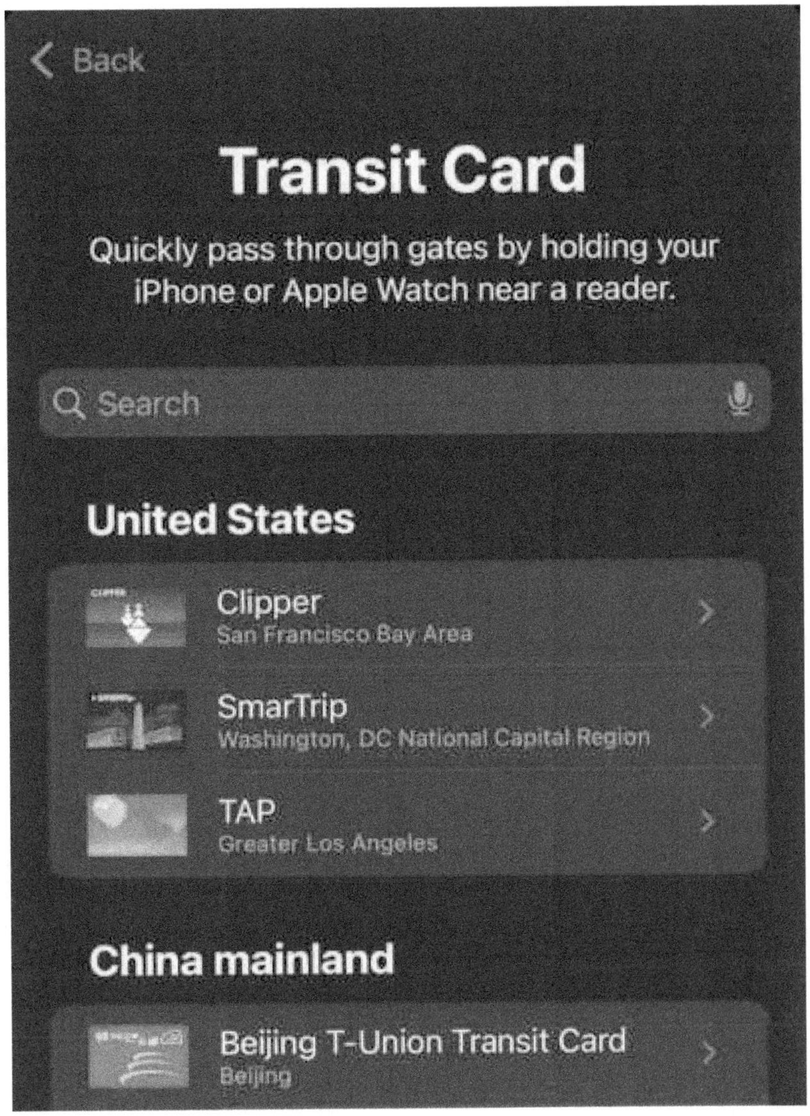

スポットライト

Spot-
lightは、あなたの携帯電話で何かを見つけるために行く場所です。ホーム画面から上にスワイプするか、メインのホーム画面から左にスワイプします。

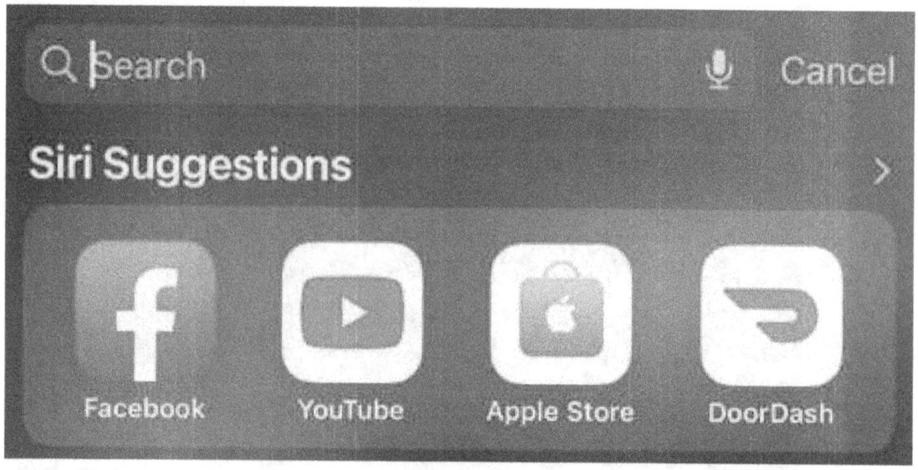

何を検索できるのか？一言で言えば、すべてだ！ほとんどすべてです。テレビ番組、映画、人物を検索できるのはもちろん、最近のアップデートでは、写真内のライブテキストなど、さらに多くのものを検索できるようになった。信じられないほど賢く、さらに賢くなっているので、もしあなたの携帯で何か見つからないなら、検索してみてください。

前進

この章で取り上げるのは

- 電話アプリの詳細
- 電子メールの送信
- ネットサーフィン
- iTunesを使う
- App Storeでアプリを探す
- カレンダー項目の追加
- 天気予報
- 地図を使う
- 健康
- 友達を探す友達
- 電話番号検索電話番号
- ホームキット
- アーキット

ダウンロードできるアプリは何百万とあるが、アップルは最高のアプリのいくつかを自社製にするために多くの時間を費やしている。新しいiPh-
oneを手に入れると、すでに何十ものアプリがインストールされている。それらを削除する（そして後で再びダウンロードする）のは自由ですが、その前に、それらが何であるかを確認してください。

電話

前の章では、電話をかけるということについて、とてもハイレベルなことを学びました。では、もう少し掘り下げてみましょう。

電話アプリを開きます。画面下のタブに注目してください。それぞれが何をするのか見てみましょう。

お気に入り：最も頻繁に通話する相手です。連絡先にも登録されています。短縮ダイヤルのようなものです。

最近：すべての通話（発信または着信）がここに表示されます。着信は黒、発信は赤で表示されます。

連絡先:ここにすべてのコンタクトが入る。横に文字があるのがわかりますか？電話をかけたい相手の文字をタップすると、その文字にジャンプします。

キーパッド：実際のキーパッドを使って相手に電話をかける場合に使用します。

ボイスメール：すべてのボイスメールは、消去するまでここに保存されます。

個人的には、連絡先を追加するにはiCloud.comにアクセスし、iTunesアカウントでサインインする。iCloudは電話機と自動的に同期し、ウェブベースなのでMacでもPCでも問題ない。本物のキーボードで入力できるので、私はこの方法を好んでいる。

しかし、本書では、iCloudとほぼ同じである電話の方法を使うことにする。.

連絡先を追加するには、"連絡先をタップし、右上の'+'ボタンをタップします。さらに、"編集 "ボタンをタップし、削除したい連絡先をタップして "削除
"を押すと、連絡先を削除することができます。

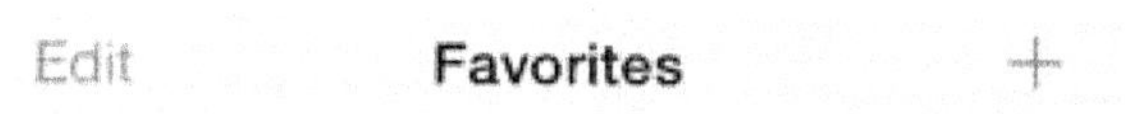

情報を挿入するには、各フィールドをタップするだけです。写真を追加」をタップすると、誰かの写真を撮るか、すでに持っている写真を使うかのオプションがあります。着信音やバイブレーションを設定したい場合は、「着信音」の下に追加します。完了したら、"完了
"をタップします。頻繁に電話をかける相手であれば、お気に入りに追加するオプションが表示されます。

相手に電話をかけるには、相手の名前をタップします。代わりにテキストメッセージを送りたい場合は、相手の名前の横にある青い矢印をタップします。お気に入り」に登録されている場合は、青い矢印だけが表示されます。お気に入りに入っていない相手に電話をかけるには、連絡先で相手の名前をタップします。Facetimeを使って電話をかけたい場合は（相手がFacetimeを使用している場合）、青い感嘆符ボタンをタップしてオプションを選択することもできます。

iPhoneで大々的に宣伝されている機能のひとつに、Do Not Disturbがある。.
この機能をオンにすると、電話がかかってくることはなく、承認したリストの誰かからの電話でない限り、電話が鳴っていることさえわからない。つまり、家族の誰かが電話しているときだけ鳴るように設定することができる。この機能を使うには、ホーム画面の「設定」に行く必要がある。

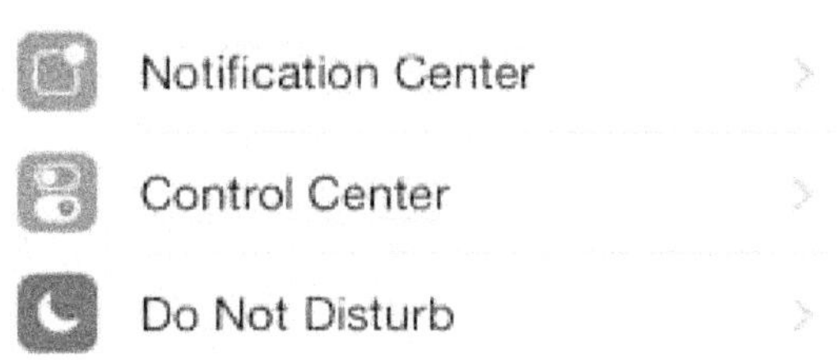

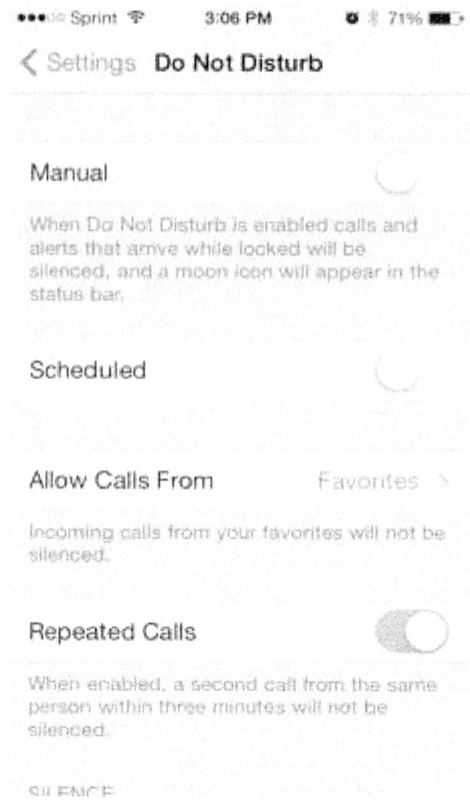

デフォルトでは、Do Not Dis-
turbがオンになっている場合、お気に入りに登録されている人は誰でも電話をかけることができます。またボタンがデフォルトでオンになっていることに注目してください。これは、同じ相手から3分間に2回電話がかかってきた場合、その電話はスルーされるということです
。

電話を通さないように設定したい場合は、"Allow
Callsをタップします。前のメニューに戻るには、左上のDo Not Dis-
turbボタンをタップします。左上にこのようなボタンがあれば、いつでも前の画面に戻ることができます。ここの情報はタップするとすぐに保存されるので、保存ボタンは気にしないでください。

フェイスタイム

離ればなれになってしまった人たちをどうやってつなぎとめるか。これはアップルが深く考えてきたことだ。iPh-
oneのFaceTimeはこれまで以上に良くなっている。2021年秋には、iPadの画面を共有することで、一緒に映画を見たり、音楽を聴いたり、さらにはデバイスのトラブルシューティングができるようになる。これはShare-
Playと呼ばれる。残念なことに、これらの機能の一部は秋以降に登場するため、この解説書には現時点では含まれていません。

FaceTimeアプリを開くには、2つのオプションがあります：リンクを作成」または「新規FaceTime通話」の2つのオプションがあります。

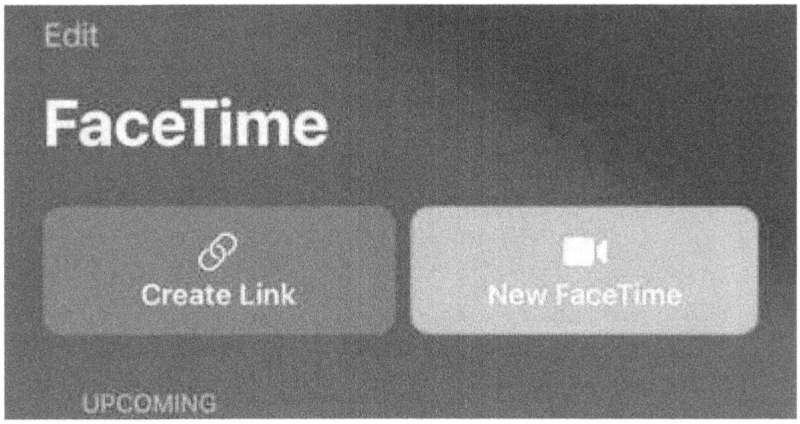

リンクの作成ボタンをクリックすると、共有可能なリンクが作成されます。このリンクが本当に素晴らしいのは、iPhoneを持っていない人とも共有できることです。
コピーボタンをタップして、見てもらいたい場所に貼り付けるだけです。名前を追加」をタップして、名前を付けることもできます。

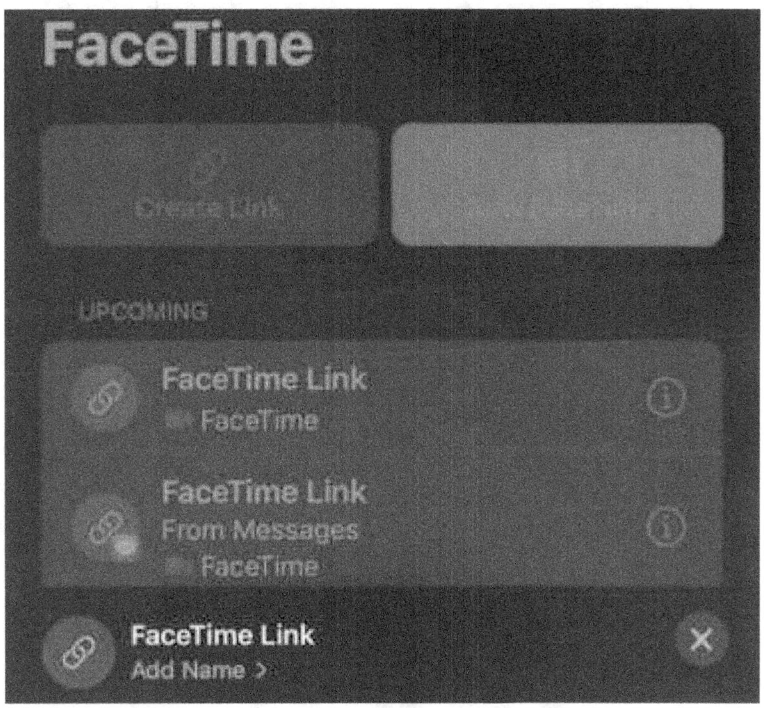

相手に直接電話をかけたい場合は、緑色の「新規FaceTime」ボタンをタップし、相手の名前を入力します。

プレビューボックスは下隅にありますが、タップしたままドラッグすることで画面上のどこにでも移動できます。

このプレビューボックスを大きくすると、いくつかのオプションがあります。左上には小さな画像アイコンがあり、背景をぼかしたりぼかさなかったりできます。右下は、カメラを正面から背面に反転します。左下には、追加できるエフェクトが表示されます。

エフェクトはタップ＆ホールドで移動でき、ピンチで拡大することもできる。

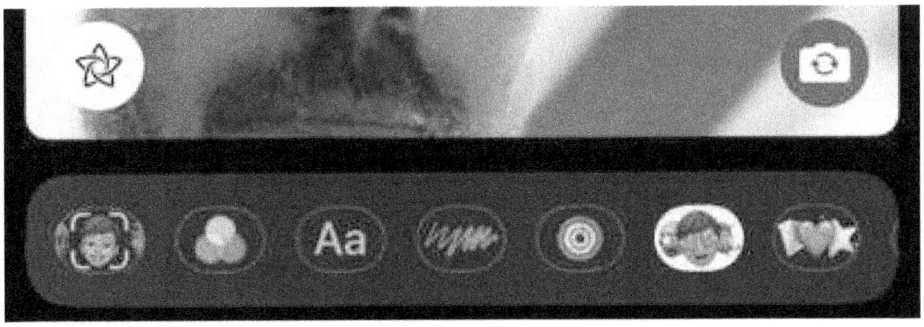

スクリーンをタップすると、より多くのコントロールがあるフローティングボックスも表示されます。まだ通話を開始していない場合、例えば誰かがFaceTimeであなたに電話をかけてきた場合、それを受け入れてから「参加」ボタンをタップする必要があります。通話中であれば、このボタンは「退出」ボタンに変わり、タップすると電話を切ることができます。他のボタンは左から順に、通話中の全員にメッセージを送るための「メッセージ」、HomePodなどにサウンドを転送したい場合は「スピーカー」、マイクをオフにして相手に聞こえないようにしたい場合は「マイク」、ビデオをオフにしたい場合は「カメラ」です。

FaceTimeのモナリザ?

目が追ってくる絵画を見たことがあるだろうか？アップルはFaceTimeの設定でこのテクニックを真似ているようだ。の設定でこの技法を真似ているようだ。そのため、ゲームをしていて画面を見つめていても、カメラを見ているように見える！

オンにするには、設定アプリでFaceTimeを選択します。.Eye Contactがオンになっていることを確認します。

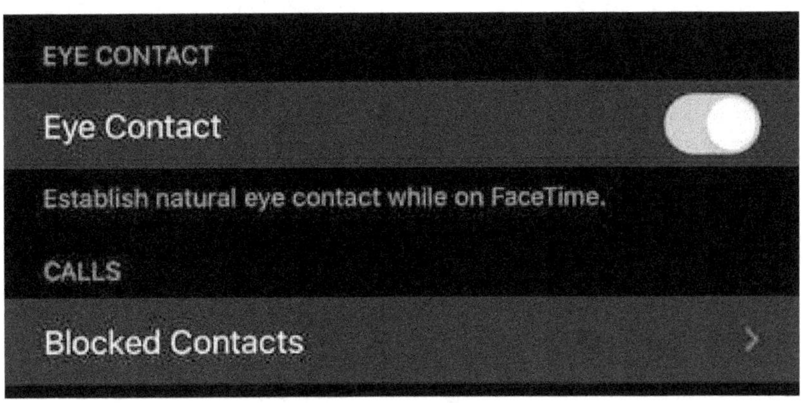

メール

iPh-
oneでは、事実上あらゆるEメールクライアントから複数のEメールアドレスを追加できる。Yahoo、Gmail、AOL、Exchange、Hotmail、その他多くのメールアドレスをiPh-
oneに追加できるので、どこにいてもメールをチェックすることができます。
メールアドレスを追加するには、「設定」アプリのアイコンをクリックし、真ん中までスクロールすると、「メール」、「連絡先」、「カレンダー」が表示されます。カレンダー.
次に、最大の電子メールプロバイダのロゴが表示されますが、あなたが他のタイプの電子メールを持っている場合は、 "その他 "をクリックして続行します。

自分のEメール設定がわからない場合は、アップル社のウェブサイトにある「Mail Settings Lookup」ページにアクセスする必要がある。
そこでメールアドレスをすべて入力すると、携帯電話でメールアカウントを使えるようにするために、どの情報をどこに入力すればいいかが表示されます。
設定はプロバイダーごとに変わるので、あるプロバイダーではうまくいっても、別のプロバイダーではうまくいかないこともある。
必要な数のメールアカウントを追加し終わったら、携帯電話のホーム画面にあるメールアプリのアイコンをクリックし、それぞれの受信トレイを別々に、または一度に見ることができる。

アップルのメールアプリを使っているなら、ぜひ知っておきたい機能をいくつか紹介しよう。

メッセージの未送信

間違ってメッセージを送ってしまった場合、送信を取り消すことができる...ようなものだ。ただし、10秒以内に送信を取り消す必要がある。つまり、先週送ってしまって今になって後悔している、上司へのひどいメッセージを取り消すということではありません！ゴールは、間違って送信したもの、例えば添付し忘れたものを取り消すことだ。

使用するには、送信後に表示される受信トレイの下部にある青いボタンをタップします。表示されない？残念ながら、それはウィンドウが過ぎてしまっていて手遅れということです。なんとか間に合えば、メールは作成状態に戻ります。

スケジュールメール

メールの下書きはしたいけれど、すぐには送信したくない、ということはよくあるでしょう。私はクラスを教えるとき、例えばクラス当日にメールを送信するようにスケジュールを組みます。

その際、青い矢印をタップして送信するのではなく、長押ししてください。そうすると、いつ送信するかを尋ねるオプションが表示されます。

リマインダーメール

週明けにメールのリマインダーを受け取りたい場合は、メールを開き、返信ボタンを選択します。いくつかのオプションが表示されます。ひとつは「リマインドする」です。

SafariでネットサーフィンiPh-

iPh-
oneを使っているなら、おそらくすでにデータプランの料金を支払っているだろうから、インターネットをフルに活用したいはずだ。

ウェブサーフィンが無制限ではないキャリアを使っている可能性が高い。つまり、インターネットをたくさん使うなら、追加料金を支払わなければならない。私がお勧めするのは、Wi-Fiを使うことをお勧めする。では、Safariに戻る前にに戻る前に、Wi-
Fiを有効にする方法を簡単に説明しましょう。

ホーム画面で「設定」アイコンをタップします。

設定メニューの2番目のオプションはWi-Fiです。である。

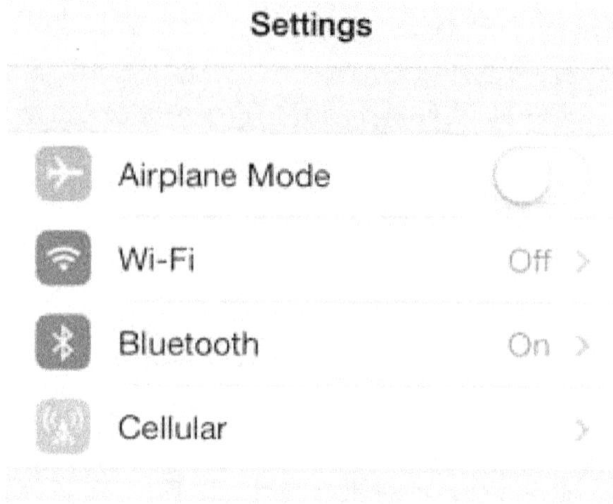

次に、Wi-Fiをオフからオンに切り替えます。

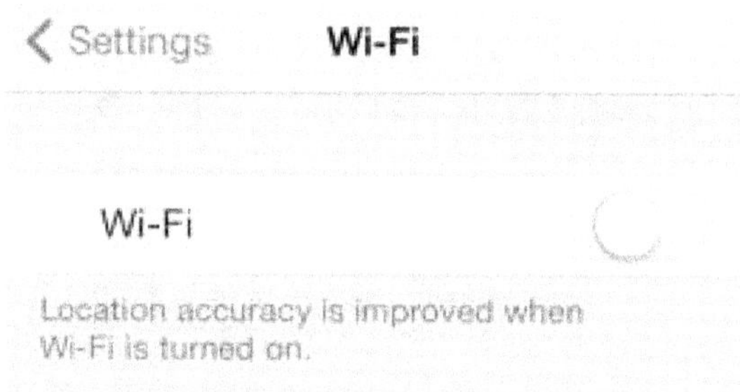

あなたのWi-Fiネットワーク（お持ちの場合）が表示されます。それを一度タップしてください。

信号マークの横にロックマークがある場合は、Wi-Fiアクセスがロックされていることを意味します。これはWi-Fiアクセスがロックされており、使用するにはパスワードが必要であることを意味します。プロンプトが表示されたら、パスワードを入力し、"参加 "をタップします。

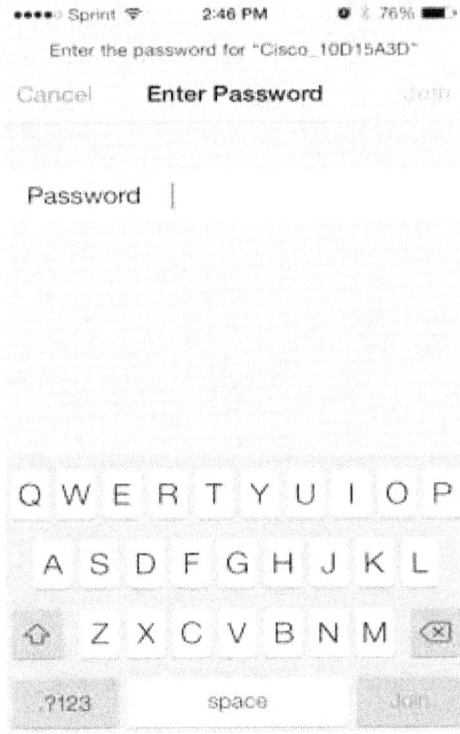

これでネットワークに接続できます。スターバックス、マクドナルド、ノードストローム、ロウズなど、多くの場所で無料Wi-
Fiが提供されています。を提供しています。それを利用し、必要な時のためにデータ使用量を節約しよう。

サファリの動作を見てみようの動作を見てみよう。

サファリ・インターフェース

何年もの間、Sa-
fariのツールバーは一番上にあった。デスクトップやタブレットなど、あらゆる場所でツールバーが表示されるため、最も検索しやすい場所だからだ。iOS
15では、ツールバーは下に移動した。煩わしいでしょう？最初はそうだった。うまくいっているものをなぜいじくるのか？なぜなら、うまくいかないからだ。

携帯電話の使い方を考えてみよう。あなたの指は携帯電話の下にあり、上から持つことはありません。では、アドレスを入力するときはどうすればいいのでしょうか？手を上に動かしてアドレスバーをタップし、キーボードのある下に戻す。この2ステップだ。これでスピードが上がる。手を調整する必要はありません。

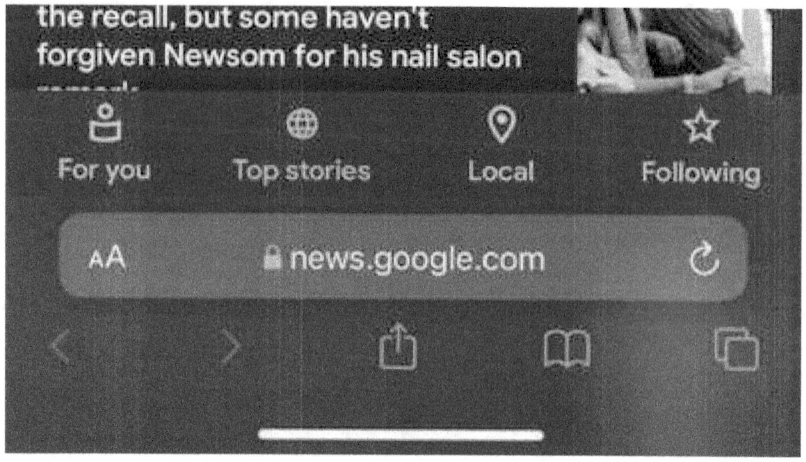

Sa-
fariを使ったことがある人なら、これは奇妙に感じるだろう。どうしても我慢できない場合は、簡単に元に戻す方法がある。アドレスバーのダブルAAをタップしてください。

一番上に "Show Top Address Bar
"というオプションがあるので、それをタップすれば完了です。

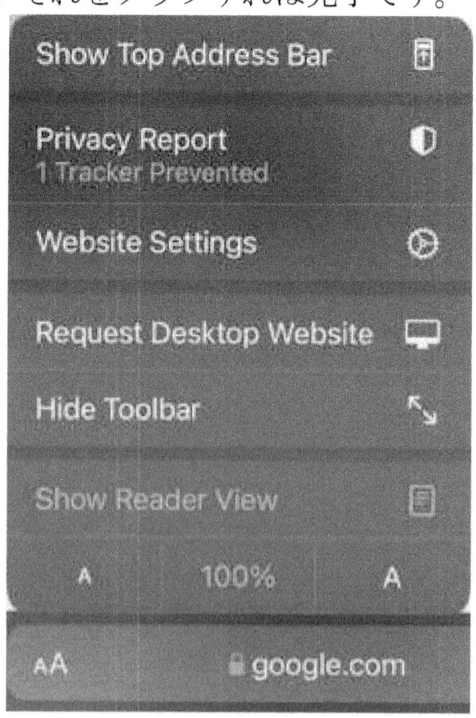

何かを検索するには、まったく同じボックスを使う。そうやってインターネットで何でも検索できるのだ。画面の片隅にあるグーグルやビング、ヤフーの検索エンジンのようなものだと思ってください。実際、まさにその通りだ。なぜなら、検索するときは、これらの検索エンジンのいずれかを使って結果を見つけるからだ。

画面下部には5つのボタンがあり、最初の2つは「戻る」と「進む」ボタンで、ブラウザが前にいたウェブサイトに戻るか進むかを選択します。

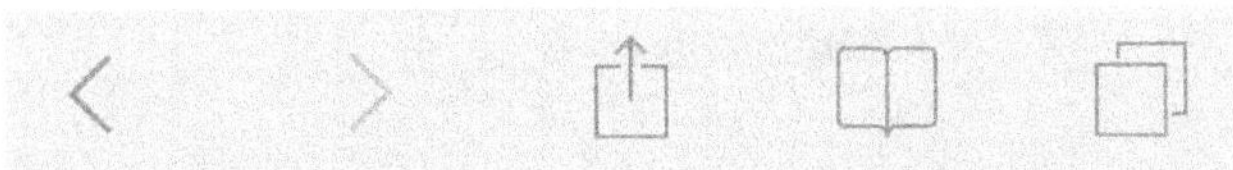

進む矢印の隣、ちょうど真ん中には、ウェブサイトを共有したり、ホーム画面に追加したり、印刷したり、ブックマークしたり、コピーしたり、リーディングリストに追加したりできるボタンがある。

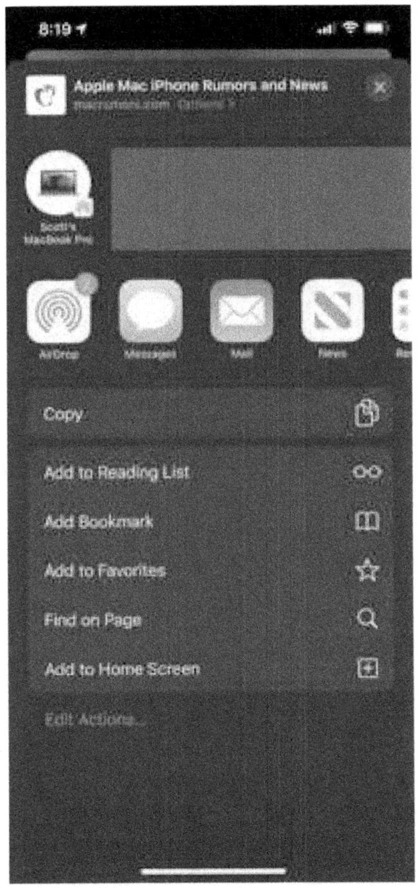

それは素晴らしいことだ！でも、これってどういう意味？メニューの各ボタンを見てみましょう：

最初の行では、近くにあるデバイスにリンクを送信したり、よくメールをする相手にテキストで送ることができる。

その下に、リンクを開いて送信できるアプリがある。

最後に、その下にリンクを使ってできるさまざまなアクションを示します：

ホーム画面に追加：頻繁にアクセスするウェブサイトがある場合、これはとても便利です。このボタンを押すと、そのウェブページのアイコンがホーム画面に追加されます。これで、ウェブサイトを立ち上げたいときはいつでも、ホーム画面から直接立ち上げることができます。

コピー：ウェブサイトのアドレスをコピーします。

ブックマークを追加:ウェブサイトをよく見るが、ホーム画面に追加したくない場合、ブックマークすることができる。もう少し詳しく説明します。

読書リストに追加:ニュース記事をたくさん開いている場合は、後で読むためにリーディングリストに追加することができます（オフラインの場合でも）。

上の共有リンクの次のボタンは本のように見えます。これはブックマークボタンです。

ブックマークを追加すると（前のボタン、共有ボタンから行うことを忘れないでください）、名前を聞かれます。デフォルトでは一般的なブックマークタブに置かれますが、"ブックマーク "をクリックして新しいフォルダを作成することもできます。

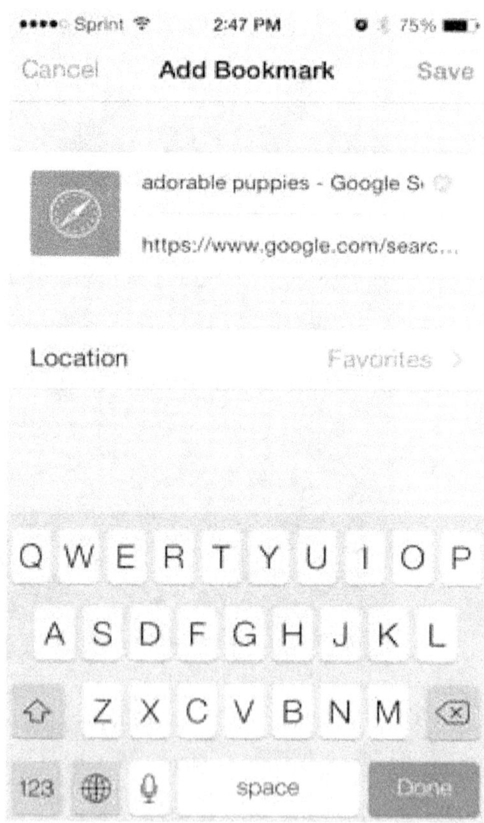

ブックマークボタンをタップすれば、アドレスを入力することなくいつでもウェブサイトにアクセスできる。

リーディングリストは真ん中のメガネのようなアイコンで、オフラインで読むために保存したすべてのウェブページ、ブログ記事、記事を見ることができます。
インターネット文学をリーディングリストに保存するには、共有アイコンをタップし、"リーディングリストに追加 "をクリックします。
保存したページは、右から左にスワイプして赤い削除ボタンをタップすることで、テキストメッセージのように削除することができます。

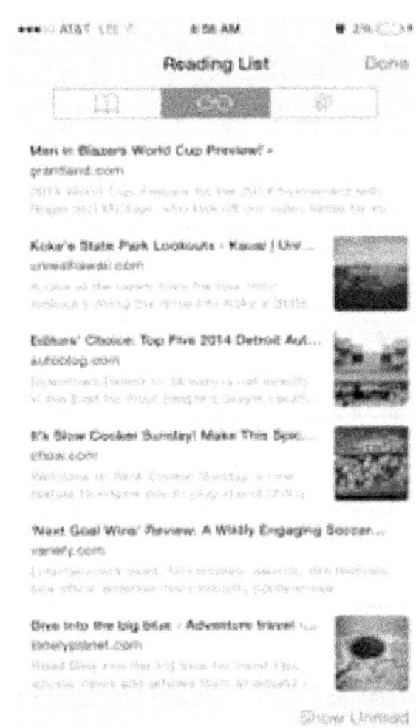

ブックマークページの3つ目のタブでは、共有リンクと購読を見ることができます。
購読は、RSSフィードを提供するあらゆるウェブページから作成することができ、あなたの携帯電話は自動的に最新の記事や投稿をダウンロードします。
サイトのRSSを購読するには、ウェブサイトにアクセスし、ブックマークアイコンをタップして、"共有リンクに追加 "を選択します。
最後のボタンは、透明な箱の上に箱が乗っているように見える。

パソコンやiPadを使っている人なら、タブのことは何でも知っているだろう。アップルはサファリでタブを使わないことを決めた。.タブこのボタンを押すと、複数のウィンドウを同時に開くことができる。このボタンを押すと、新しいウィンドウが表示される。新しいページを開くオプションもある。さらに、すでに開いているページを切り替えることもできる。x」を押すと、開いているページを閉じることもできる。doneを押すと通常のブラウジングに戻ります。

iCloudオプション（一番下のクラウド）は、他のアップル製デバイス（iPad、iPod Touch、Macコンピュータなど）を使っている場合に注意したいものです。あなたのSafariブラウジングは自動的に同期されるので、iPadでページをブラウジングしていても、iPhoneで中断したところから再開することができます。

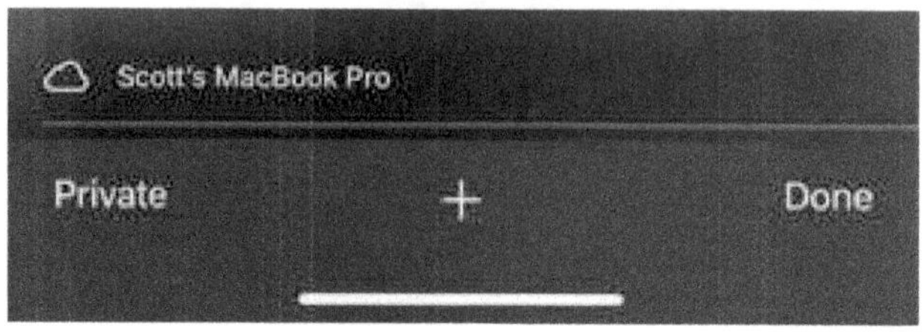

携帯電話を横向きにすると、ブラウザも横向きになり、フルスクリーンモードを使用するオプションが追加されます。見た目は似ているが、新しいタブを開くことができる「+」ボタンが追加された。

どちらのモードでもタブを表示できますが、フルスクリーンではタブが上に表示されます。

ポートレートモードでは、右下隅にある2つの透明なボックスをタップするとタブが表示されます。

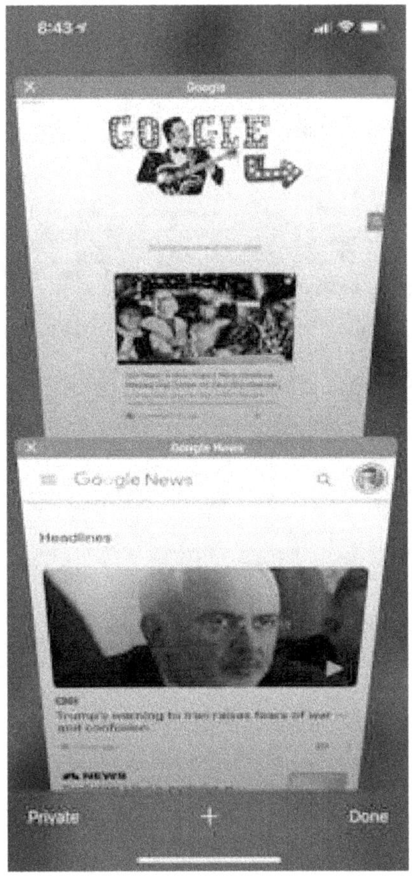

タブを閉じるのが嫌いな人も、iOSなら簡単だ。設定した時間が経過すると、すべてのタブを自動的に閉じることができます。

設定 > Safari>

タブを閉じるをクリックし、「手動」、「1日後」、「1週間後」、「1ヶ月後」のいずれかを選択します。

タブグループ

タブは親友になれる。タブグループはこの友人を進化させたものです。タブグループは、ブックマークとタブを組み合わせたようなものです。基本的には、すべてのタブをグループに保存します。例えば、"ショッピング"というグループを作り、それをクリックすると、まるで魔法のように、お気に入りのショッピングサイトがすべてタブで開きます。

開始するには、右下のアイコン（2つ重なったページ）をタップし、タブの横にある矢印をタップします。

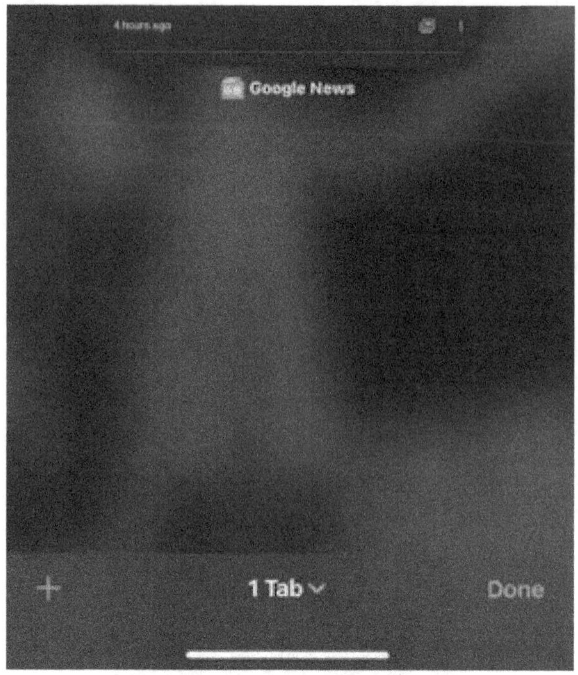

これは、あなたが開いている他のタブと、開くことができるタブグループを表示します。ショッピング・タブ・グループとニュース・タブ・グループを作ったので、これらをタップすると、そのグループ内のすべてのページがすぐに開きます。現在のページをグループに入れるには、**1**タブから新規タブグループをタップします。今すぐすべてのページを開いて、グループとして保存しましょう。

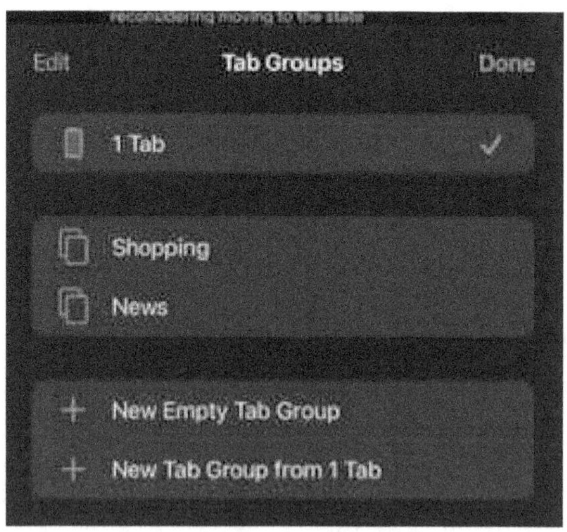

次に、グループに名前をつける。

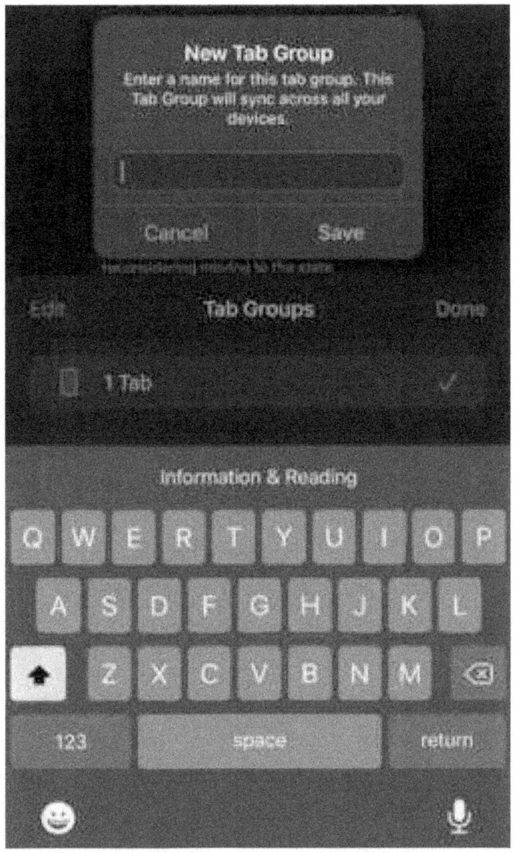

グループを開くと、そのグループ内のすべてのタブのプレビューが表示されるので、入りたいページをタップしてください。

デフォルトの電子メールを設定する/ ウェブブラウザ

何年もの間、iOSでは他のメールやウェブブラウザを使うことはできたが、デフォルトに設定することはできなかった。これはiOS
15で変わった...ようなものだ。別のデフォルトブラウザやメールクライアントを使えるようになったが、アプリをアップデートする必要がある。

この機能を利用するためにアプリをアップデートするのは、（アップルではなく）開発者の責任です。そのため、以下の手順で変更しようとしても、お好みのアプリが表示されない場合は、おそらく開発者がまだアプリをアップデートしていないか、あなたがまだアプリをアップデートしていないかのどちらかでしょう（App
Storeにアクセスして、アプリのアップデートがないことを確認してください）。にアクセスし、アプリのアップデートがないことを確認してください)。

優先アプリを変更するには、設定アプリにアクセスします。次に、デフォルトにしたいアプリに進みます（以下の例ではChromeブラウザを使用しています）。ブラウザを使用しています）。次に、「デフォルトブラウザ.

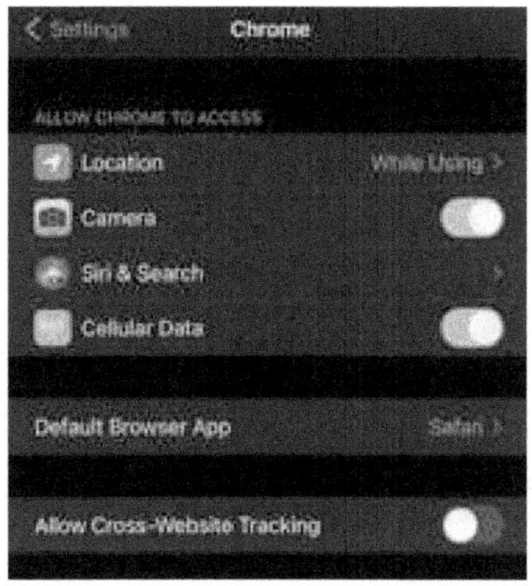

最後に、お好みのブラウザにチェックを入れてください。自動的に保存されます。

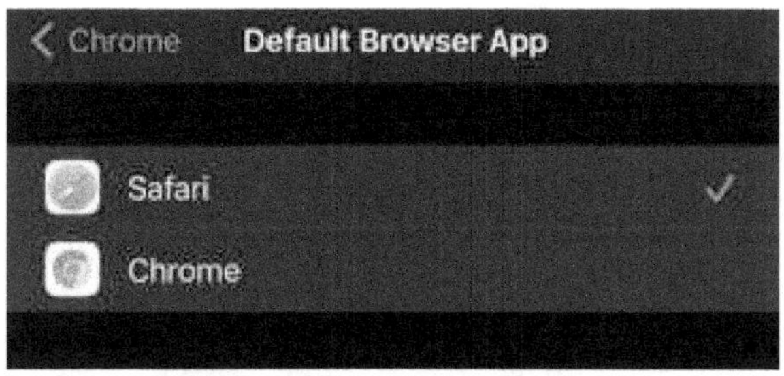

プライバシー

アップルは常にユーザーのプライバシーに積極的だ。Safari
を使用すると、ウェブサイト上でデータ侵害があった場合、パスワードの変更を検討する必要があるかどうかを警告してくれます。また、Sa-
fariで買い物をする際、Eメールを非表示にするオプションも用意されている。もし「はい」と答えると、ユニークでランダムなEメールアドレスが生成され、そのEメールアドレス宛に会社から届くEメールはすべてあなたに転送される。つまり、あなたは会社からメールを受け取りますが、会社はあなたの本当のアドレスを知りません。

プライバシーの見出しをクリックすると、アプリがあなたのデータをどう使っているかを知ることができます。位置情報サービスの使用を許可したアプリはすべて、「位置情報サービス」の下に表示されます（位置情報サービスは、ここで個々のアプリまたはデバイス全体のオフとオンを切り替えることができます）。また、それぞれのアプリがどのような情報を送受信しているかを確認することもできます。

カメラまたはマイクを使用するアプリを使用している場合、携帯電話のシグナルバーのすぐ上に緑色のインジケーターが表示されます。

漏洩したパスワード

アップルは、データ漏洩が発生した場合について透明性を保ち、問題になる前に解決できるよう支援する役割を果たしている。

設定」アプリを開き、「パスワード」までスクロールする。

このエリア（パスワードで保護されています）では、保存されているすべてのパスワードを見ることができますが、「セキュリティ」の下にある「推奨事項」では、パスワードが漏洩した「可能性」を確認することもできます。推奨事項」の下に、パスワードが漏洩した「可能性がある」かどうかを確認することができます。可能性がある」というのは、ハッキングされたという意味ではないからだ。ただ、ある企業のデータが持ち出されたということであり、過去にその企業のアカウントを持っていたという理由で、あなたがそのリストに載っているかもしれないということなのだ。

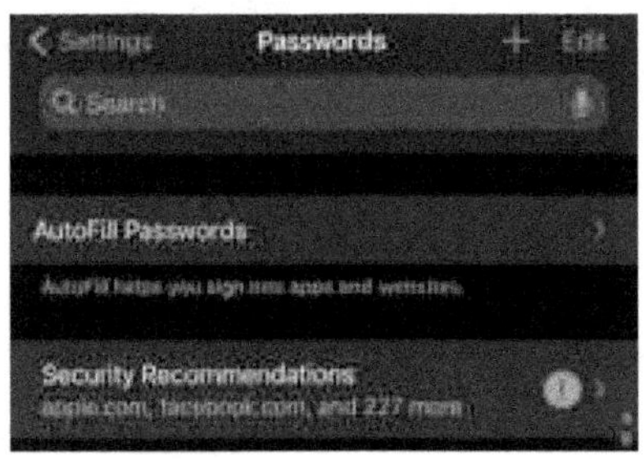

推奨をクリックすると、違反の可能性があるものを1つずつ表示し、推奨の理由を示してくれる。下の例では、アップルに情報漏えいがあり、パスワードの変更を勧めている。

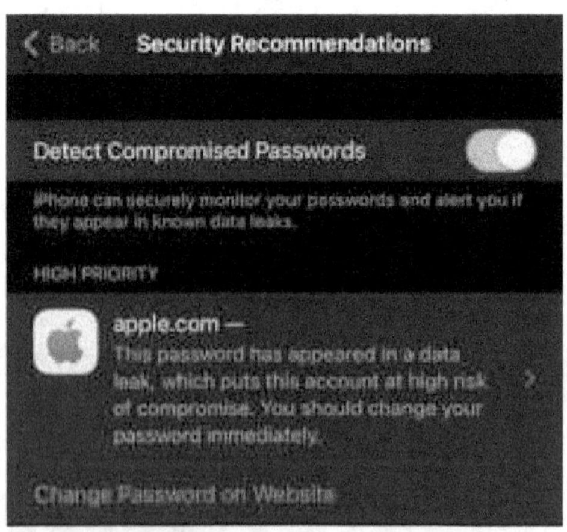

ウェブサイト上でパスワードを変更」をタップしてパスワードを変更することもできるし、メッセージをクリックしてもう少し詳しく読むこともできる。下の例では、私が別のウ

ェブサイトで同じパスワードを使っていることに気づいたので、そちらも変更する必要がある、という内容です。

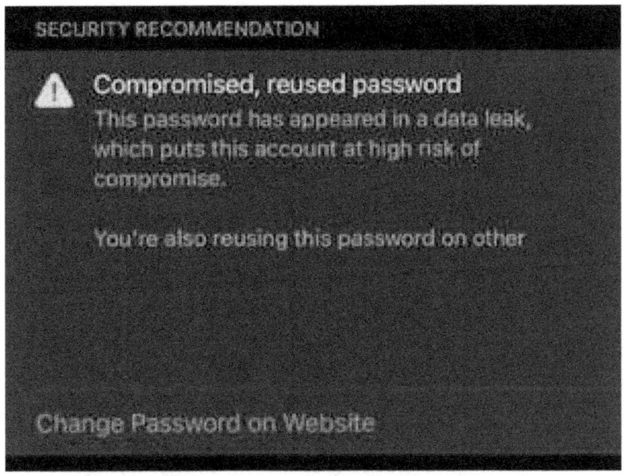

プライバシーレポート

サファリで、ウェブアドレスの横にあるAAアイコンをタップすると、プライバシーレポートが表示されます。レポートが表示されます。

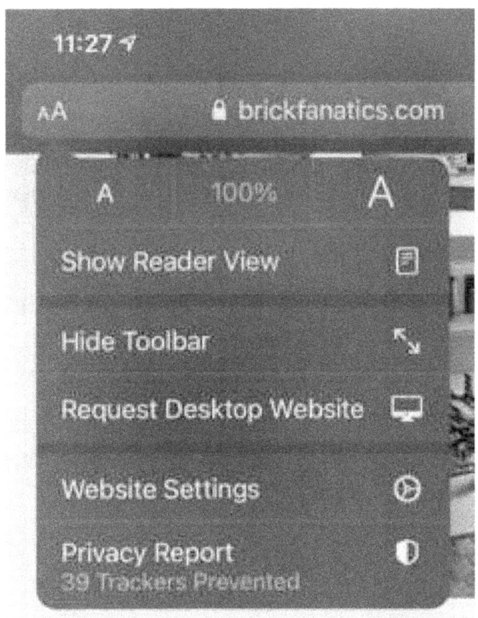

プライバシーレポートは、私を追跡しようとしているトラッカーについて詳しく教えてくれるだろう。トラッカーとは、基本的にウェブサイトに埋め込まれた小さなコードのことで、私の行動を追跡します。例えば、トラッカーはフェイスブックにに、私がレゴのウェブサイトを訪問したことを伝え、レゴの広告を表示させるのです。不気味でしょう？

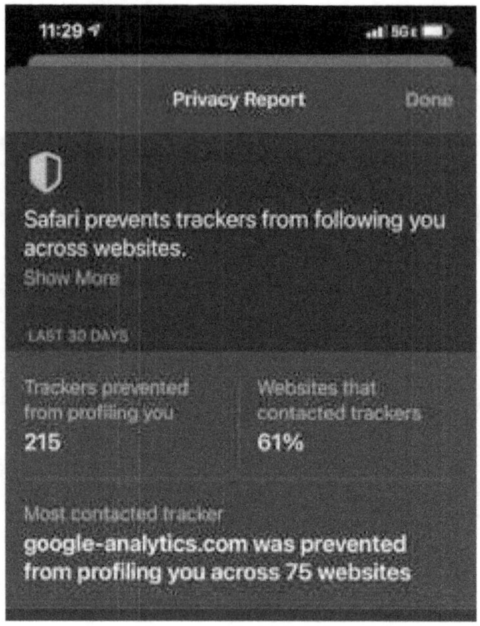

ロケーション・シェアリング

各アプリの中には、見られるものと見られないものに関する一連のプライバシーツールがある。最も一般的なものの1つは、あなたの位置情報です。下の例では、「設定」アプリを開き、「マップ」を選択しています。.ここから「位置情報」をタップします。

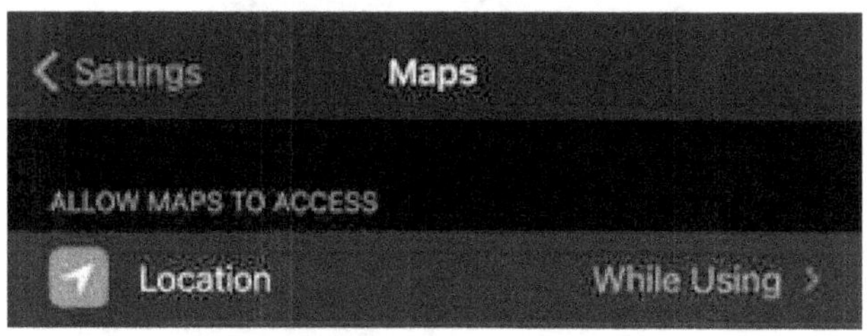

地図なので、自分の位置を知ってほしいのですが、その位置を把握できるタイミングを選択するオプションがあります。また、正確な位置情報を表示させるためのトグルもあります。これをオフにすると、アプリがあなたのおおよその位置を表示します。

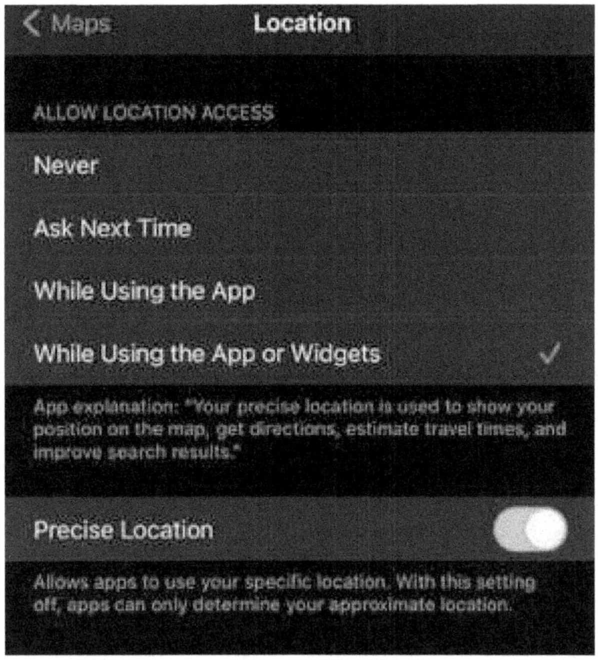

ITUNES

iTunesホーム画面にあるiTunesアプリは、世界最大のデジタル・ミュージック・ストアを開きます。
音楽だけでなく、数え切れないほどの映画、テレビ番組、オーディオブックなどを購入し、ダウンロードすることができます。番組、オーディオブックなども購入・ダウンロードできます。 iTunesのトップページには、What's
Hotセクション、音楽コレクション、ニューリリースもあります。

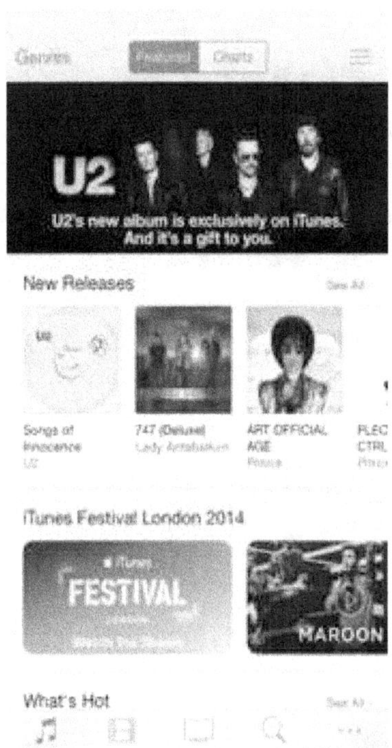

上部には、特集メディアを見るか、トップチャートをブラウズするかのオプションが表示されます。 左上にはジャンルボタンがあります。
ジャンル」をクリックすると、さまざまなタイプの音楽が表示され、検索を絞り込むことができます。

ダイナミック・アイランド

iPhone 14 Pro以上、またはiPhone 15以上を持っている場合、最も目立つ機能はダイナミックアイランドだ。残念ながら、通常のiPhoneにはこの機能はありません。この機能が何をするものかはわからなくても、おそらくお気づきだろう。

ダイナミックアイランドはショートカットバーのようなものです。これを使うと、バックグラウンドで実行中のアプリ（音楽やタイマーなど）を見ることができます。下の例では、私の携帯電話で曲が再生されているので、バーには非常に小さなカバーとオーディオ再生アイコンが表示されています。

島を押すとミュージックアプリが起動し、島をタップ&ホールドすると音楽のプレビューが表示される。

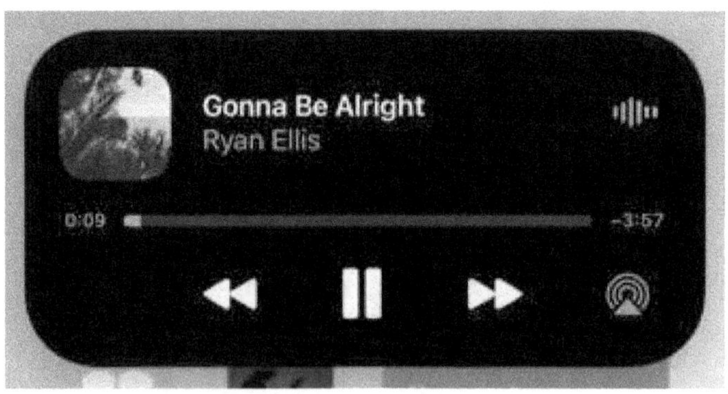

しかし、バックグラウンドで2つのアプリを起動していたらどうだろう？例えば、タイマーと音楽？島はあなたを置き去りにしません！下の例をご覧ください。

音楽アプリを開くと、そのアプリは島から離れ、タイマーだけが表示される。

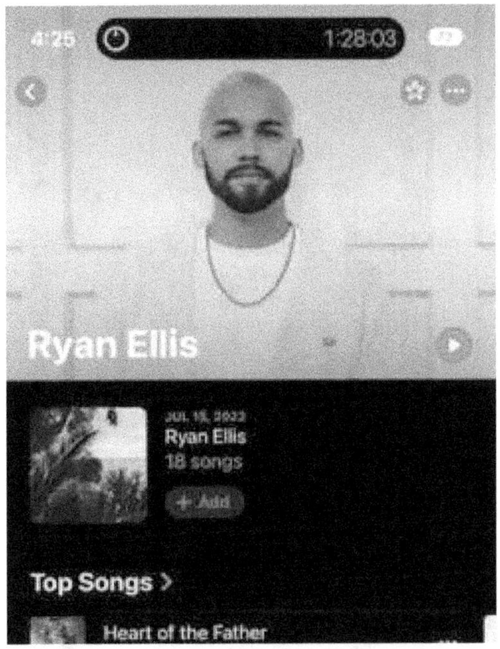

音楽を止めると、アプリを閉じたときにタイマーだけが表示される。

クラッシュ検出

万が一、交通事故（「ゴミ箱にバックで突っ込んだ」程度の大事故）に遭遇した場合、携帯電話は救急隊員に警告を発し、救助を求めることができる。

その仕組みは、携帯電話に交通事故を検知したというアラートが表示され、20秒以内に応答してキャンセルしなければ、iPhoneが緊急サービスを呼び出すというものだ。

デフォルトでは、クラッシュ検知はすでにオンになっているはずですが（お使いの携帯電話が対応している限り）、「設定」>「緊急SOS」と進み、「深刻なクラッシュ後に通話」をオン／オフにして再確認できます。

アプリの購入

では、どうやってアプリを購入し、ダウンロードし、最後に削除するのでしょうか？このセクションで見ていこう。

アプリを購入するため（実際にお金を払うという意味ではありません：）

App Storeを開くと最初に表示されるのはが表示されます。

これは、古いOSでおなじみのApp
Storeとは少し違う。アップルは、編集者監修のリストに基づいてアプリを発見する、より雑誌的な外観を与えた。

下部には、ゲーム、アプリ、アーケード（アップルの新しいサービス）、アプリを検索するタブがある。アプリのカテゴリーを見たい場合は、「Apps」で少しスクロールします。See Allですべて表示されます。

アプリをアップデートするには、以前は最後のタブをタップしてアップデートと表示されていた。そのオプションはなくなった。アプリをアップデートする最も簡単な方法は、セットアップ時に自動アップデートオプションをオンにしておくことです。アプリを手動でアップデートしたり、最近アップデートされたかどうかを確認するには、右上のアバター写真

をタップします。すると、あなたのアカウント情報と利用可能なアップデートが表示されます（"open "と表示されていれば、最近アップデートされたことを意味し、"update "と表示されていれば、利用可能なアップデートがあることを意味します）。

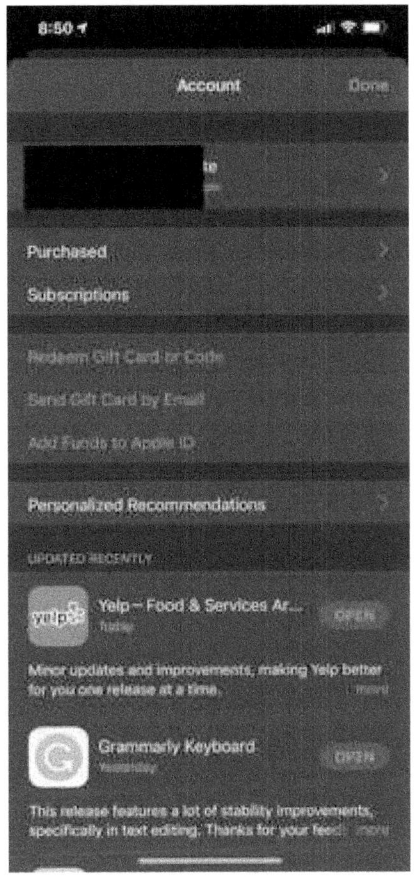

アプリを購入したが、誤って削除してしまった、または削除する気が変わってしまった場合でもご安心ください！アップデートが表示されるのと同じ場所で、アプリを再度ダウンロードすることができます。"購入済み "をタップしてください。

1つは、購入したすべてのアプリを表示するもので、もう1つは、購入したけれどもiPhoneに入っていないアプリだけを表示するものです。Not on This iPhone（このiPhoneにはない）」と書かれた方をタップすると、何でも無料で再ダウンロードできます。画面右のCloudボタンをタップするだけです。同じアカウントであれば、別のiPhoneで購入したものでも再ダウンロードできます。

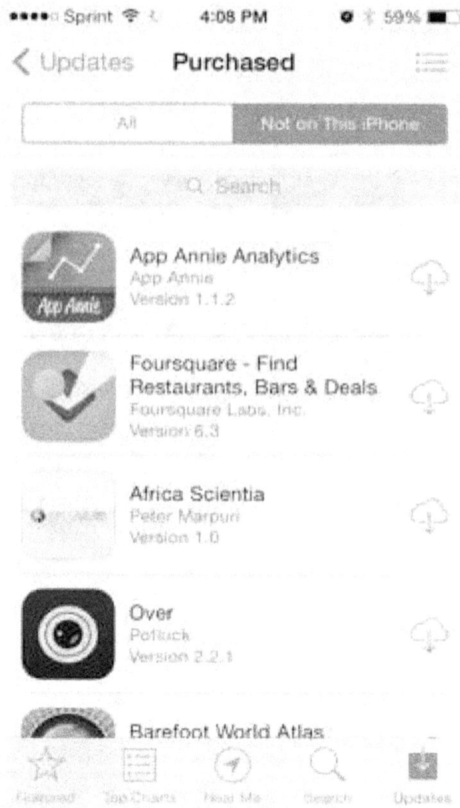

ホーム画面で削除したいアプリのアイコンを長押しし、アプリの上にある「x」をタップします。

ピクチャー・イン・ピクチャー

iPhoneのピクチャー・イン・ピクチャーについて聞いたとき、私はとても興奮した。iPhoneのピクチャ・イン・ピクチャを聞いたとき、私はとても興奮した。iPadには以前から搭載されていたが、これは素晴らしい機能だ！Appleは、私が映画を見ながらWikipediaで俳優を調べたくなることを知っていたみたいだね。

使い方は、ビデオをフルスクリーンで再生し、下から上にスワイプするだけ。そうすると動画が飛び出します。これはFacetimeを使っているときにも使えます。FaceTimeを使って誰かと話している間に、インターネットを検索したり、ゲームをしたりすることができます。を使って誰かと話している間にインターネットを検索したり、ゲームをしたりすることができます。なんてパーソナルなんでしょう？

ピクチャー・イン・ピクチャーの問題点は完全にサポートされているわけではない。例えば、発売当初はYouTubeに対応していませんでした。YouTube！YouTube！最近はほとんどの人が動画を見る方法だ！

しかし、回避策はある。一部のビデオストリーマーとは互換性がありませんが、Safariとは互換性があります。.下の例をご覧ください。ビデオはSafari内で再生されています。

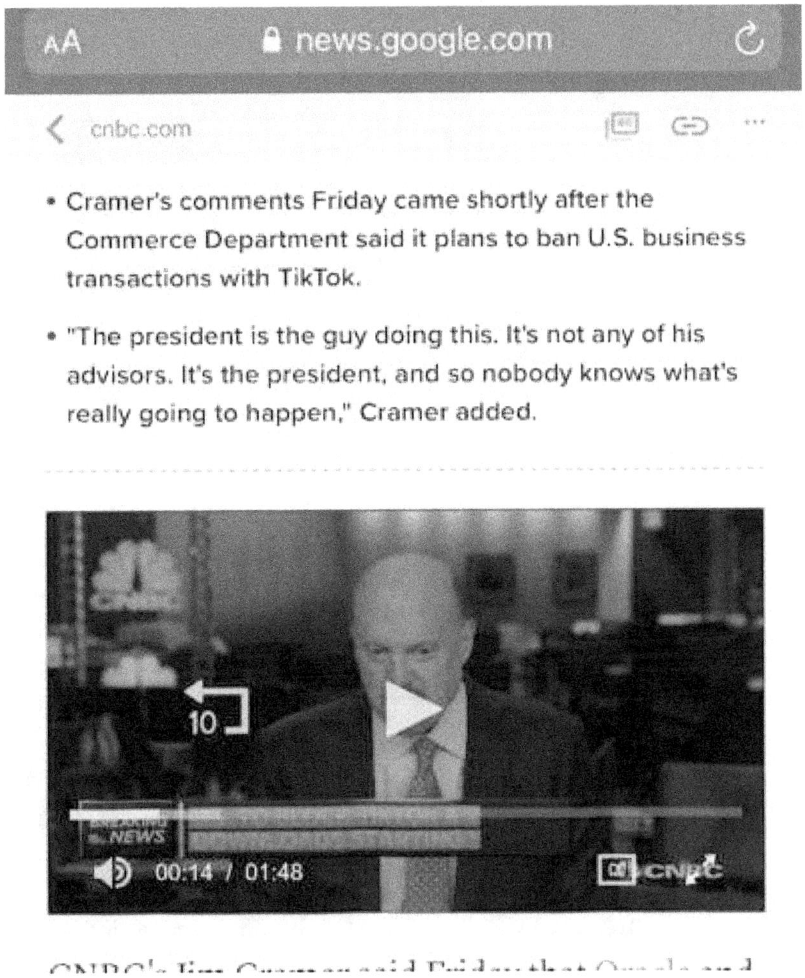

そのビデオをフルスクリーンで再生し、下から上にスワイプすると、PiPになります。YouTubeのような）ネイティブアプリでそのビデオを見るとしたら、サポートされていないかもしれません。完璧な解決策ではありませんが、より多くのアプリがこのモードをサポートするまでの回避策です。

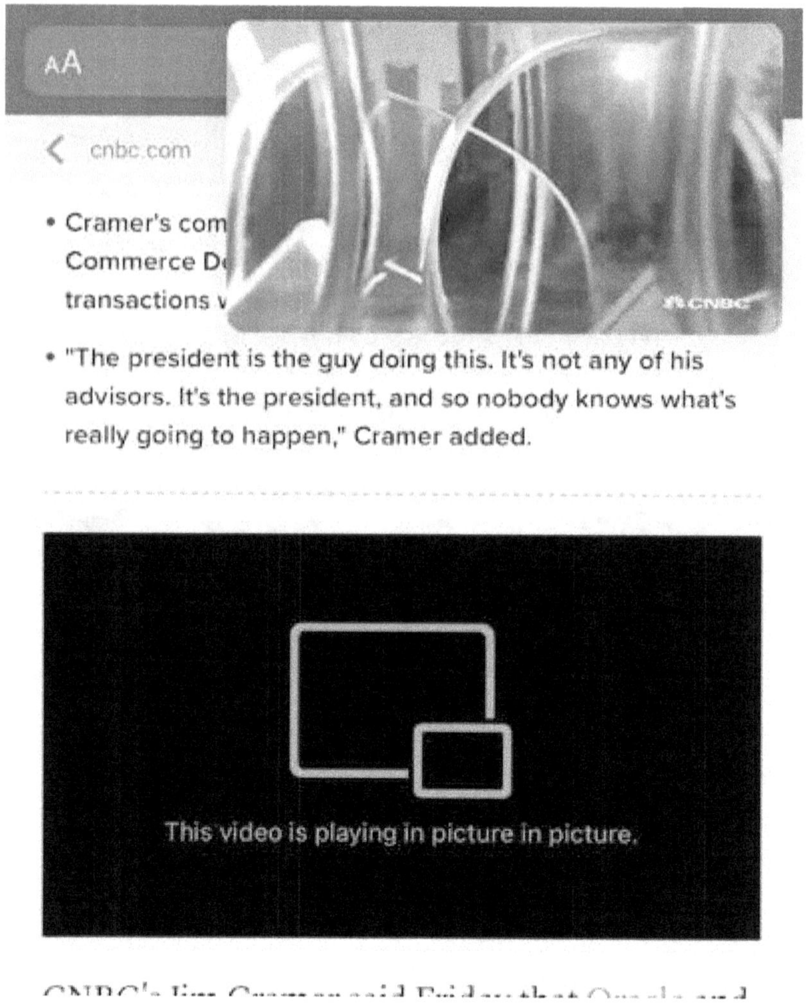

カレンダー

新しいiPhoneにプリインストールされているアプリの中で、最もよく使うアプリのひとつがカレンダーだろう。.
あなたは、予定、タスク、または1日、1週間、または1ヶ月のビューでレイアウトされたすべての表示を切り替えることができます。 iPhoneを横向きにすると、すべてがランドスケープモードに切り替わります。 iPhoneでは初めて、多くの新しいアプリケーションが、iPadやiPad miniのディスプレイのように、一度に多くの情報を表示することで、より大きなiPhoneの1080pの解像度を活用している。
カレンダーをEメールアカウントやiCloudカレンダーをEメールアカウントやiCloudと組み合わせて、あなたのすべてのデバイスで予定やタスクを同期させましょう。

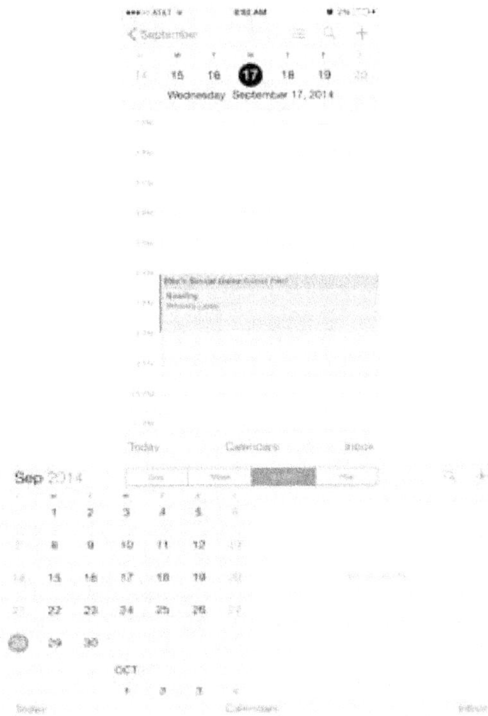

アポイントメントの作成

予定を作成するには、ホーム画面のカレンダーアイコンをクリックします。予定を設定したい日をクリックし、隅にある「+」ボタンをタップします。
ここで予定に名前を付けて編集し、同期できるようにEメールまたはiCloudアカウントに接続します。アカウントと同期することができます。

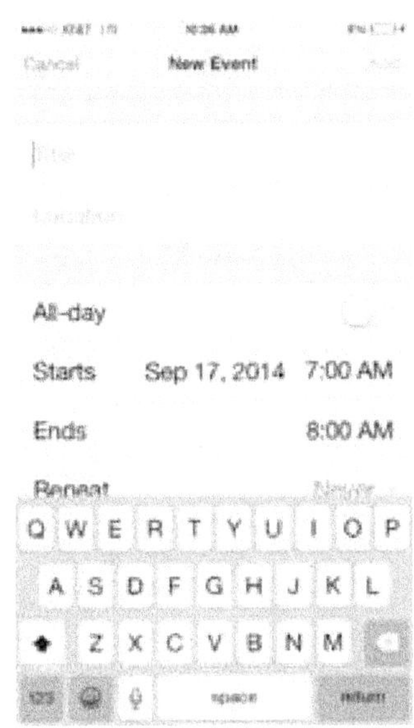

イベントを編集する際は、イベントの期間に特に注意してください。
開始時間と終了時間を選択するか、終日イベントの場合は "終日 "を選択してください。
また、"繰り返し
"をクリックし、繰り返しの頻度を選択することで、定期的なイベントとして設定することができます。

例えば、請求書や車の支払いの場合、「毎月（この日に）」または「30日ごと」を選択することができます。
繰り返しを選択した後、そのイベントをどのくらいの期間繰り返してほしいかを選択することもできます。
　カレンダー新しい予定画面の下にある「添付ファイルを追加」を選択すると、添付ファイルを追加できます。

天気

　iPh-
oneの位置情報サービスとGPSは、目的地までのナビゲーションのために使うことができますが、他のアプリも地域情報を表示するために使うことができます。
天気予報アプリはその一例です。
このアプリを開くと、現在地に基づいた基本的な天気情報がすぐに表示されます。
より詳細な情報を得るには、中央のセクションを左右にスワイプして1時間ごとの予報をスクロールし、下のセクションを上下にスワイプして10日間の予報をスクロールします。

　右下のリストアイコンをクリックして都市名を検索すると、さらに都市を追加できます
。
都市を追加したら、左右にスワイプして都市間をスクロールし、それぞれの場所のリアルタイムの天気情報を見ることができます。

天気アプリ

　天気予報アプリは何年も前から存在していたが、iOS
16では大きな機能強化がなされた。もはや天気を知るためだけのアプリではない。天気の正確な詳細を知るためのアプリなのだ。

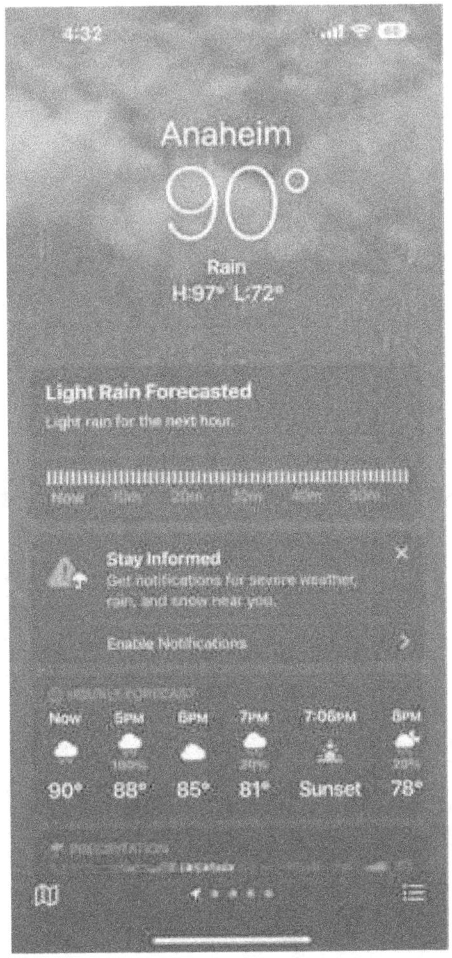

特定の日をクリックすると、1時間ごとの予報が表示されるので、一日の計画を立てることができる。

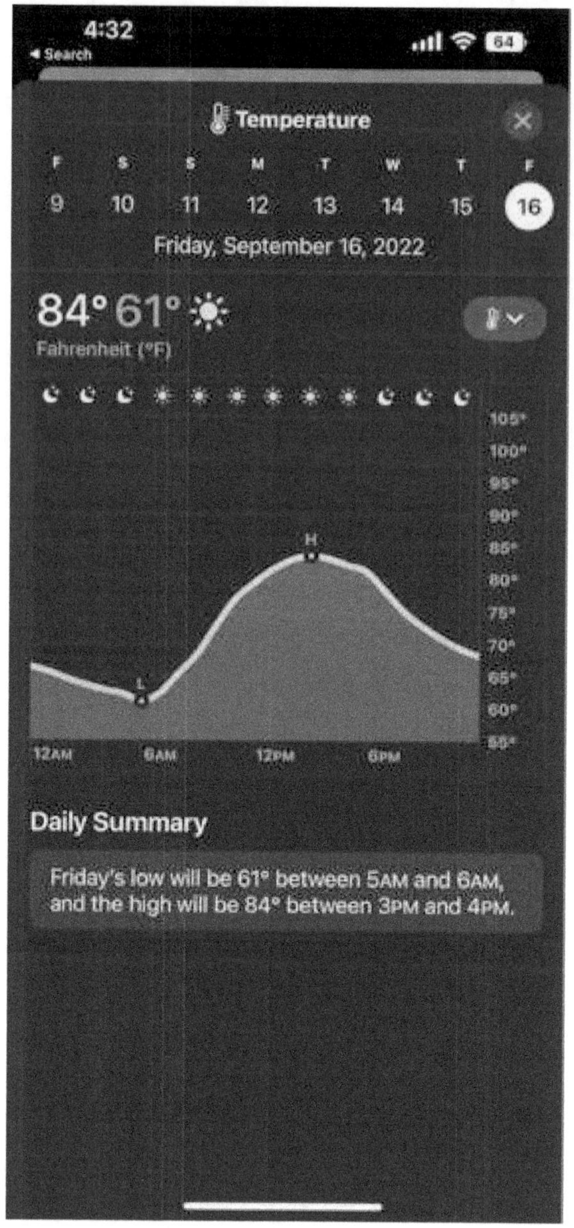

右側のドロップダウンをクリックすると、気温だけでなく、紫外線指数、湿度、天気の感じ方などを見ることができる。

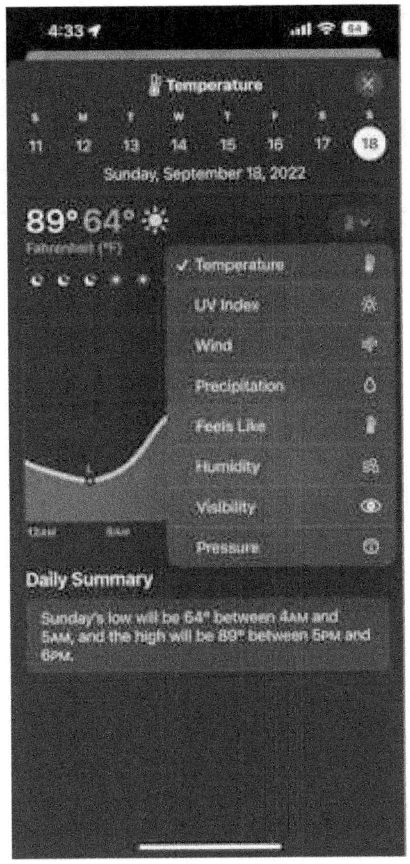

メインの天気予報画面に戻ると、地図をクリックして雨などが降っている場所を確認することもできる。

バッテリー

多くの人がそうであるように、右隅にある小さなバッテリーインジケーターはいいものだが、少し曖昧になることがある。例えば、バッテリーの残量が10%なのか5%なのかをバッテリーインジケーターで判断するのは難しい。

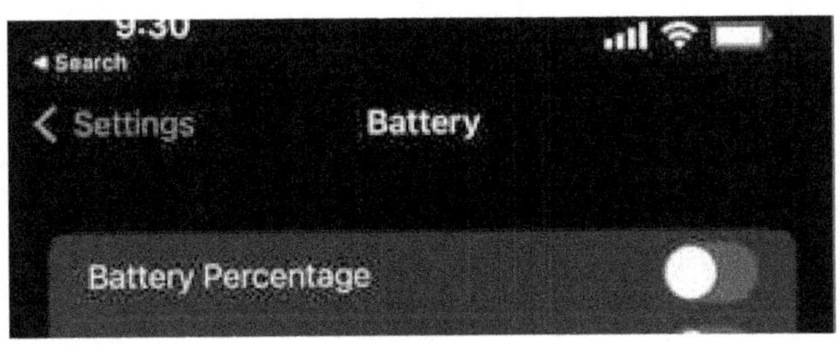

バッテリー残量を視覚的に確認したい場合は、「設定」＞「バッテリー」と進み、「バッテリー残量パーセント」オプションをオンに切り替えます。

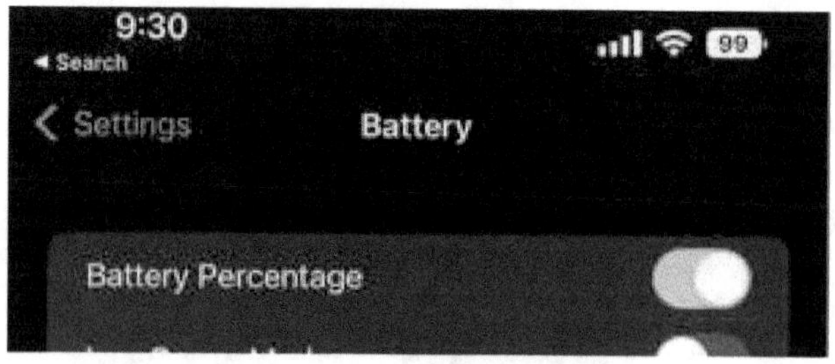

地図

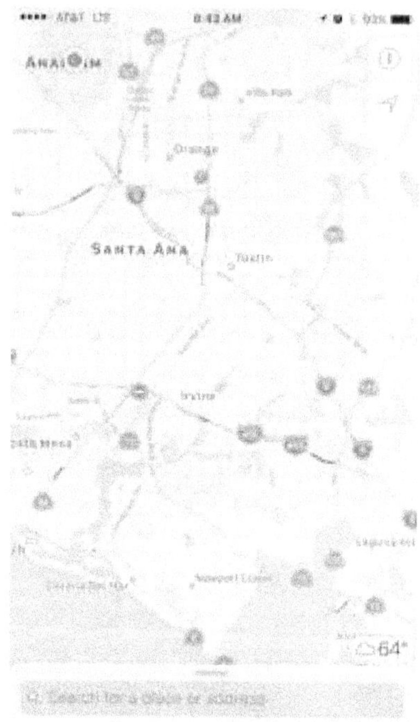

マップアプリが復活し、これまで以上に良くなった。
数年前にアップルがグーグルマップと決別した後、アップルはiPh-
oneのための独自の地図とナビゲーションシステムを開発することを決めた。
その結果、最新のiPhoneの解像度を最大限に活用した美しい旅行ガイドが誕生した。
フルスクリーンモードでは、iPh-
oneの隅々までアプリで埋め尽くすことができ、自動ナイトモードもある。
近くの場所、レストラン、ガソリンスタンド、コンサートホールなどの会場をいつでも検索でき、徒歩、自転車、車、通勤でもターンバイターンのナビゲーションが利用できる。
交通状況はリアルタイムで更新されるため、前方で事故が発生したり、工事が行われている場合は、マップがより速い代替手段を提示し、渋滞の可能性を警告します。

ターン・バイ・ターンのナビゲーションは気が散ることなくわかりやすく、3Dビューのおかげで（突然現れる高速道路の出口など）困難になりそうなシナリオもずっと快適になる。 高速道路や有料道路を完全に回避できるのも便利な機能だ。

ナビゲーションを設定するには、マップアイコンアイコンをタップします。
画面の下には、場所または住所の検索があります。自宅の場合は住所が必要ですが、会社の場合は名前だけです。 それをクリックし、プロンプトが表示されたら目的地を入力する。

目的地の住所が見つかったら、「ルート」をクリックし、徒歩または車での道順を選択する。 企業の場合は、レビューを読んだり、直接電話したりすることもできる。

ハンズフリーナビゲーションの場合は、サイドボタンを長押ししてSiri(次のセクションで説明します) を有効にし、"Navigate to..." (ナビゲートしてください) または "Take me to..." (連れて行ってください) と言って、行きたい場所の住所または名前を続けます。

高速道路や通行料を避けたい場合は、「その他のオプション」ボタンをタップし、希望のオプションを選択するだけだ。

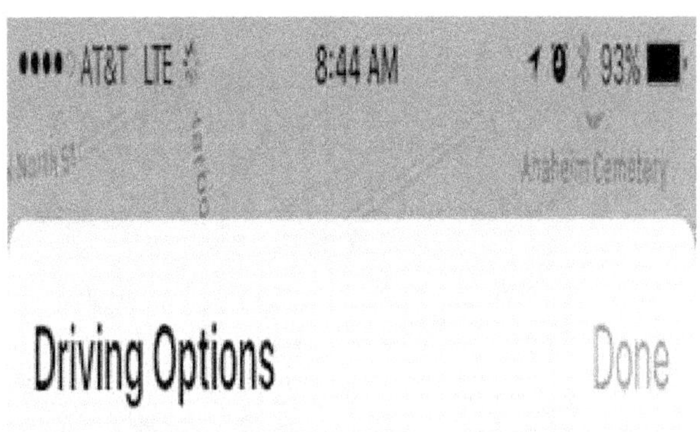

アップルマップでは、何千もの場所の3Dビューを見ることもできます。このオプションを有効にするには、右上隅の「i」をタップします。その後、衛星ビューを選択します。

3Dビューが利用できれば、すぐに変化に気づくだろう。2本指でマップを平坦にしたり、平坦でなくしたりできます。また、2Dを選択して3Dを完全に削除することもできます。

通常マップに戻ると、右上に小さな虫眼鏡が見える。

グーグルにはストリート・ビューがあり、アップル・マップにはルック・アラウンドという対抗馬がいる。(ヒント：見るには少し拡大する必要があります）。まだすべての都市でこのオプションが表示されるわけではないが、おそらくすぐに表示されるようになるだろう。Look
Aroundをオンにすると、虫眼鏡をドラッグして好きな場所に移動し、地上からの景色を見ることができる。

検索バーの内側をタップすると、2つの新しいエリアがあることに気づくだろう：

- お気に入り-よく行く場所。
- コレクション-
これは、いくつかの場所を作成し、それらを一緒にグループ化することができます。例えば、ヨーロッパへの旅行を計画している場合、見たい場所のリストをコレクションに作成し、その都市にいるときにジャンプすることができます。

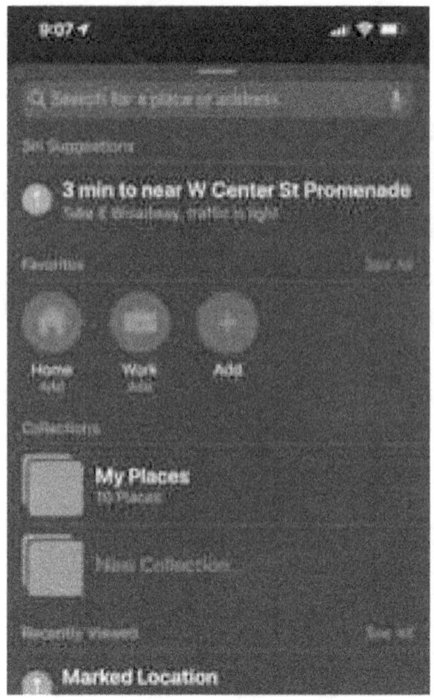

マップのインターフェイスは数年前からよく似ているが、頻繁に小さなアップデートが行われている。例えば、道路にズームインすると（これは一部の地域、主に大都市のみだが）、車線が表示されるようになった。これはたいしたことではなさそうだが、ロサンゼルスのような場所で運転する場合、フリーウェイは非常に複雑になる。フリーウェイの乗り降りは左側通行もあれば右側通行もある。また、自転車専用レーンも表示される（利用可能な場合）。歩きながら目印を確認し、自分が正しい道を進んでいるかどうか、より良い感触を得ることができる。

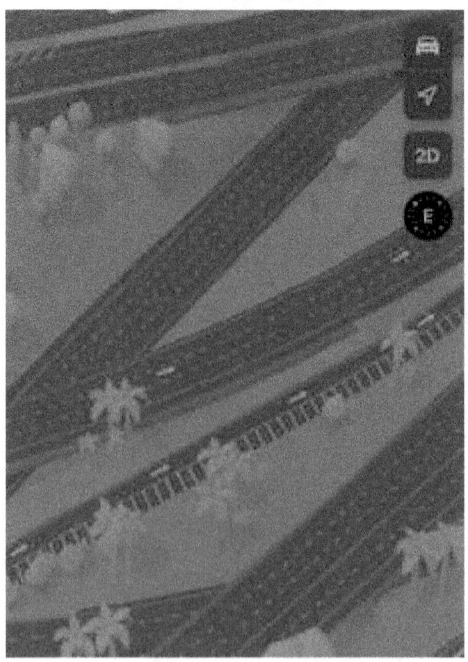

道順

地図車、徒歩、公共交通機関、自転車、ライドシェア。

例えば、サイクルを選ぶと、時間が変わり、車が通れない道が示されることもある。

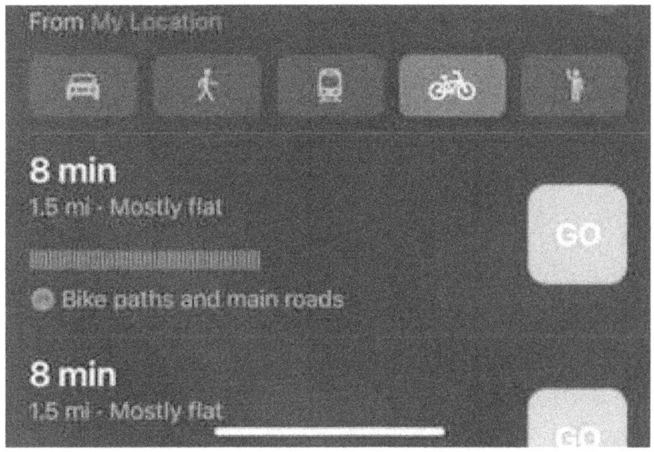

地図（複数駅）

道順を知るのはいいことだが、途中で何度か寄り道をしたいことも多いだろう。そのような場合は、複数の停留所を追加することができます。

例えば、滞在先から子供を遊園地に連れて行く方法を調べたいとしよう。遊園地の名前を入力し、道順をタップする。

簡単だ！でも、しまった！車に乗ったばかりなのにガス欠だ！地図なら問題ない。Add Stopボタンをタップするだけだ。

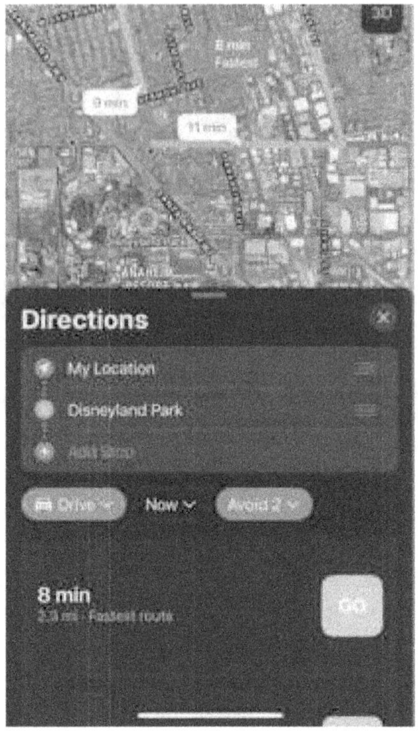

次に、住所を入力する。この場合は、"Gas
"と入力する。すると近くのガソリンスタンドがすべて表示される。欲しいガソリンスタンドが見つかったら、「追加」をタップする。

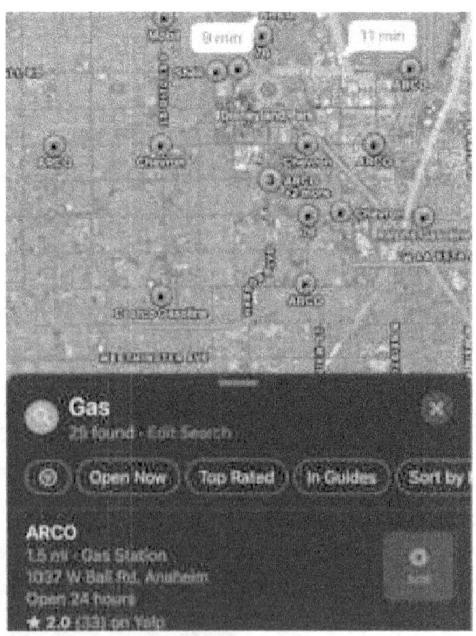

これでストップが方向性に追加されたが、注意点がある。ただし、ストップの右側にある3本の線をタップしたまま上下にドラッグすることで、ストップの順番を簡単に移動させることができる。

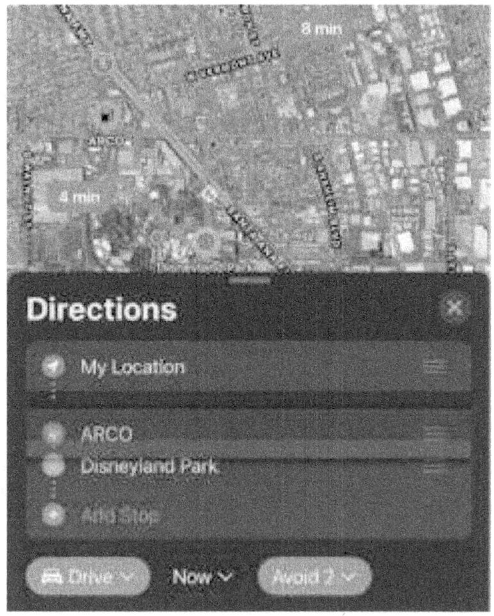

子供たちもお腹が空いたと言っていたら？朝食に遊園地料金は払いたくないですよね？もう一度「Add
Stop」をタップする。これでドーナツ屋、ガソリンスタンド、そして遊園地までの地図ができた。

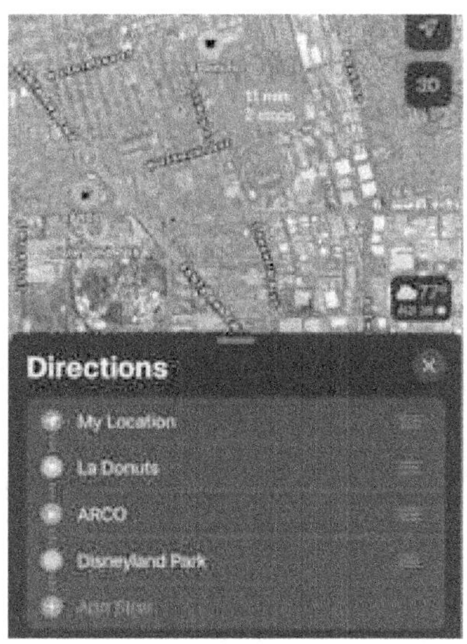

地図ガイド

マップガイドは大きな都市でのみ利用可能です。地図アプリで都市を検索すると、道順ボタンのすぐ下にガイドが表示されます。ガイドを共有したり、保存することもできます。

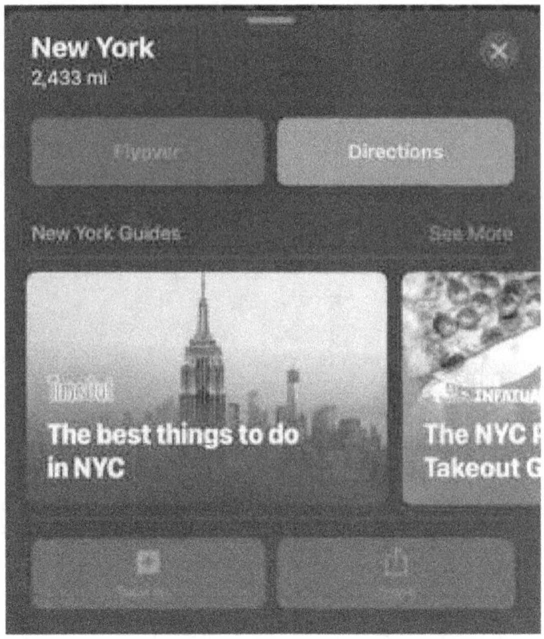

ガイドを見ると、地図上におすすめが表示され、後で保存することもできる。

Apple Mapsのオフライン地図

アップルがiOS 17でエコシステムの改良と刷新を続ける中、際立った提供物のひとつが、携帯電話やWi-Fiテザーを使わずに未知の領域をナビゲートできる強力な機能だ。

この機能は、電波の届きにくい場所をハイキングすることがわかっている場合に便利だ。

この機能を使うには、ダウンロードしたい地図のエリアをタップしたままホールドし、ダウンロードオプションを選択します。

次にダウンロードしたい領域をドラッグします。大きくしたり小さくしたりすると、容量が増えたり減ったりすることにお気づきだろうか？道路が密集しているような場所では、携帯電話のストレージ容量が1ギガバイトを超えるような大きなサイズになります。

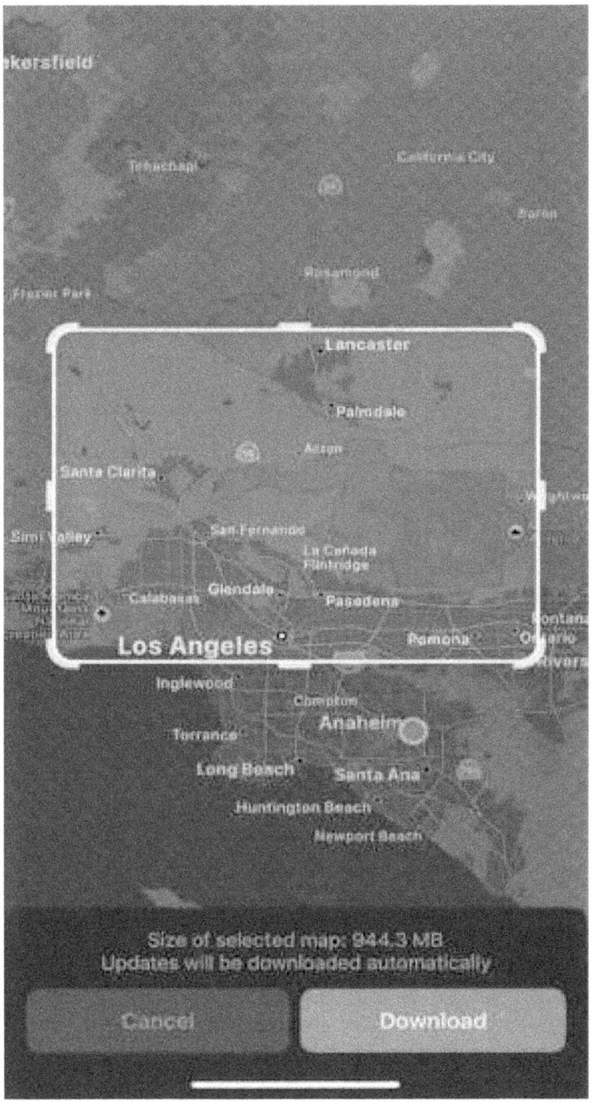

健康

iPhoneの最新モデルが発売されたことで、健康への関心が高まり、新しいiPhoneには「Health」アプリが搭載された。アプリが搭載されている。
Health」アプリは、消費カロリー、体重、心拍数、身体測定、さらには緊急時に血液型やアレルギーなどの重要な健康情報を保存できる緊急カードなど、健康に関するさまざまな情報を記録する。

Apple Watchを持っている場合、Healthアプリは特によく機能する。Apple WatchとHealthアプリは同期し、心電図などを記録してくれるからだ（持っている時計にもよるが）。また、もっと歩く必要があることを気づかせてくれる素晴らしい場所でもある！

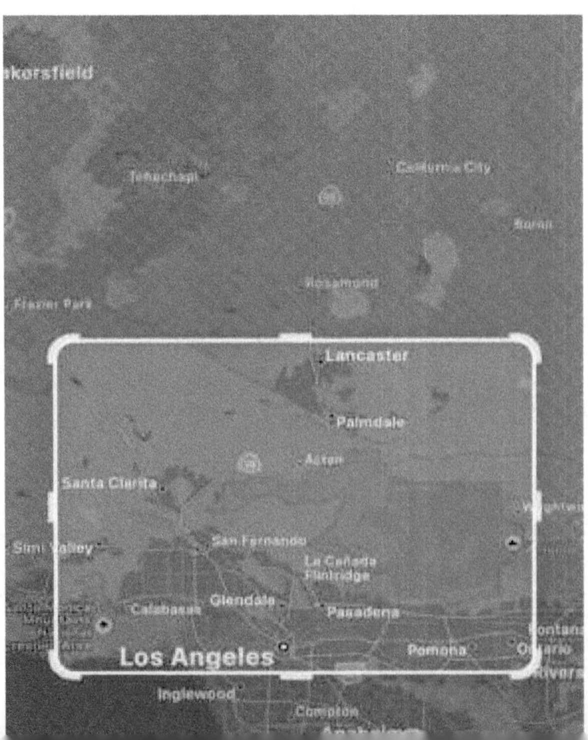

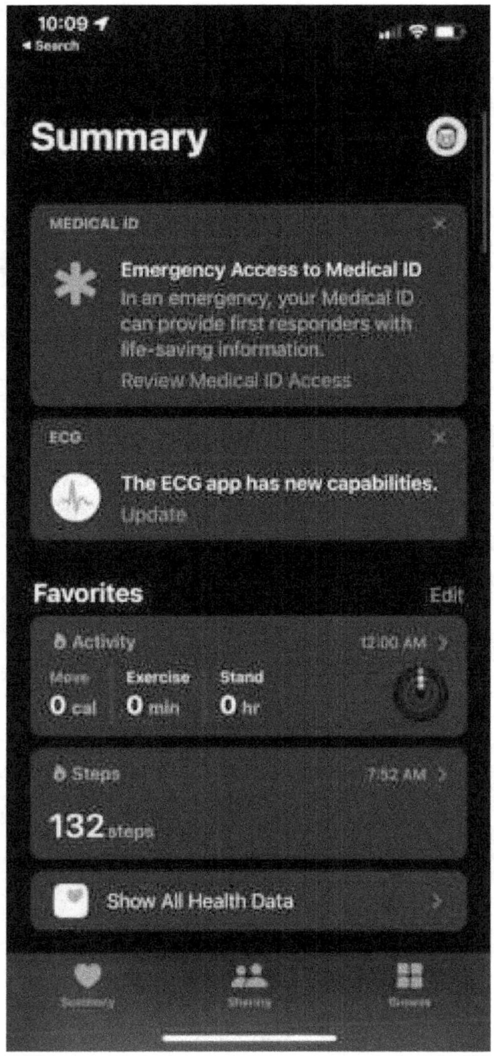

自分の健康状態を見ることは励みになるかもしれないが、本当に役に立つのは、自分の大切な人や医師と共有できるときだ。アプリの真ん中下にある共有アイコンをタップすれば、それができる。恋人と共有したい場合は、"Share With Someone "をタップする。主治医と共有したい場合は、"主治医と共有 "をタップしてください。すべての医師がこれに対応しているわけではありません。これを行うかどうかは医師次第です。また、共有する相手が自分の携帯電話をiOS 15以上にアップデートしていることを確認してください。

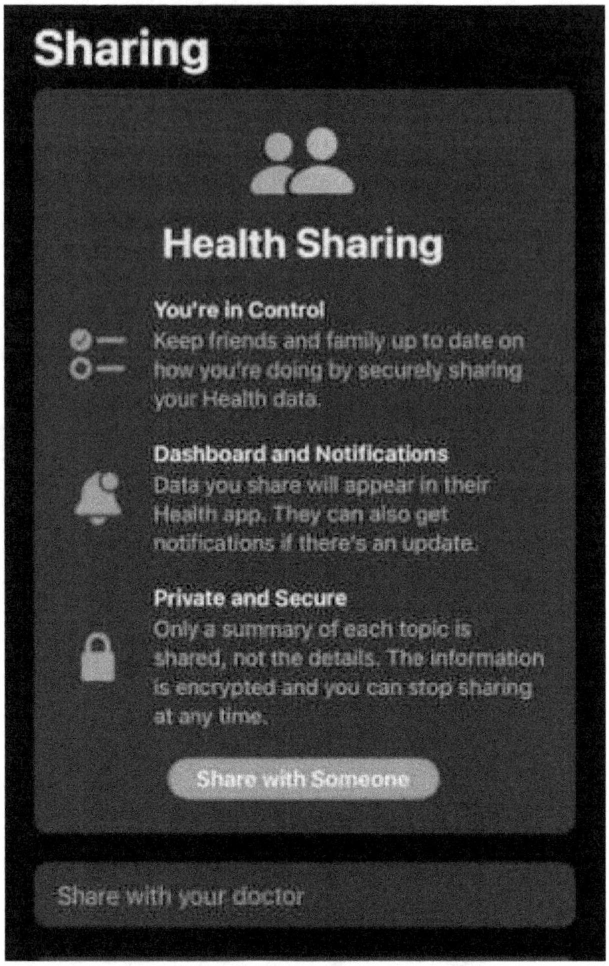

薬

薬を服用している場合、スマホを使っていつ服用したかを記録する（リマインドする）ことができます。Health」アプリで「Browse」を選択し、「Medica-
tions」をタップするだけです。

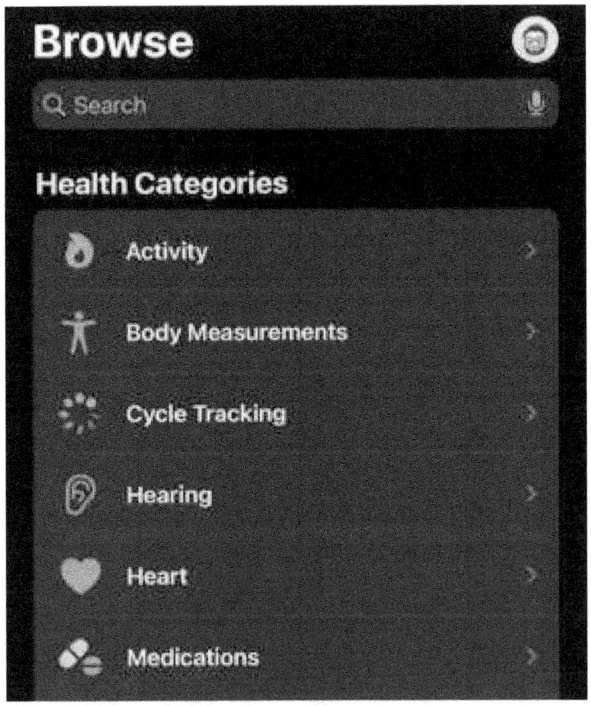

ここから、青い「Add a Medication」ボタンをタップします。

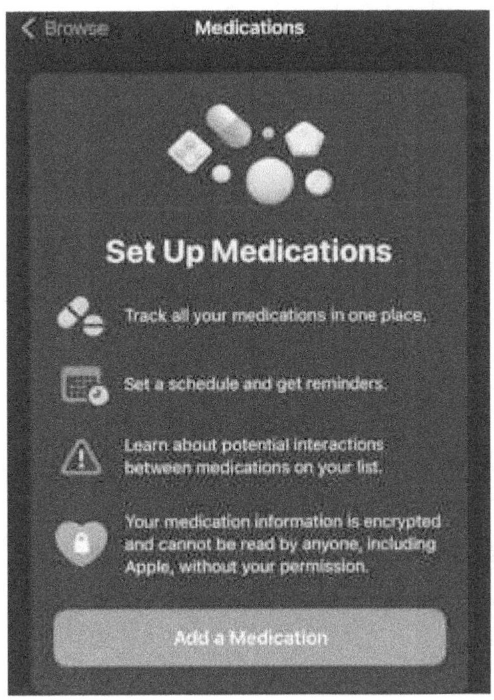

FIND MY

電話番号検索電話を探す以前のOSで「電話を探す」や「友達を探す」を使っていたなら、ショックだろう！この2つの強力なアプリを使えば、友達がどこにいるのか、あるいは自分のデバイスがどこにあるのかを地図上で確認することができる。

両者は本質的に同じアプリだが、目的が異なる。そこでアップルは、両者を残す代わりに削除し、「Find My」という1つのアプリに統合することを決定した。.

アプリはとてもシンプルだ。下に3つのタブがある。ひとつは友達を探す（＝People）、ひとつは自分のデバイスを探す、そしてひとつは設定を変更する（＝Me）。

友達が今どこにいるのか知りたい場合は、「People」セクションで位置情報を共有してもらいましょう。

iPhoneを持っていない場合、アプリを使ってiPhoneを探すのはあまり役に立たない。そんなときは、パソコンのブラウザを使ってiCloud.comで見ることもできる。

TVOS 17とIOS 17でSIRIリモコンの紛失を追跡する

私のようにApple TVを持っている人は、リモコンについて複雑な思いを持っているだろう。リモコンを紛失して見ることができなくなるまでは。リモコンを紛失するのはとても簡単で、アップルもその痛みを感じているようだ。

リモコンは、他のアイテムと同じ場所、つまり「Find
My」アプリで見つけることができます。iOSとTVOSのバージョンが最新であることを確認してください。

注意事項

リマインダーアプリはiOSで長い間使われてきたが、iOS
13で一新された。リストの作成がより視覚的で直感的になり、共有や共同作業がより簡単になった。

開始するには、リマインダーアイコンをタップします。

リストの作成はとても簡単です。画面右下の「リストを追加」をタップします。

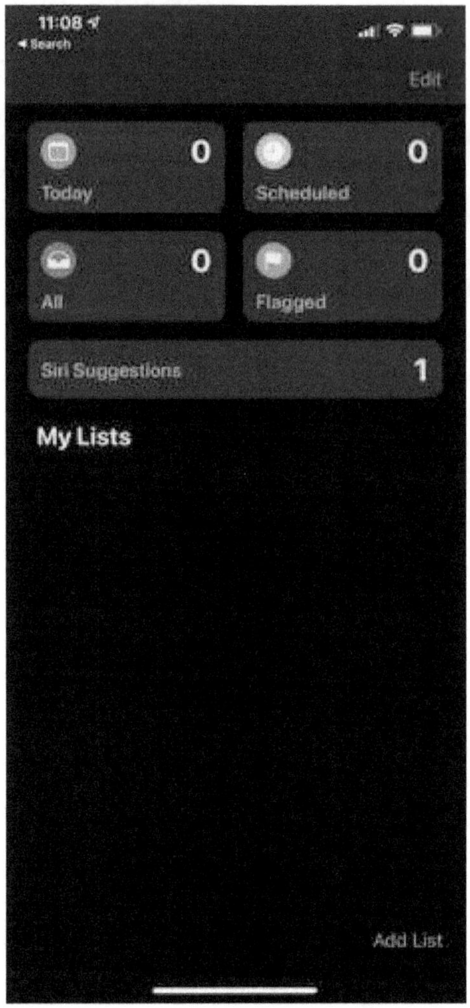

　リストを作成したら、リストを表すアイコンの色を変更したり、リストの名前を変更したりできます。

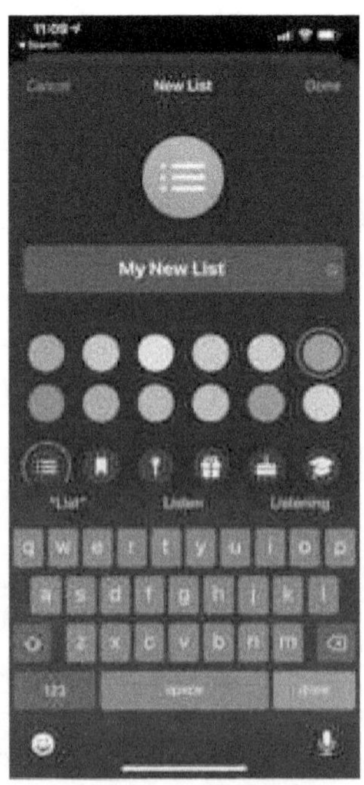

最初のリストを作成したら、画面左下の「リマインダーを追加」をタップしてリストに追加できます。をタップして追加できます。

キーボードの「戻る」をタップして別の項目を追加するか、すべて追加したら「完了」をタップします（後でさらに追加できます）。

ⓘ
をタップすると、さらに詳細な情報を追加することができる（期日やリマインドする場所など。）

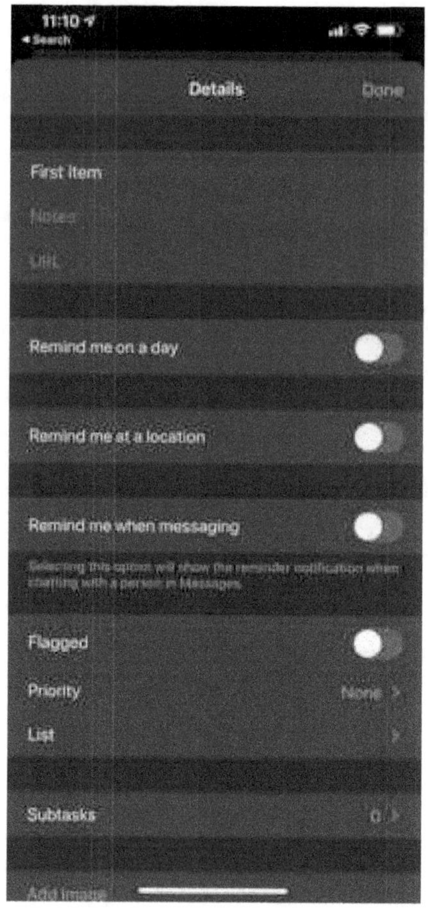

右上の3つの点をタップすると、リストの追加オプションが表示される。名前のようなものを変更するだけでなく、リストに人を追加して、共同作業や自分のものを追加できるようにすることもできる。

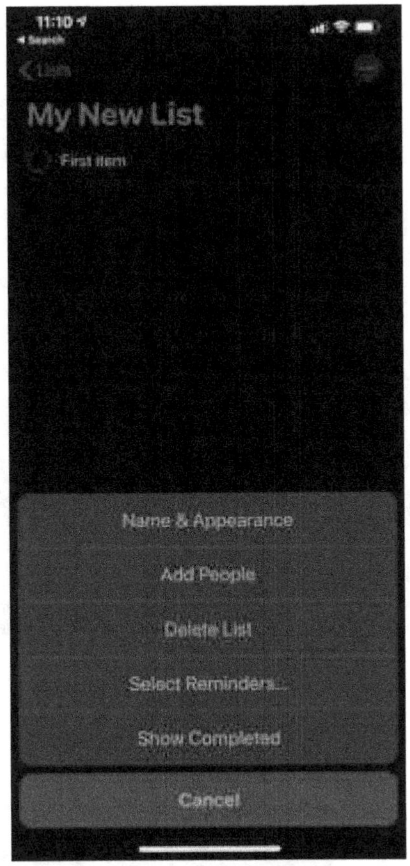

リスト項目を削除したりフラグを立てたりするには、その項目を左にスワイプするだけです。

前画面のリストにスワイプすると、リスト全体を削除することもできます。

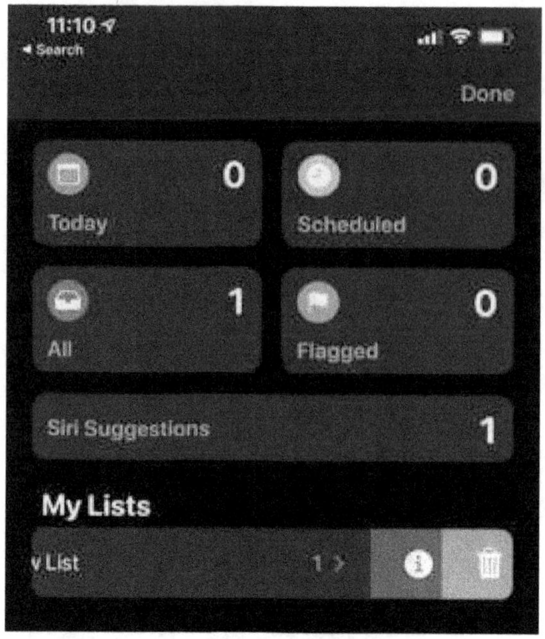

メインリストメニューから、右上の「編集」を選択し、リストの順番を整理することができます。

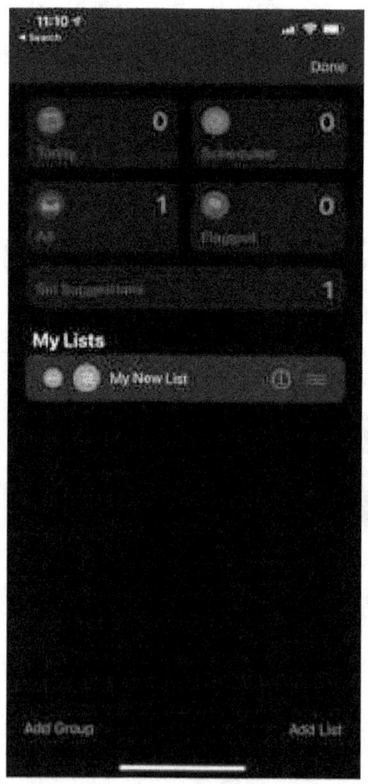

この編集モードでは、「グループを追加」を選択し、異なるリストをグループ化することもできます。

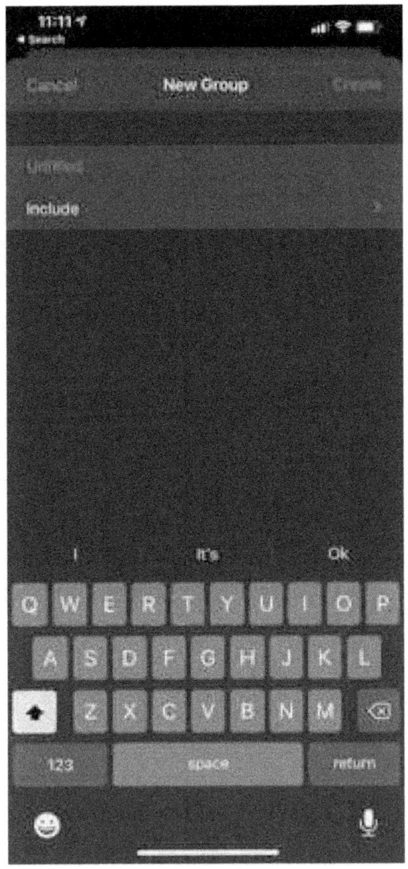

ホーム

Homeアプリ はHomeKitをiOSと統合し、照明、サーモスタット、冷蔵庫など、あらゆる家電製品やユーティリティをよりよく統合できるようにします。HomeKitはSiriを使ってスマートホームデバイスをコントロールすることができます。スマートホームデバイスをHomeに追加するには、電源を入れてHomeアプリを有効にした状態でデバイスの横に立つだけです。また、第4世代Apple
TVを使ってHomeKit対応のスマートホームデバイスをコントロールすることもできます。HomePodは、ここに収納されている他のものです。

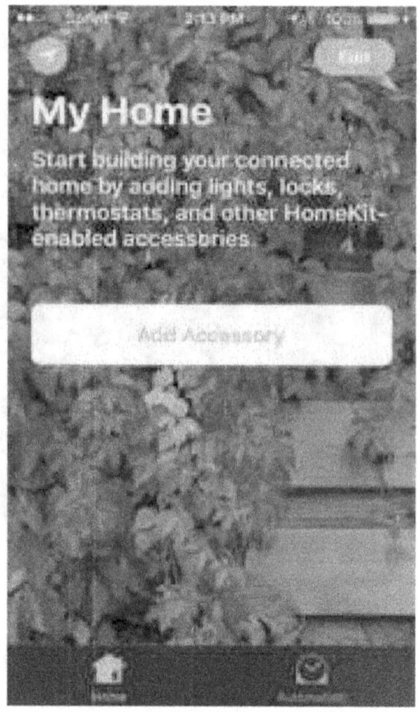

アーキット

iPh-
oneはAR（拡張現実）に力を入れている。多くの新しいアプリがARをサポートしている。

新機能アラート：ARKitiOS 12では、新しい測定ツールが導入された。これはiOS 16でも健在だ。

新しい計測ツールを使うには、Meas-
ureアプリを開く。長方形のオプションにカメラを向けると、その上に自動的にボックスができます。

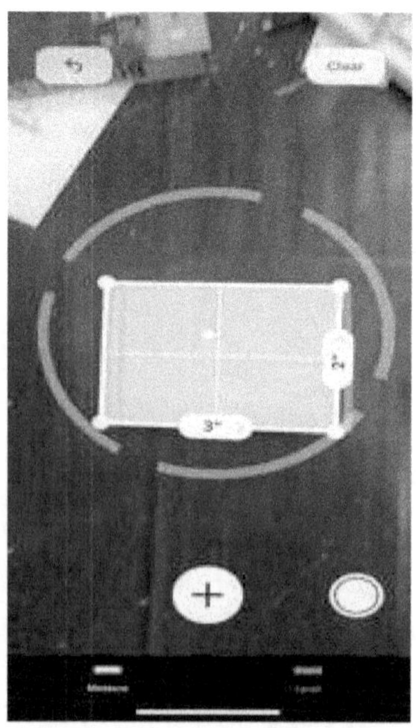

このアプリは長さを教えてくれるし、ポイントを追加することもできるので、長さを測ることもできる。

アップル翻訳

グーグルはリアルタイムで相手の言葉を翻訳するというアイデアの先駆者だが、アップルは今、それを改良しようとしている。

iOS
15で追加されたのは、アップル製の翻訳アプリだ。以上の言語と方言が内蔵されている。辞書をダウンロードすることもできるので、Wi-Fiなしで翻訳できる。.

Google翻訳を使ったことがある人なら、おそらくUIは似たように見えるだろう。マイクをタップして話し始める。自動で言語を判別してくれるので、もしお店で違う言語を話す人がいたら、その人にかざし、マイクを押してください。これで完了だ。

翻訳してほしい言語、または話している言語を選択したい場合は、その言語をタップしてください。使用可能な言語のリストが表示されます。丸で囲んだ下向き矢印のアイコンをタップして言語をダウンロードすることもできます。ダウンロードされていない場合は、Wi
-
Fiまたはデータを使用して翻訳されます。またはデータを使って翻訳します。Siriのようなものです。-
クラウド上のコンピューターに送って翻訳してもらい、それを送り返す。数秒しかかからない。

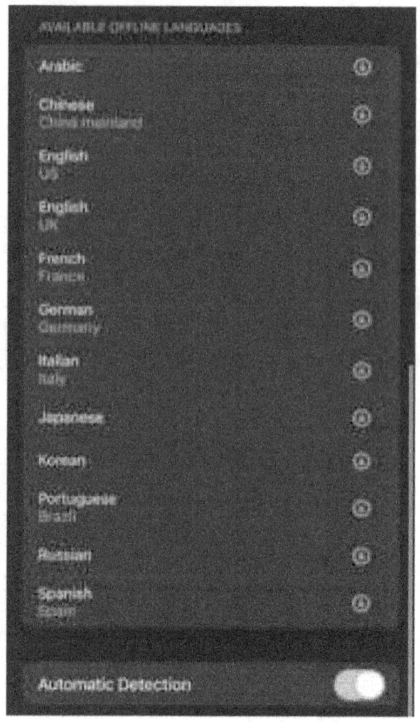

アプリクリップ

アプリクリップは、ミニアプリ、またはフルアプリのライト版のようなものです。その利点は、アプリをダウンロードしなくても使えることだ。レストランや駐車場での支払いで、アプリが必要になったときのことを考えてみてください。迷惑ですよね？そこで役立つのがApp Clipだ。QRコードをスキャンすると、対応アプリならApp Clipが起動します。対応していれば」というのは、ここでは太字で書くべきだ。素晴らしい機能ですが、QRコードがあればどこでも使えるわけではありません。

拡大鏡

拡大鏡アプリのオン／オフは、「設定」アプリから「アクセシビリティをタップします。

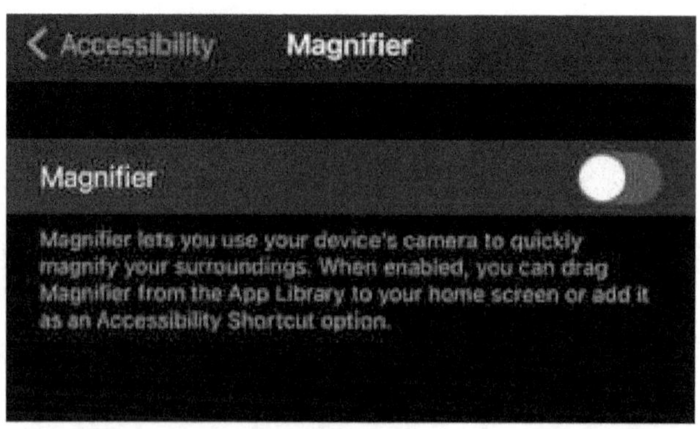

アプリはあなたのアプリライブラリそこからドラッグして、壁紙の好きな場所に置くことができる。

アプリを開くと、ちょっとしたカメラのように動作し（実際、シャッターボタンで見ているものを撮影できる）、コントラストや露出などを調整して見やすくすることができる。

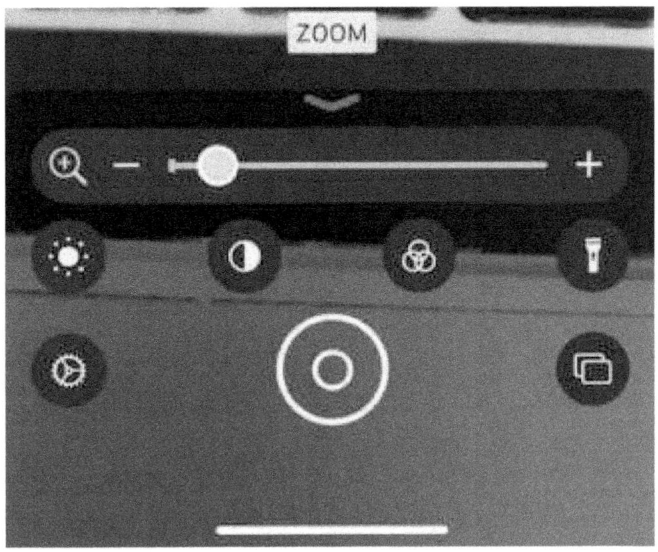

あなたのものに

この章で取り上げるのは

- スクリーンタイム
- 邪魔しないモード
- お知らせウィジェット
- 一般設定
- サウンド
- 明るさのカスタマイズ壁紙のカスタマイズ
- フェイスブックの追加ツイッターFlickr アカウントの追加
- ファミリー・シェアリング
- 継続性ハンドオフ

使い方がわかったところで、次は設定を掘り下げて、この電話を完全に自分好みにカスタマイズしよう！

この章の大半は、「設定」エリアをぶらぶらします。まだ「設定」に行っていない場合は、ホーム画面から「設定」をタップしてください。

スクリーンタイムを使用するには、「設定」>「スクリーンタイム」を選択します。

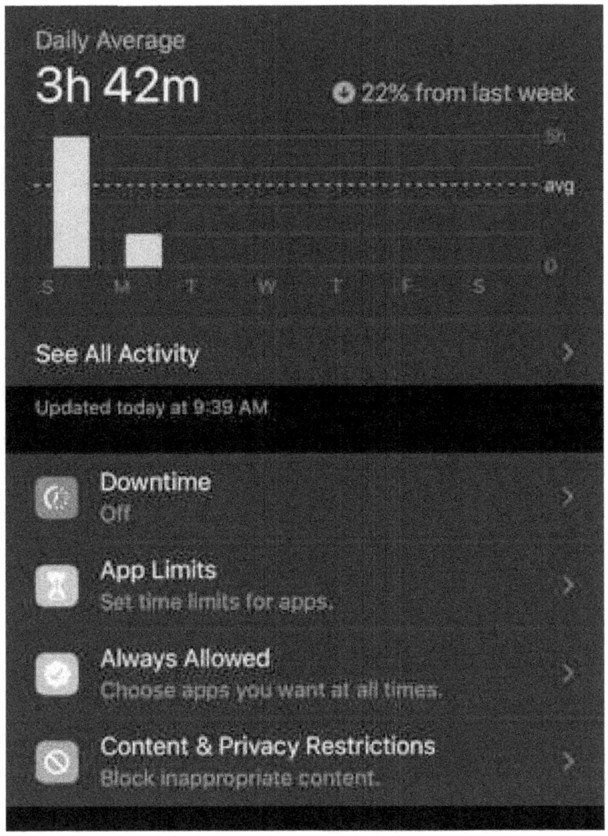

どのアプリをクリックしても、そのアプリに費やした時間や平均値を見ることができる。ここから制限を追加することもできます。

ロックスクリーン

邪魔しないモード

おやすみモードモードは、設定アプリの上部付近にある便利な機能です。このモードを有効にすると、通知を受け取らず、通話もすべて無音になる。これは、気を散らす余裕がないときに便利なトリックです（現実を直視してください、あなたのiPhoneは、彼らが来るのと同じくらい通信可能です。）時計のアラームは鳴ります。

Do Not Disturbをオン、スケジュール、カスタマイズするには設定で「Do Not Disturb」をタップ。勤務時間など、この機能を有効にする自動時間をスケジュールできます。また、「迷惑をかけない」設定時に許可する通話相手を指定することもできます。こうすることで、あなたの母親は電話に出ることができますが、あなたはすべての受信メールを聞く必要はありません。これを行うには、「迷惑をかけない」設定の「着信を許可」コマンドを使用します。

邪魔しないは、コントロールセンター(からもアクセスできます（画面右上から下にスワイプすると、いつでもアクセスできます）。

お知らせウィジェット

通知通知はiPh-
oneの最も便利な機能のひとつですが、通知センターのデフォルトに設定されているイベントをいちいち通知する必要はないでしょう。通知設定を調整するには、「設定」>「通知」と進んでください。

アプリをタップすることで、通知をオフまたはオンにしたり、各アプリからの通知の種類を細かく設定することができる。このリストは、本当に通知を受けたいアプリに絞り込むといいだろう。! iPh-
oneが鳴らす音の数を減らすことで、電話によるイライラを軽減することもできる。例えば、メールの場合、VIPリストの誰かからのメールを受信したときは音を鳴らすが、それ以外のあまり重要でないメールにはバッジを表示するようにすることもできる。

スタック通知

以前は、ロックされた画面に通知が一方的に表示されていました。今はそうではありません。設定」>「通知」と進むと、「カウント」（通知が非表示になり、通知の数を示す数字だけが表示される）、「スタック」（すべての通知がスタックされ、最初の通知だけが表示されるが、タップすると他の通知が表示される）、「リスト」（従来の通知の表示）のいずれかに変更できる。

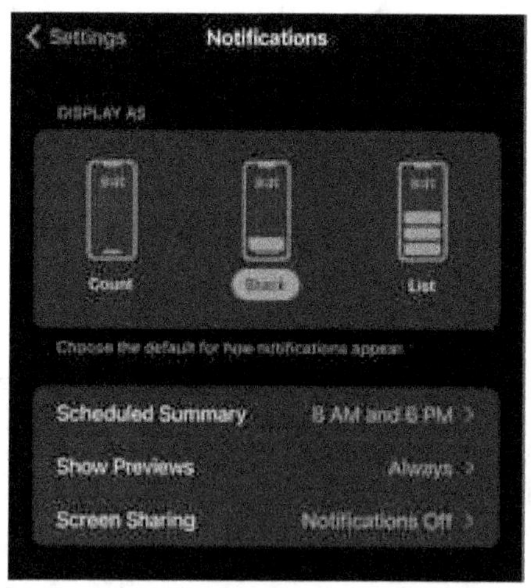

一般設定

一般]メニュー項目は、少しキャッチオールです。ここには、iOSの現在のバージョンや利用可能なソフトウェア・アップデートなど、あなたのiPh-
oneに関する情報が表示されます。幸いなことに、iOSはより小さく、より効率的なアップデートの時代の到来を告げる,
ので、あなたは、最新の改善のためのスペースを確保するためにアプリを削除するために自分自身を見つけることはありません.

アクセシビリティオプションもここにあります。ズーム、VoiceO-
ver大きな文字、色の調整など、ニーズに合わせてiPh-
oneを設定できます。グレースケール表示や改善されたズームオプションなど、iOSを誰にとっても使いやすくするアクセシビリティオプションはかなりたくさんあります。

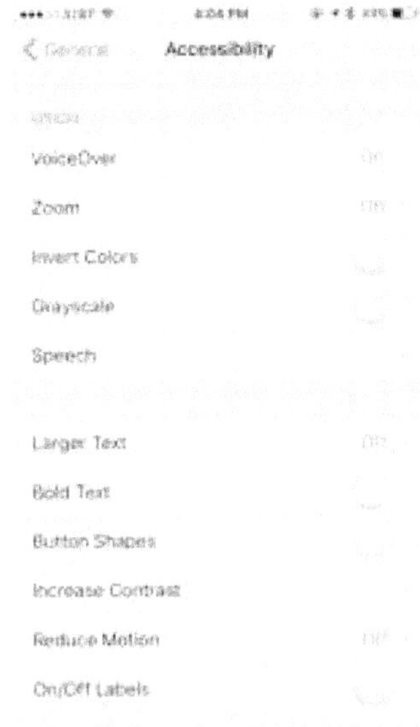

便利なアクセシビリティオプションは、「Assistive
Touch」設定です。これを有効にすると、デバイスレベルの機能にアクセスするためのメニューが表示されます。これを有効にすると、スワイプなどの画面ジェスチャーや、iPh-
oneの物理ボタンの操作が難しいユーザーを助けるためにデザインされたフローティングメニューが表示される。視覚的なニーズがある人のためのもう一つの機能は、拡大鏡です。これをオンにすると、カメラで物を拡大することができます。

どこに何があるのかを知るために、時間をかけてジェネラル・エリアをタップすることをお勧めする！

セルラー

データ容量が心配な場合は、データ設定を変更して使用するデータ量を減らすことができます。設定＞携帯電話>
セルラーデータオプション]を選択し、[低データモード]をオフにします。

サウンド

電話が鳴る時の振動が嫌いですか？着信音を変えたい？サウンド設定メニューへ！ここでは、バイブレーションのオン・オフや、iPh-
oneの様々な機能に着信音を割り当てることができます。様々なサウンド設定を試す前に、人目につかない場所を見つけることをお勧めする！

ヒント：連絡先に個別の着信音やメッセージアラートを適用できます。連絡先」の相手の連絡先画面でをタップし、"編集 "をタップし、"着信音を設定 "をタップします。

スワイプキーボード

スワイプキーボードがiOS
13で追加された。それは何か？タップするときに指を持ち上げる代わりに、キーボードをスワイプする。スワイプキーボードを好む人もいれば、スワイプキーボードの方が速く入力できると感じる人もいる。また、それに耐えられない人もいる。試してみたい人は、「設定」＞「一般」＞「キーボード」と進んでください。

明るさのカスタマイズ壁紙のカスタマイズ

iPhoneの壁紙は、ホーム画面の背景画像と、iPh-
oneがロックされているときに表示される画像（ロック画面）を指します。どちらの画像も2つの方法で変更できます。

最初の方法は、「設定」＞「壁紙」です。現在の壁紙とロック画面のプレビューが表示されます。新しい壁紙を選択."そこから、あらかじめロードされているダイナミック画像（動く画像）または静止画を選択するか、自分の写真を1枚選ぶことができます。画像を選択すると、ロック画面としてプレビューが表示されます。ここで、お好みでパースペクティブズーム（携帯電話を傾けると画像がずれて見える）をオフにすることができます。続行するには「設定」をタップします。次に、画像をロック画面、ホーム画面、またはその両方に設定するかを選択します。

もう一つの方法は、写真アプリから変更する方法です。壁紙画像に設定したい写真を見つけて、共有ボタンをタップします。背景、ロック画面、またはその両方に画像を設定する選択肢が表示されます。

ウェブ上の画像を使いたい場合は、かなり簡単です。画像を保存／コピー／キャンセルのメッセージが出るまで、画像を長押しするだけです。画像を保存すると、写真アプリの「最近追加した写真」に保存されます。

メール、連絡先カレンダー設定

メール、連絡先、カレンダーのアカウントを追加する必要がある場合は、「設定」>「メール、連絡先、カレンダーをタップします。アプリ内で新しいアカウントを追加するのとほぼ同じ手順です。各リンクアカウントのメール署名など、その他の設定もここで調整できます。例えば、Exchangeのタスク、カレンダー、メールはリンクさせたいが、連絡先はリンクさせたくない場合などです。例えば、タスク、カレンダー、メールはExchangeとリンクさせたいが、連絡先はリンクさせたくない場合などです。

他にも、アカウントにメールをチェックさせる頻度など、便利な設定がたくさんある（デフォルトのPushはバッテリー寿命に最も厳しい）。また、「削除前に確認する」などの機能をオンにしたり、カレンダーの開始曜日を調整することもできる。

コンタクトポスターにポートレートを描く

iPhone loves は、あなたの体験を楽しく、パーソナルなものにします。連絡先ポスターでは、連絡先に登録している人のアバターを作成できます。

まず、電話アプリを開き、連絡先に進みます。ここから連絡先を探します。この例では、私の兄を見てみましょう。アバターは絶対必要だ。私もそう思う。

Contact Posterをタップすると、それを修正することができます。次にカスタマイズをタップします。

次に、何をカスタマイズしたいか尋ねられます。この例ではポスターにしたい。

写真を選んだり、カメラで写真を撮ったりすることもできるが、私たちはすでに彼の顔が好きではないと判断しているので、この例ではメモ帳を使うことにする。

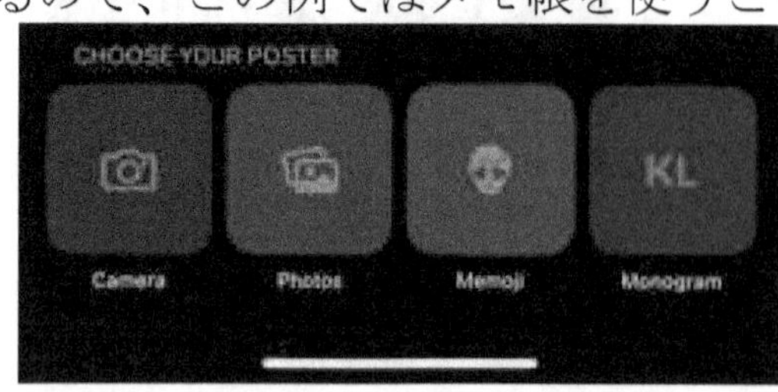

次に、あらかじめ作られたものから選ぶか、あるいは+を使って自分で作ることができる。私が選ぶのはこれだ。

楽しみ終わったら、選択を確認し、ポスターのアバターを設定するよう求められます。

フェイスブックツイッター

ツイッターフェイスブックやFlickrを使っているなら、それらをiPhoneと統合したいと思うだろう。これは簡単にできます。設定」をタップし、メインメニューでTwitter、Facebook、Flickrを探すだけです（VimeoやWeiboのアカウントもあれば統合できます）。統合したいプラットフォームをタップしてください。そこからユーザー名とパスワードを入力します。こうすることで、ウェブページ、写真、メモ、App Storeのページ、音楽などを共有できるようになります。ページ、音楽などをiPhoneのネイティブアプリケーションから直接共有できるようになります。

iPhoneは、無料のフェイスブックツイッターをダウンロードするかどうかを聞いてきます。このアプリは使いやすく、無料で、見た目も素晴らしい。

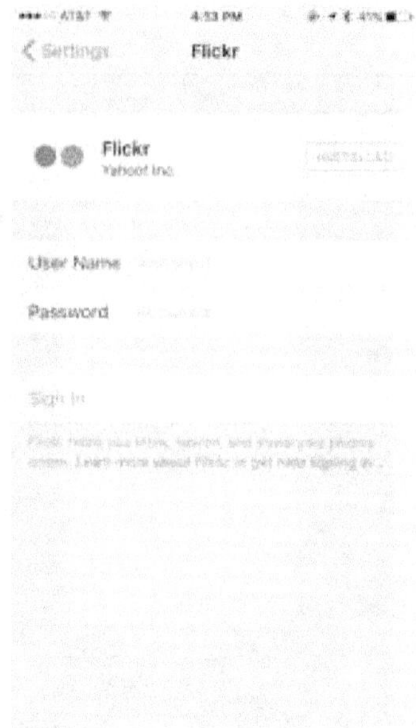

フェイスブックのアカウントを関連付けると連絡先リストが非常に肥大化しました。連絡先リストにFacebookの友達を含めたくない場合は、「設定」>「Face-book」で連絡先にアクセスできるアプリケーションのリストを調整してください。にアクセスできるアプリケーションのリストを調整します。

ファミリー・シェアリング

ファミリー共有は私のお気に入りのiOS機能のひとつだ。ファミリー共有では、App StoreやiTunesの購入を家族と共有できるようになる（以前は、これを実現するためには、厄介で、サービス利用規約を完全に遵守しているとは言えないダンスが必要だった）。ファミリー共有をオンにすると、家族共有のカレンダー、フォトアルバム、リマインダーリストも作成されます。また、家族メンバーは、アップルが無料で提供する「Find Myapでお互いの居場所を確認することもできる。全体的に、ファミリー共有はみんなを楽しませ、同期させる素晴らしい方法です！ファミリー共有には最大6人まで参加できます。

ファミリー共有を有効にするには設定 > iCloud.ここで「ファミリー共有を設定」をタップして開始します。ファミリー共有を開始する人は、ファミリーオーガナイザーと呼ばれます。家族メンバーが購入する商品はすべて、ファミリーオーガナイザーのクレジットカードで決済されるため、重要な役割です！家族を設定すると、音楽、映画、本、アプリなど、過去に購入したものをダウンロードすることもできるようになります。

ご家族をファミリー共有に招待する家族のApple IDを入力して、ファミリー共有に招待します。保護者の方は、保護者の同意のもと、お子様のApple IDを作成することができます。お子様のApple IDを新規作成すると、自動的にファミリー共有に追加されます。

ファミリー・シェアリングには2種類のアカウントがあります。-大人用と子供用です。ご想像の通り、子供のアカウントは大人のアカウントよりも制限される可能性が高い。特に興味深いのは、Ask to

Buyオプションです。これは、購入の際に保護者の承認を必要とすることで、年少の家族メンバーがファミリーオーガナイザーのクレジットカードの請求額を使い果たすのを防ぐものです。ファミリーオーガナイザーは、子供用デバイスでの購入を承認できる大人として、家族の他の大人を指定することもできる。

継続性ハンドオフ

iOSには、複数のiOSデバイスやOSXデバイスで作業する人のために、信じられないような機能が搭載されている。お使いのコンピュータがYosem-
ite以上を実行している場合、またはiPadがiPhoneと同じWi-
Fiネットワークに接続されている場合iPhoneと同じWi-
Fiネットワークに接続されている場合、iPadやコンピューターから電話に出たり、テキストメッセージ（iMessagesと通常のSMSメッセージの両方）を送信したりできる。

ハンドオフ機能は、Numbers、Sa-
fariメールなど、多くのアプリに搭載されている。Handoffを使えば、あるデバイスのアプリを途中で終了し、別のデバイスで再開することができる。マルチガジェットライフを送る私たちにとって、この機能は生活をより快適なものにしてくれる。

コンティニュイティ・カメラ

アップルのエコシステムで私が最も気に入っていることのひとつは、デバイス同士の連携の良さだ。MacOS Venturaでは、iPhoneをウェブカメラとして使うことができる。

Mac-
Bookにはかなりまともなウェブカメラが搭載されている。でも、もっといいウェブカメラがあるのをご存知ですか？iPh-
oneだ！カメラの背面にある見事なカメラレンズが、あなたの姿をとらえることができると考えてみてください。突然、あなたの会議はHDから4Kになった！さらに素晴らしいのは、Center StageがiPhoneに搭載されたことです。

あれほどクールな機能は、おそらく膨大なセットアップが必要なのだろう？いいえ！アップル社の「It just
works」という言葉を聞いたことがあるだろうか？この機能は...そのまま使えるのです！(お使いのMacがOSベンチュラであれば）コンピュータとiPh-
oneが同じワイヤレスネットワーク上にあることを確認するだけです。

Zoomの使い方をお見せしよう。iPhoneを持たずにMacBookで見るとこんな感じ：

悪くない。しかし、今度はZoomのビデオタブに行き、カメラとしてiPhoneを選択する。利用可能なウェブカメラが表示されるはずだ。1つはiPhoneの名前の後に"Camera "が続くもので、これが必要なものだ。

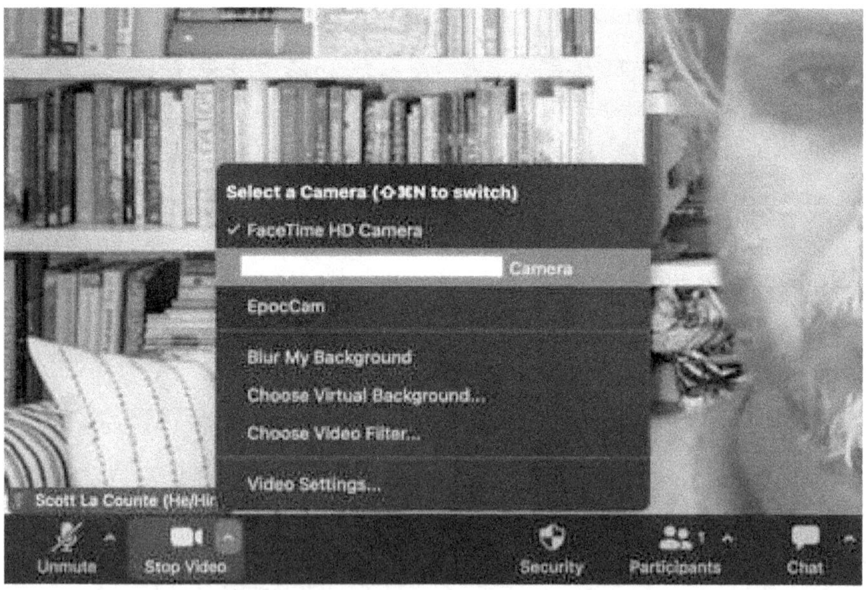

小さなベルのような音が聞こえ、1〜2秒後にiPhoneのカメラが表示されます。

私のオフィスは照明があまり良くないのですが、ミーティングのためにiPh-
oneに切り替えると、画像が鮮明に見えるだけでなく、照明も完璧に見えます。

上の例はZoomだが、この機能はほとんどのビデオ会議アプリ（FaceTime、Microsoft Teamsなど）で使える。

スクリーンショットのコピーと削除

スクリーンショットはiPh-
oneでは目新しいものではないが（サイドボタンを押したまま音量を上げる）、「完了」をタップすると、「コピーして削除」という新しいオプションが表示されるようになった。つまり、スクリーンショットは消去されるが、別のアプリに入って貼り付けることはできる。

カスタムアイコンの作成

アイコンに独自の斬新さを加えたい場合、それは「技術的には」可能だが、制限がある。例えば、iMes-
sageのアイコンをアイコンを結婚式の写真に変えることができます。その制限とは？通知インジケーターは表示されません。そのため、例えば新着メッセージのインジケーターでアイコンは光りません。また、ショートカットアプリから起動するため、開くのに時間がかかります。

そのためには、アプリのショートカットを作成する必要があります。ショートカットアプリが表示されない場合は、削除した可能性がありますので、再度インストールしてください。

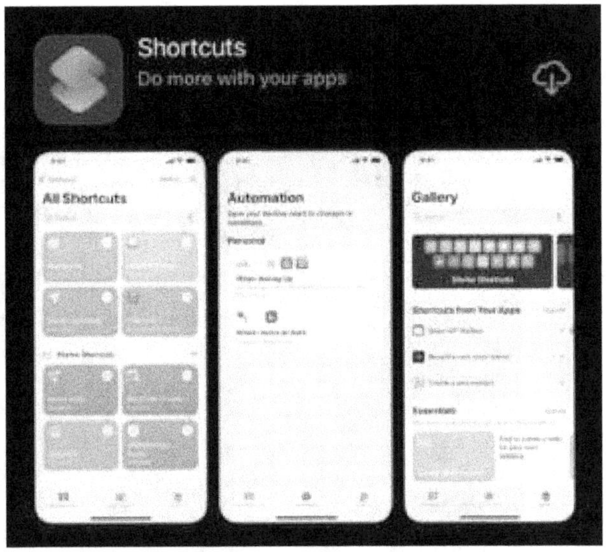

アプリが起動したら、右上の＋アイコンをタップします。

次に、Add Actionを選択する。

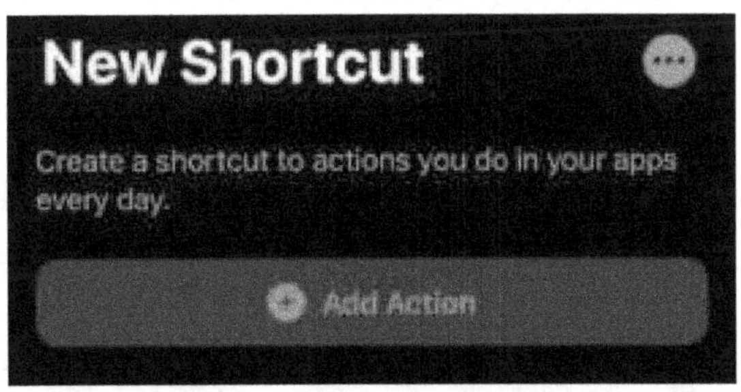

可能なすべてのアクションを検索することもできるが、実行したいアクションを検索した方が早い。この場合はアプリを開く。

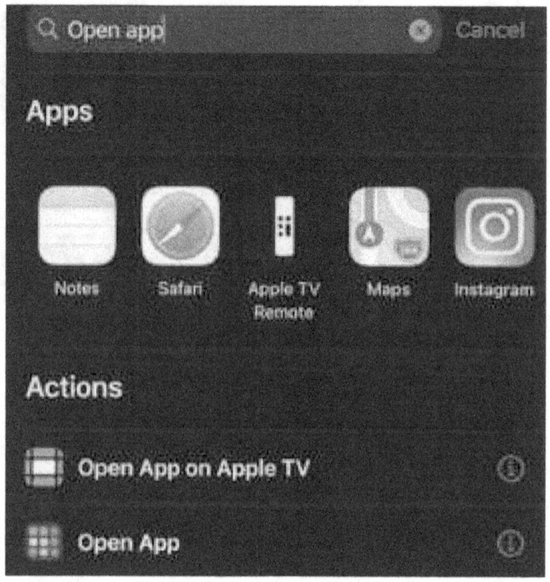

Chooseをタップして開きたいアプリを選択します。

開きたいアプリの名前を入力します。メッセージアプリを選んでいます。

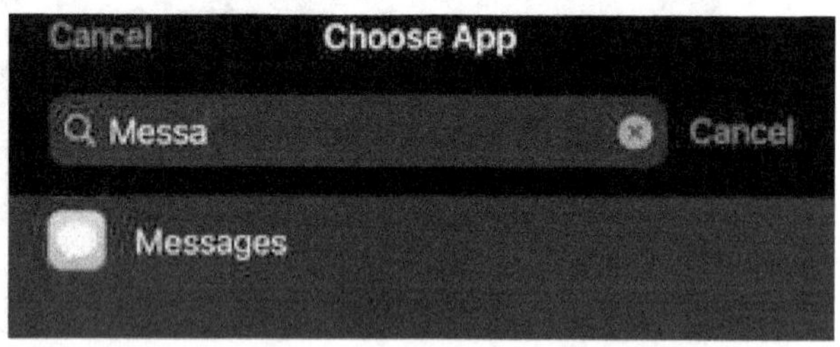

次に、右上にある3つの点と青い丸のアイコンをタップします。

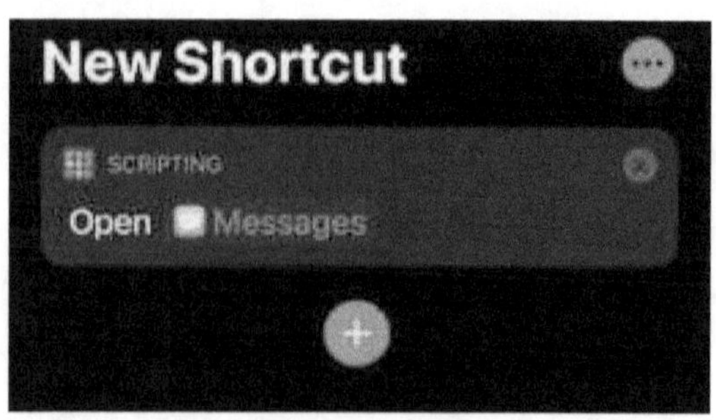

ホーム画面にアイコンを作成したいので、「ホーム画面に追加」をタップします。

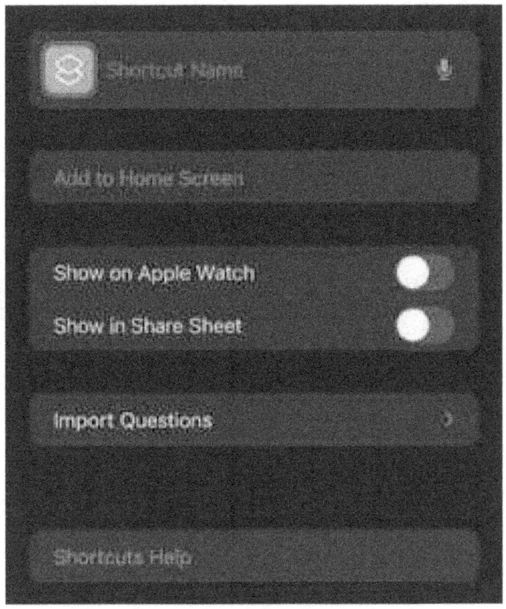

アイコン画像をタップし、使用したい画像がある場所を選択し、画像を選択します。

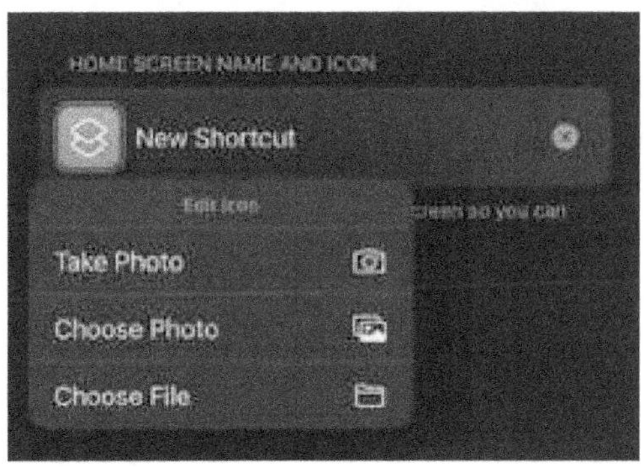

アイコンのプレビューが表示されます。完了」をタップする前に、名前を「新しいショートカット」から好きな名前に変更してください。

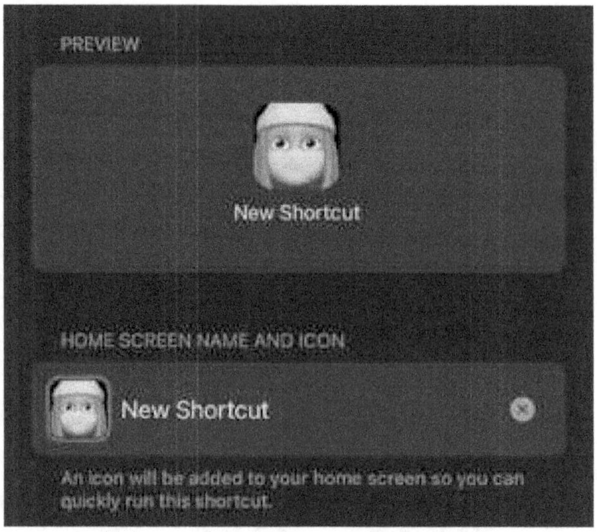

完了すると、他のアプリと同じようにホーム画面に表示されます。

ノートテイキング2.0へようこそ

このセクションで取り上げるのは
- なぜノートを使うのか？
- ノートの使い方
- iPhoneでメモを使う

なぜノートなのか？

もしあなたがアップル初心者なら、なぜノーツなのか？何のために、どんな時に使うのでしょうか？

ノートは、今年のクリスマス・ニュースレターを書いたり、迷子になった子犬のチラシを作ったりするのに使いたいものではないだろう。ノートが本当に優れているのは、共有リストを作ったり、学校のメモを書き留めたり、多くの書式を必要としないことをするときだ。

iPhoneと同期させれば、ノートは本当に輝く。iPh-
oneと同期させれば、ノートにメモを書き、携帯電話でスケッチや画像を挿入することができる。

一度ノートを作成すれば、それをフォルダに追加することができ、すべてを検索することができる。

ノーツ・クラッシュコース

開くには、DockのLaunchpadアイコンを開き、Notesアイコンをクリックします。

ノートは、カタリナのほとんどのアプリと同様、同じiCloudアカウントにログインしている限り、iPhoneとiPadに同期する。
ワープロのエディターとは違う。

iPhoneノート

Notesの使い方がわかったところで、iPadでNotesがどのように機能するのかを見てみましょう（iPhoneでの見え方とほぼ同じです）。
機能面では、すべてがほとんど同じだ。違うのは、どこに何があるかということだけだ。
一見したところ、ノーツは基本的にこれまでと同じように見える。キーボードの上にある小さなプラス記号にお気づきだろうか？これが違うところだ。

ボタンを1回タップすると、追加されたオプションが表示されます。

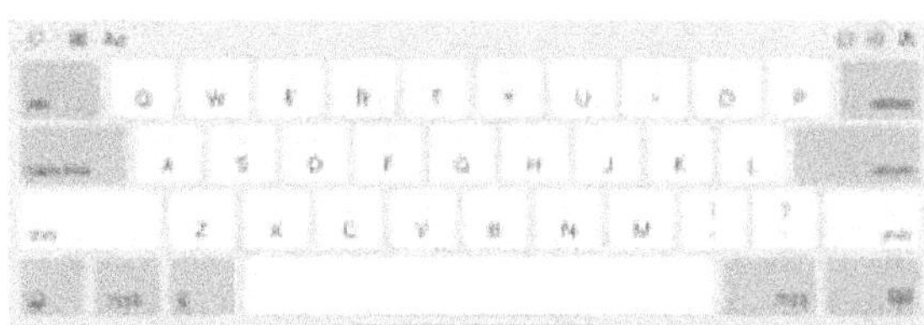

左側からチェックマークがあり、メモの代わりにチェックリストを作成したい場合に押します。新しいチェックマークが付くたびに、キーボードの戻るボタンをタップするだけです。

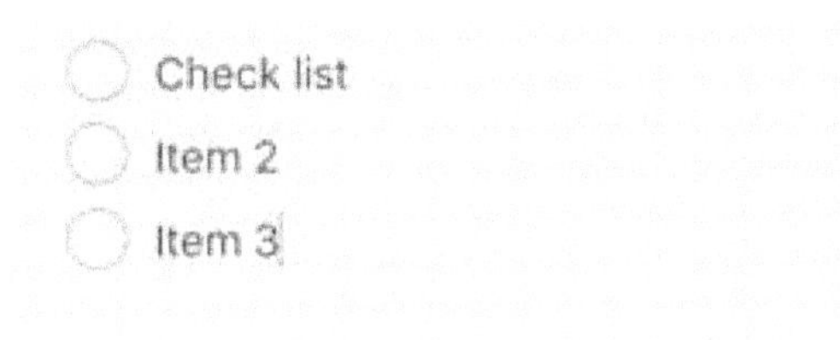

Aa」ボタンは、メモの書式を少し変えたいときに押します（フォントを大きくしたり、太字にしたり、箇条書きにしたりなど）。

小さなカメラボタンで、撮影した写真を追加したり、アプリ内から写真を撮って挿入したりできる。

これを押すと、3種類のブラシ（ペン、マーカー、鉛筆）、定規、消しゴムが表示されます。Macとは異なり、iOSのメモでは画面上に絵を描くことができる。MacではiPhoneやiPadに同期することでしかできないことだ。

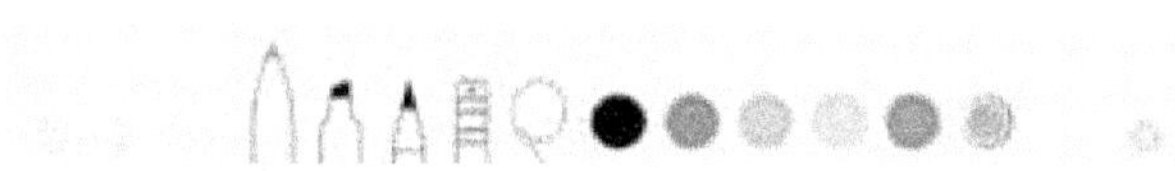

また、丸い黒丸をタップすると、ブラシの色を変えることができる。
色を選んだら右上の「完了」ボタンをタップするだけで、色が変更されます。

描き終えて「完了」ボタンをタップすると、ノートに戻ります。しかし、描画をタップすると、再び起動し、描画を変更したり、追加したりすることができます。

最も高度なお絵かきアプリではないのは明らかだが、そこがポイントだ。アプリの名前にあるように、このアプリは素早くメモを取ったり描いたりするためのものだ。

設定メニューの上部に検索オプションが追加されました。iOSにはたくさんの設定があり、アップデートのたびにその数は増えています。例えば、特定のアプリの通知を停止したい場合、もう無限のアプリを探し回る必要はない。

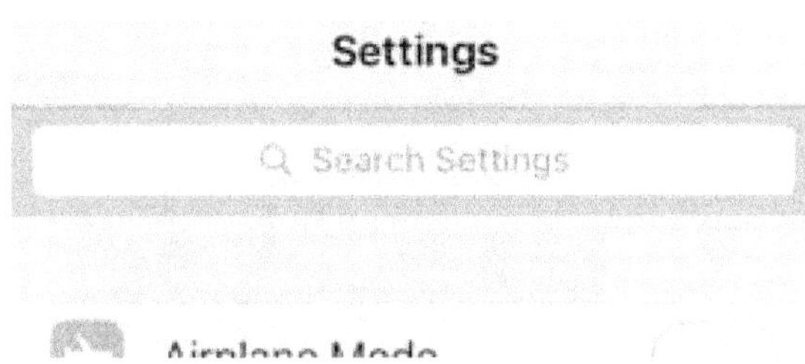

Safariにもメモが追加され、メモにウェブサイトを追加することが可能になった。

マークアップを使用するオプションが表示された場合は、常にノートのインターフェイスを使用することになります。

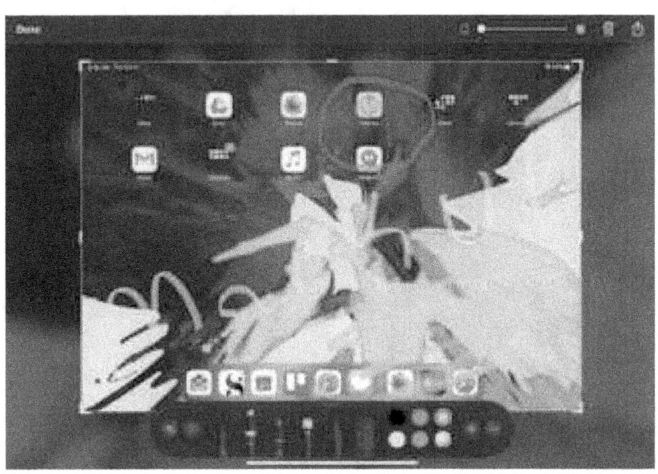

パスワード保護

ノートは登場以来、長い道のりを歩んできた。もはや素早くメモを取るためだけの場所ではない。共同作業をしたり、手書きをしたり、本当に複雑なメモを取ったりする場所なのだ。保存しているメモをパスワードで保護したいと思う人がいるのは理解できる。

自分のメモを誰にも見られないようにするには、「設定」>「メモ」>「パスワード」と進んでください。

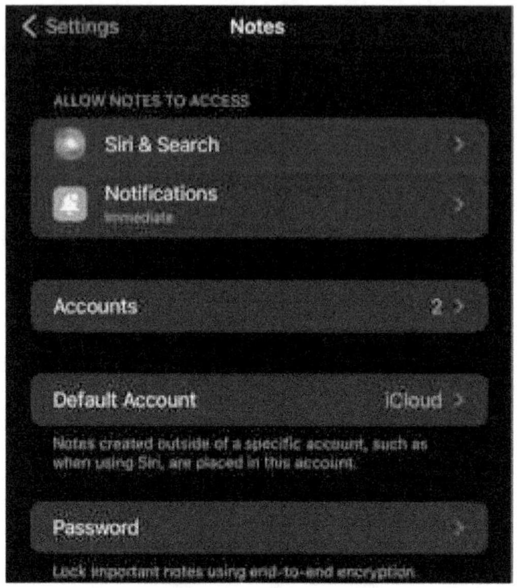

ここから、必要なパスワードオプションを選択します。

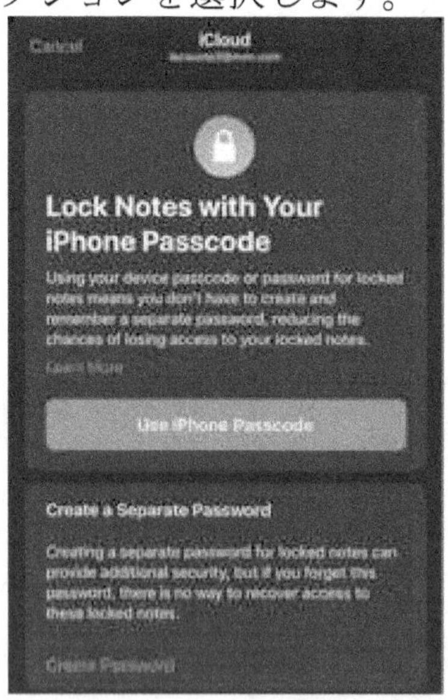

パスワードの共有

パスワードは素晴らしいものだが、家族と共有するとかなり煩わしくなる。こんな経験はないだろうか?「インターネットのパスワードは何?と聞かれ、「ああ、**1%jj7$$-ret_00@**だよ」と答える。安全なパスワードを使いたいが、共有しなければならないことが

分かっていると、1234で済ませたくなるものだ！アップルなら、こうした複雑なパスワードを信頼できる人と簡単に共有できる。

パスワードを共有するには、「設定」＞「パスワード」と進み、ここからパスワードを共有するオプションを選択し、指示に従ってグループを作成する。

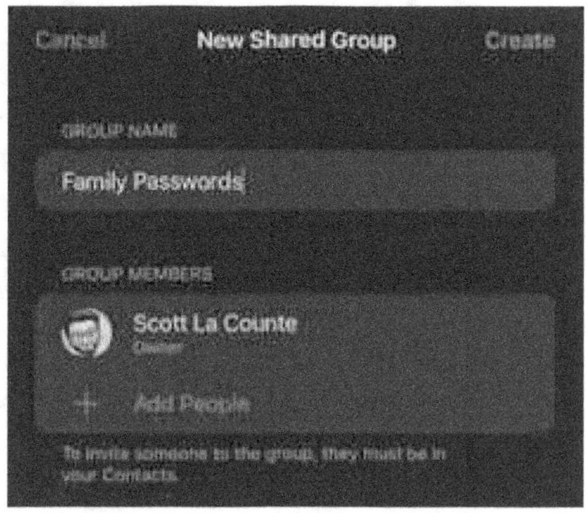

翻訳する

Notesでは、単語、文章、フレーズをさまざまな言語に翻訳することもできます。文章を入力してハイライトし、翻訳オプションを選択するだけです。

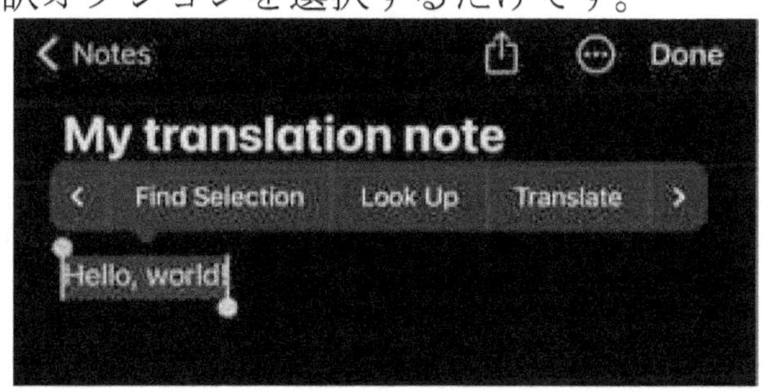

ここから、翻訳されたものがどのように見えるかが表示され、またどのように聞こえるかが再生されます。Replace with Translationをタップすると翻訳されます。

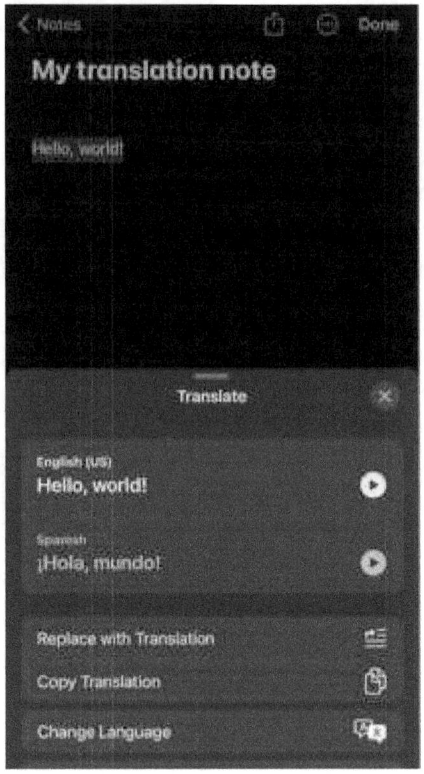

別の言語をご希望ですか？言語変更ボタンをタップし、ご希望の言語を選択してください。

ライト、カメラアクション

この章で取り上げるのは

- 写真とビデオの撮影
- 写真の編集
- 写真／ビデオの共有と整理

写真を撮る

さて、いくつかの設定がわかったところで、楽しい話に戻りましょう！次はカメラアプリの使い方を見てみましょう。

カメラアプリはホーム画面にありますが、ロック画面から素早く簡単にアクセスすることもできます。

カメラアプリの使い方はいたってシンプルだ。まず、カメラアプリには前面と背面の2つのカメラがあることを知っておいてください。

フロントカメラは通常、解像度が低く、主にセルフポートレートに使われていた。では、前面カメラは12MPにアップグレードされ、背面と同じプロ仕様の写真が撮れるようになった。このセクションで取り上げる機能は、タイムラプスやパノラマ撮影を除き、前面カメラと背面カメラの両方に搭載されています。とパノモードを除く。

カメラには6つのモードがあります。アプリを起動すると、シャッターのすぐ上の下部にさまざまなモードが表示されます。黄色で表示されているモードがアクティブなモードです。

6つのモードは以下の通り：

- タイムラプス- タイムラプス動画
- スローモー - スローモー動画
- ビデオ
- 写真（デフォルトモード）
- ポートレート- 背景をぼかしたスタジオのような写真に。
- パノ- パノラマ写真用

レンズの使用

iPhone Proには3つのレンズが付属している：

- ウルトラワイド
- 広い
- 望遠

通常の写真やビデオ（ポートレートやスローモーションビデオではない）を撮影すると、3つの数字が表示されます：0.5、1x、2。これらはレンズを表しています。これらをタップすると、プレビューがズームインまたはズームアウトします。

数字をタップしたままホールドすると、より正確な数字が表示されます。また、画面をピンチイン、ピンチアウトしても拡大、縮小できます。

このことは、実際には何を意味するのだろうか？例を挙げると、それぞれのレンズで同じ場所を撮影した3枚の写真がある。

ウルトラワイド(0.5)

ワイド(1x)

望遠(2)

iPhone 14 Proには、1と3の間に光学ズームが追加されている。

さまざまなカメラモード

アプリの上部には、フラッシュ、ナイトモード、ライブモードの3つのボタンがある。ナイトモードは低照度設定で自動的にオンになる。

その真ん中にある矢印をタップすると、オプションの拡張リストが表示される。

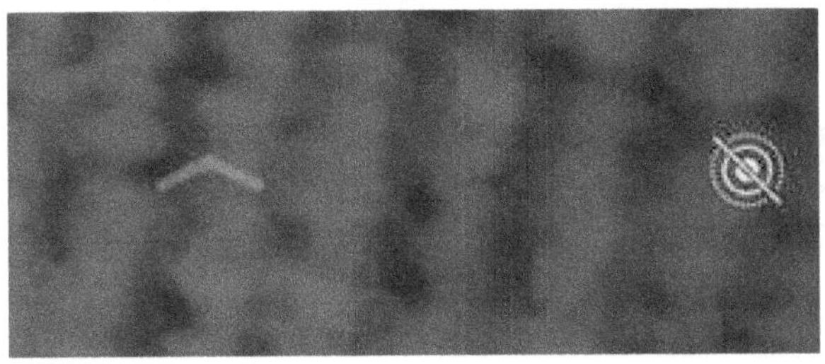

オプションを展開すると、下部にオプションが表示される。オプションは以下の通り：フラッシュ、ナイトモード、ライブモード、フレーム、タイマー、カラー。

これらのオプションのいずれかをタップすると、オンとオフを切り替えたり、該当する場合は調整したりするためのオプションが表示されます。

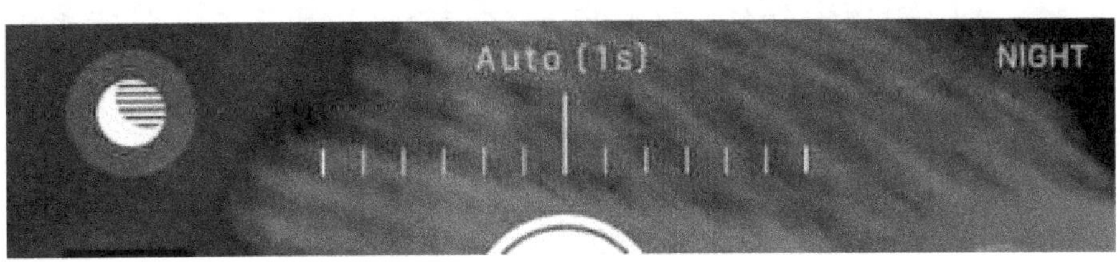

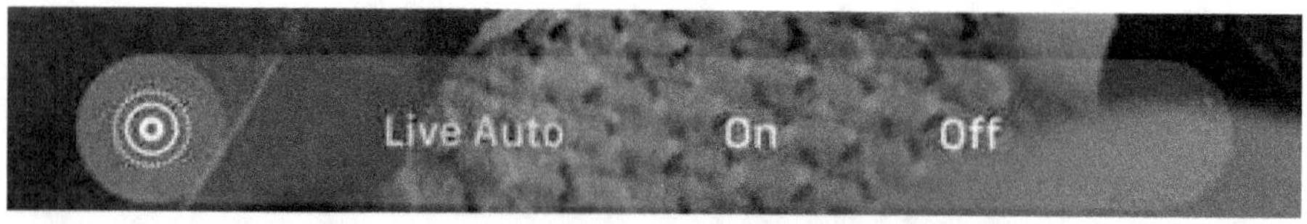

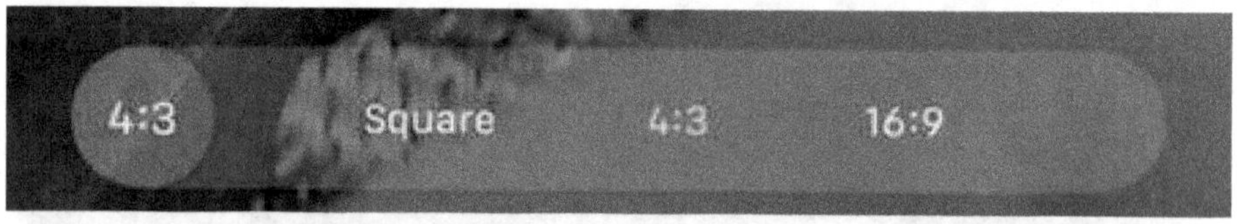

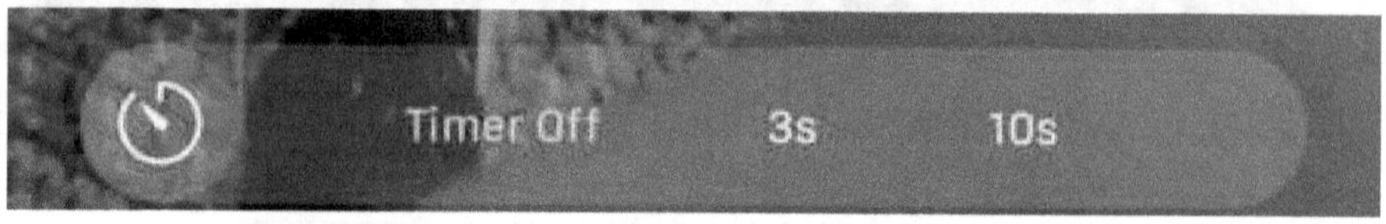

ナイトモードナイトモードは自動的にオンになるが（オンになっている場合、アイコンは黄色になり、撮影される秒数を示す）、ナイトモードのアイコンを押すと、自動的に撮影される設定を手動で調整できる。

ナイトモードは裏で自動的に、より長い露出をシミュレートしています。つまり、画像をキャプチャするのに時間がかかるということだ。ナイトモードのスライダーは、露光秒数を調整します。

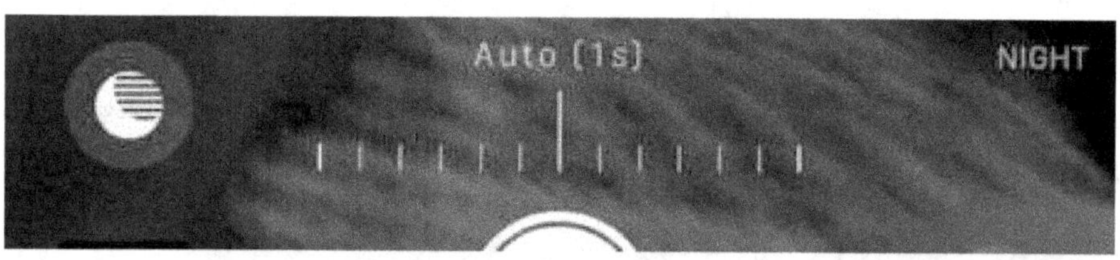

iPhoneに内蔵されているジャイロセンサーは、iPh-
oneが三脚の上に置かれているかどうかを検知するほど賢い。三脚があれば、さらに長時間露光が可能になる。

写真を撮るとき、人物や物体をタップしてピントを合わせることができます。そうすると、黄色いボックスが表示されます。指を上下に動かすと、写真の明るさが調整されます。

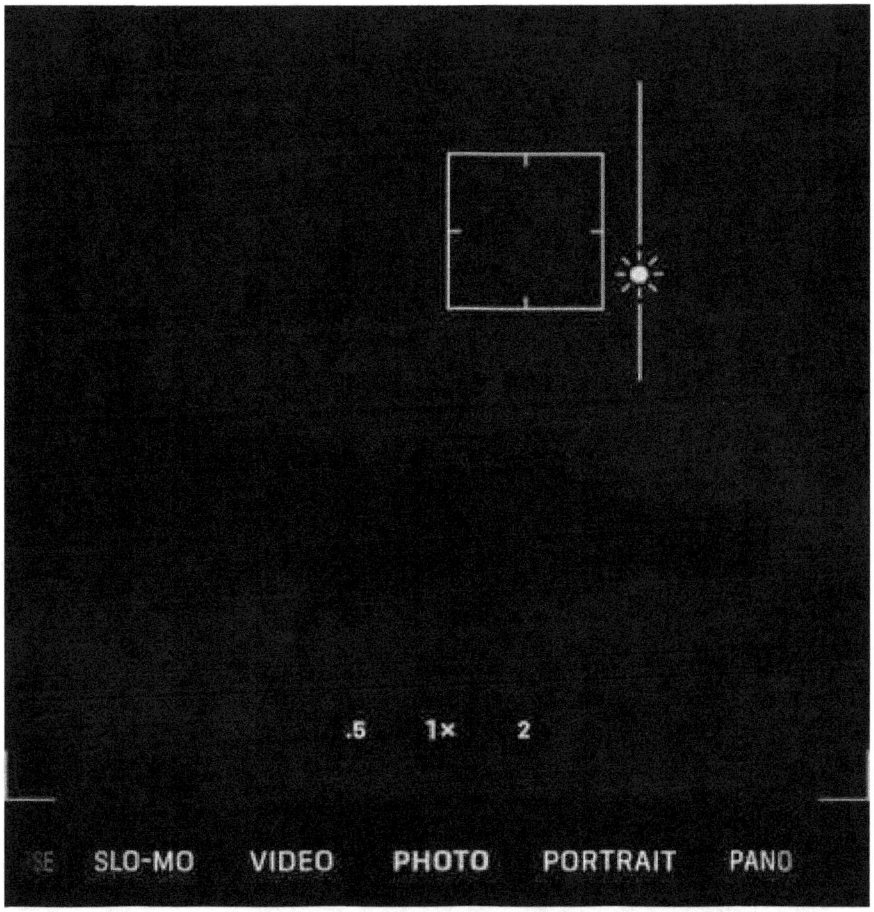

写真を撮ったまま、クイックビデオを撮影することができます。シャッターをタップしたまま右にドラッグし、クイックビデオの撮影が終わったらシャッターを離します。このエフェクトは、ビデオ撮影中に素早く写真を撮りたいときにも実行できます。

バーストモード

以前のiPh-
oneでは、シャッターを押し続けることで「バースト」撮影ができた。これはアクション写真などに最適で、数秒で何十枚もの写真を撮影し、後で最も気に入った写真を選ぶことができた。

シャッターを押したままにすると、スライドさせて素早くビデオを撮ることができる。しかし、バーストは可能です。新しい方法は、シャッターをタップし、指を左にスライドさせる。

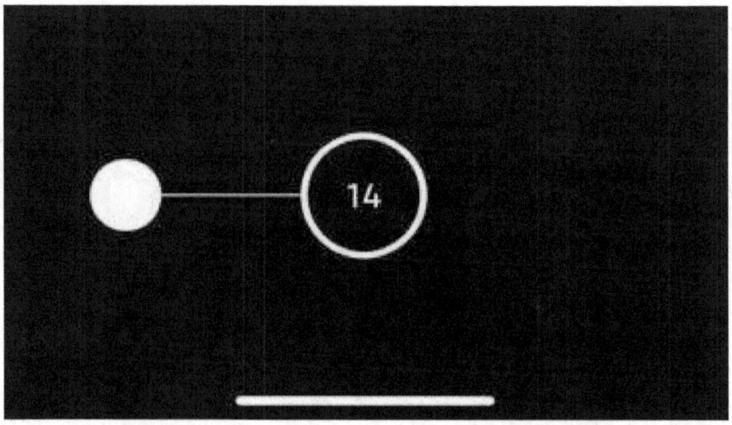

ポートレートモード

最も人気のあるカメラモードのひとつにポートレートモードがある。ポートレートポートレートモードは、被写体以外をぼかすことで、実にポップな写真を撮ることができる。

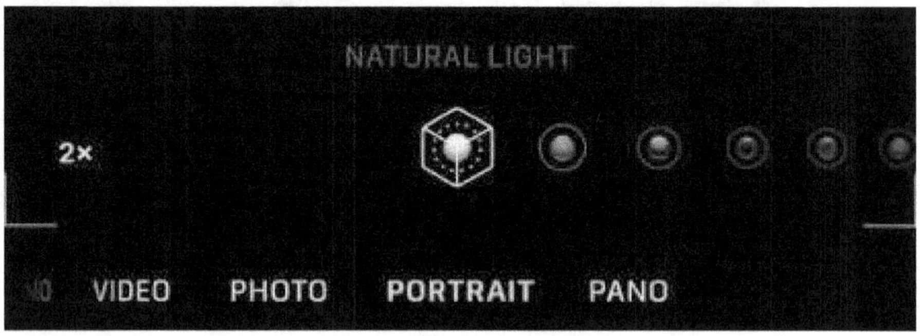

ポートレート」のすぐ上にあるボックスの上に指をドラッグするとのすぐ上にあるボックスの上に指をドラッグすると、ポートレートモード内のすべての異なるモードを見ることができます。それらは以下の通りです：自然光」、「スタジオ光」、「輪郭光」、「ステージ光」、「ステージ光モノ」、「ハイキー光モノ」です。

ポートレートで撮影した写真は、編集時にモードを変更できます。例えば、スタジオライトで撮った写真を、後で自然光にしたいと思った場合、編集してから変更しても遅くはありません。これについては、次のセクションで説明します。

パノモード

パノモードでは、複数の写真をつなぎ合わせて1枚の巨大な風景写真を作成できます。撮影前にレンズを交換することもできます。

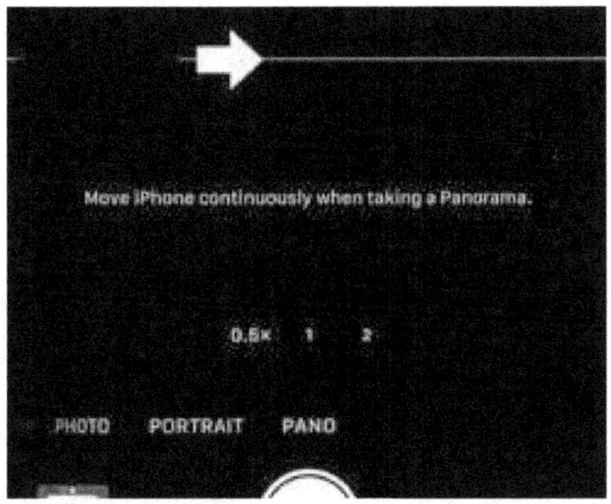

露出設定カメラ内

iOS15では、カメラアプリの他のすべてのコントロールに加えアプリの他のすべてのコントロールに加えて、iOS 15では露出アイコンが追加されました。

このアイコンをタップすると、スライダーが表示され、撮影する写真の露出を手動で変更できます。

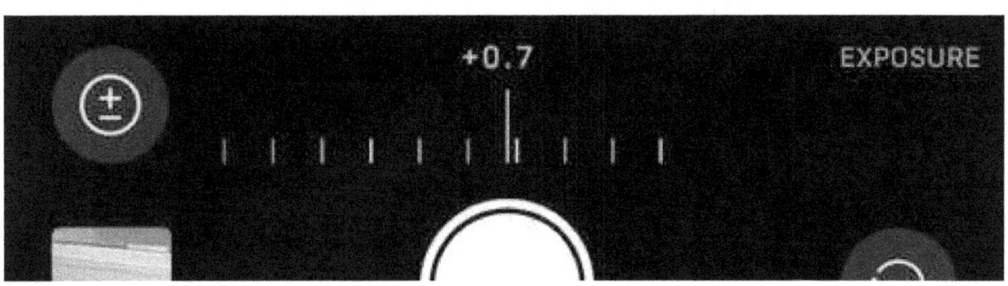

クイックテイクビデオ

クイックテイクビデオは、iPhone 11以上だけでなく、すべてのデバイスに追加されました。

シネマティック・モード

シネマティックはiPhoneの新しいモードとして注目されており、iPhone 14のすべての機種（スタンダードとプロ）でサポートされている。シネマティックモードとは？ポートレートモードのようなものだと考えてください。一人の人物にフォーカスを合わせ、それ以外は青くし、別の人物が話したらフォーカスを変えて、その人物に注目させるというものだ。トランジションはかなりシームレスで、遊んでいて楽しい。

カメラアプリを開き、シネマティックモードを選択し、録画をタップします。

グレーの枠は、別の人物が映っているがフォーカスされていないことを示す。

グレーのボックスをタップして、その人にフォーカスを当てます。その人が表示されない場合は、その人をタップしてください。

また、画面をタップしたままホールドしてフォーカスをロックすることもできます。

終わったら、もう一度録音ボタンをタップしてください。

シネマティック・ビデオの編集

シネマティック・モードでさらに楽しくなるのは編集だ。古い機種（iPhone X以上、iOS 15以上）でも編集できます。

まず、写真アプリを開き、ビデオを見つけます。次に「編集」をタップし、画面上部の「シネマティック」をタップして、エフェクトのオン／オフを切り替えます。

ビデオのフォーカスを変更するには、上記の手順を実行します。ビデオを見ながら、フォーカスを切り替えたい被写体をタップするか、ダブルタップして自動的に被写体にフォーカスを合わせます。

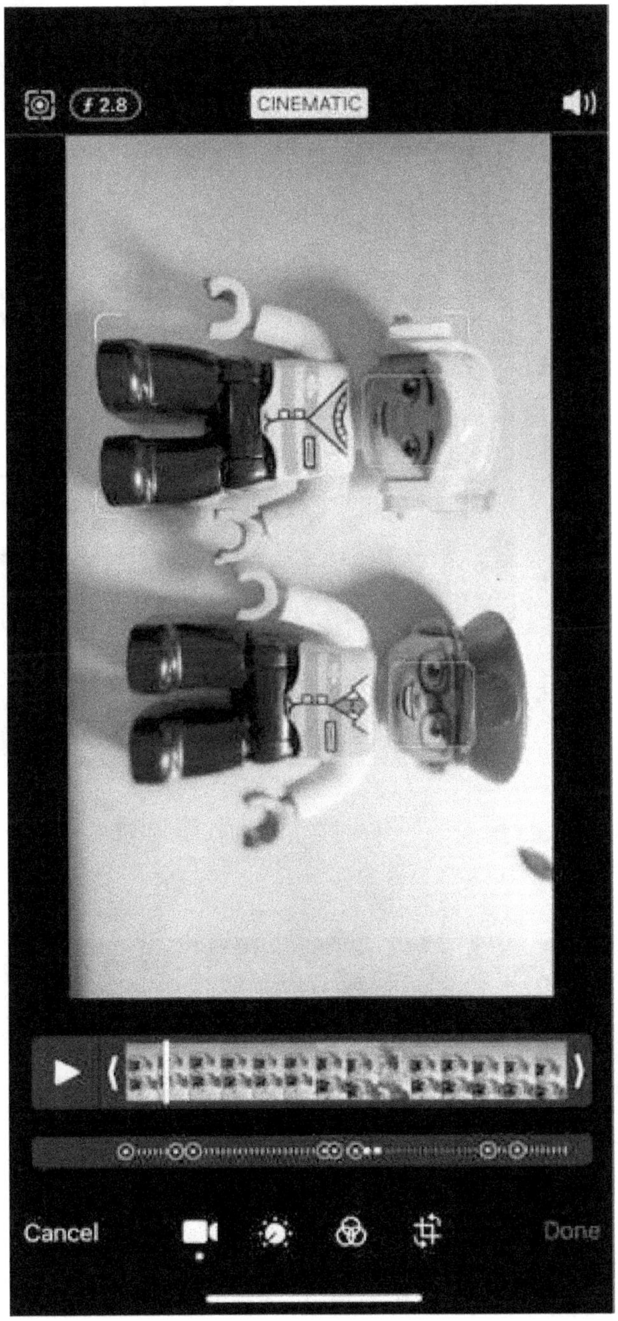

ビデオのタイムバーの下に白と黄色の点が見えますが、白い点は自動変更で、黄色は手動変更です。

左上隅の中央に点がある四角をタップすることで、手動トラッキングのオン／オフを切り替えることができます。

カメラ設定

カメラの設定には、「設定」アプリの「カメラ」からアクセスできます。.

ミラーフロントカメラ画像を反転させるので、例えばシャツに文字が入っていても、逆さまに写ることはない。

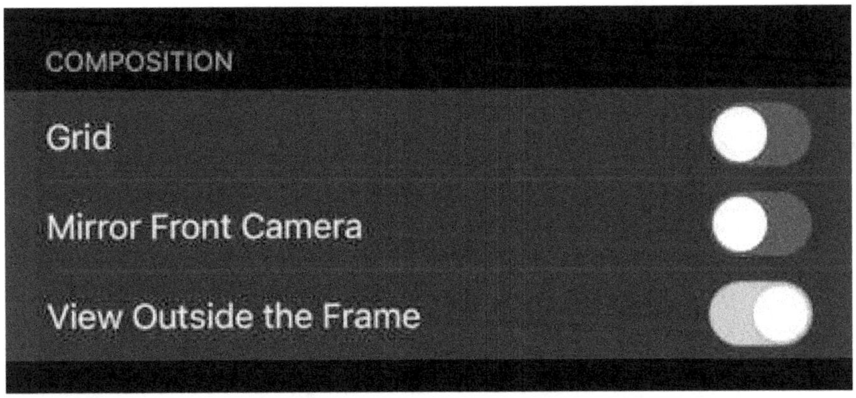

スマートHDRは、携帯電話の頭脳を使って写真をブレンドし、最適な露出で1枚の画像を作成する。

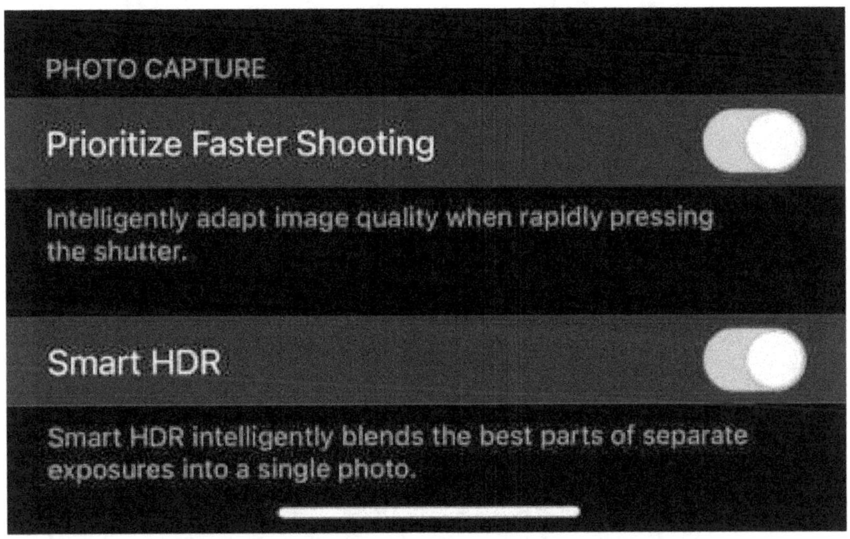

QRコード

企業に「スキャンして情報をご覧ください」という箱があるのを見たことがあるだろうか？それがQRコードです。

以前なら、それを開くにはアプリが必要だったが、iPh-
oneのネイティブカメラにはその機能が内蔵されている。QRコードに携帯をかざし、写真を撮るようにふるまう。ピントが合うとすぐに、リンク先を開くかどうかを尋ねるドロップダウンメニューが表示される。.

マクロ写真

iPhoneのプロ・ラインナップ（iPhone 14
Proから）は、マクロ撮影（およびビデオ）に対応している。この記事を書いている時点では、これを起動するボタンはない。マクロ写真を撮るには、iPh-
oneを被写体に近づけるだけで、iPh-
oneが自動的にフォーカスを合わせ、撮影の種類を認識する。

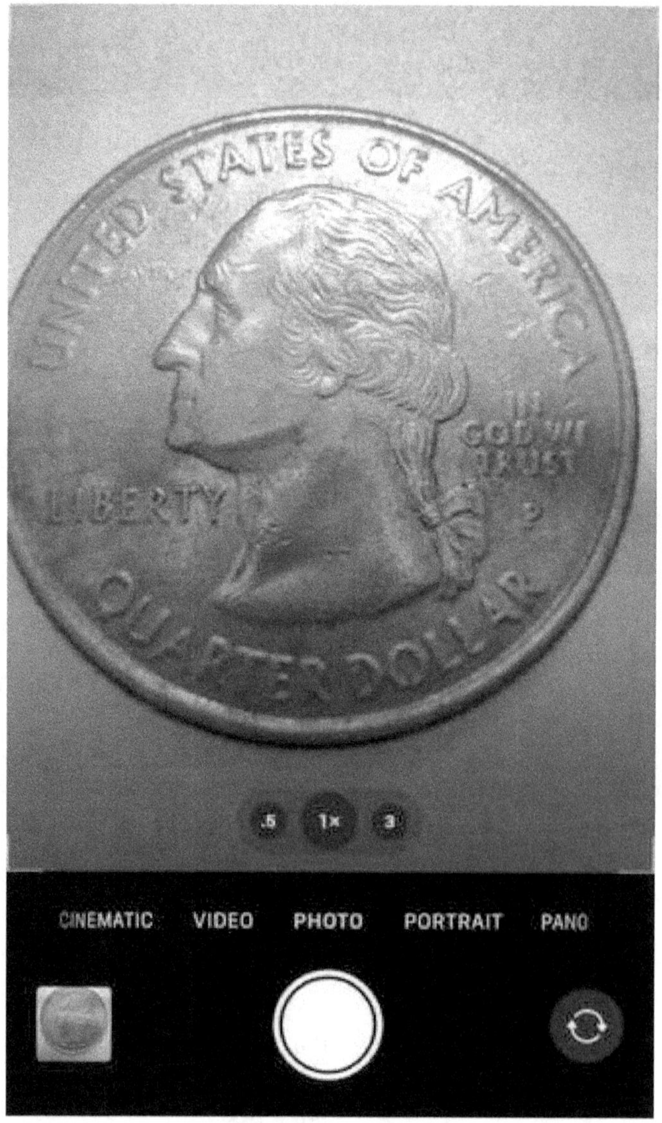

写真スタイル

フォトグラフィック・スタイルは、iPhone
14の全モデル（標準およびPro）に追加された新機能です。コントラストが豊かな写真、鮮やかな写真、温かみのある写真、クールな写真など、プリセットのスタイルを写真にすばやく追加できます。もしあなたがとても明るい写真が好きなら、そのプリセットスタイルを持ち、写真を撮るたびに新しい写真に素早く適用することができます。

スタイルを選ぶ

スタイルを始めるには、カメラアプリを開き、上矢印をタップします。

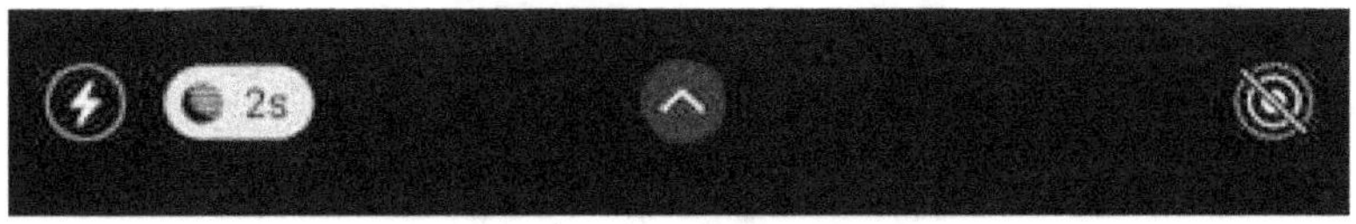

すると、シャッターのすぐ上にオプション行が表示されます。

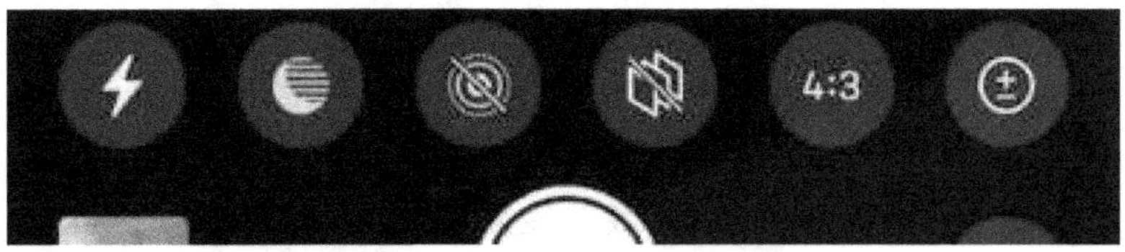

カスケードアイコンをタップします。

次に、利用可能なすべてのスタイルをスワイプする：リッチコントラスト、鮮やか、ウォーム、クール。

各スタイルの下には「トーン」と「ウォームネス」があり、どちらかをタップしてスタイルをさらに調整できます。

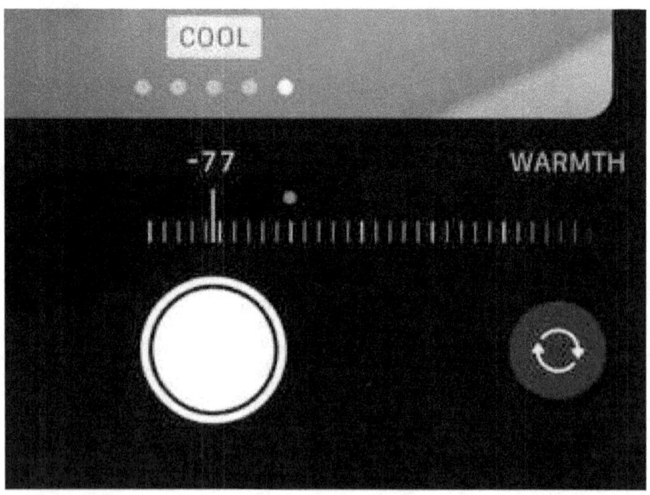

完了したら、カスケードアイコンをもう一度タップします。カスケードアイコンをオフにするには、同じ手順に従ってください。カスケードがオフになったことを示す線がアイコンに表示されます。

設定アプリでスタイルを選ぶこともできます。カメラ」＞「写真スタイル」の下にあります。

生写真

あなたが趣味やプロの写真家なら、Rawファイルフォーマットについてすべてご存知でしょう。もしあなたがiPhone 14
Proをお持ちなら、Rawフォーマットで写真を撮影するオプションがあります。Rawは、プロフェッショナルなソフトウェアで編集するためのより多くの機能を維持するが、携帯電話では、撮影した写真1枚につき約25MB～75MBと、多くの容量を消費する。それは大したことではありません。しかし、クリスマスに1日中100枚の写真を撮ったとしよう。1日で25GBのストレージだ。

デフォルトでは、Rawモードはオフになっています。設定でRaw撮影のオンとオフを切り替えることができます。設定＞カメラ＞フォーマットと進みます。

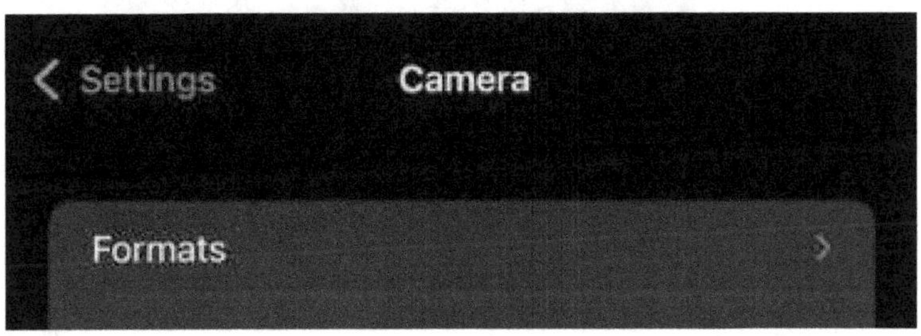

最後にApple ProRAWに切り替える。

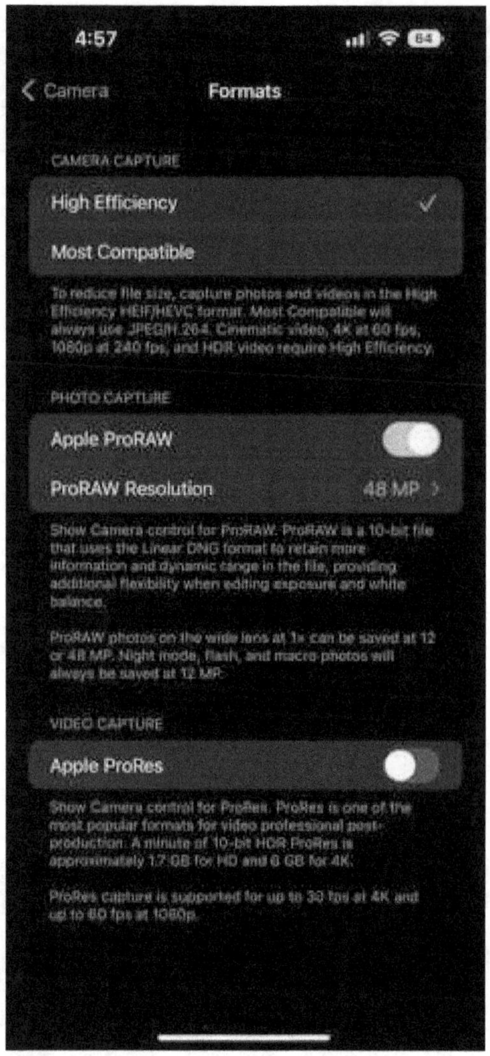

ProRAWカメラで12MPを48MPに変更するには、「設定」>「カメラ」>「フォーマット」と進む。

ProResをオフにしている場合、カメラアプリは下の画像のようになります。

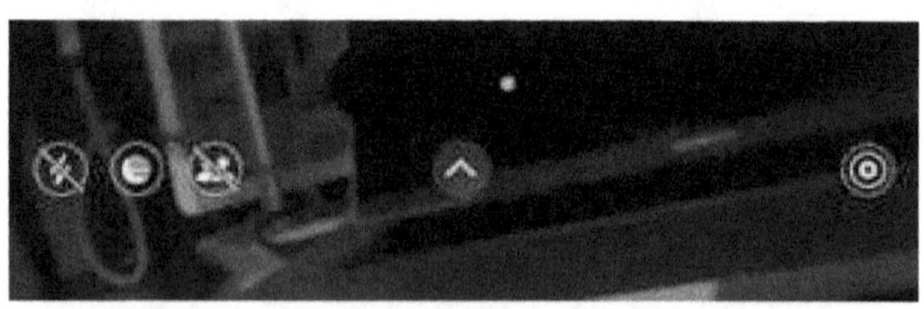

オンにすると、Rawのアイコンが表示されます。

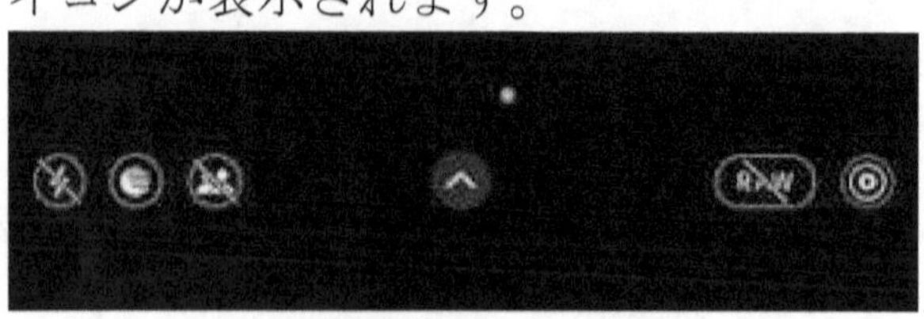

これにより、Raw撮影のオン・オフが簡単になり、撮影のたびに大量の写真を撮る必要がなくなる。

プロレス

2021 Proモード携帯電話の際立った特徴の1つは、「Pro-
Res」と呼ばれるものである。理論的にはそうだ。Pro-
Resは、非常に高い解像度で録画することではなく、アップルのFinalCutのようなハイエンドのビデオソフトウェアで編集できる規格で録画することなのだ。

ほとんどのユーザーにとって、ProResはおそらく向かないだろう。Pro-
Resを使うと、1分間に数ギガバイトのストレージが必要になります。子供の30分の学校公演を録画すると、携帯電話の空きストレージをすべて使い果たしてしまうかもしれません！

収納量は？また、具体的にどのように使うのか？この本を書いている時点では、Pro-
Resは発表されていないので、何とも言えない。携帯電話の発表と一緒に発表されましたが、今年の後半まで登場しません。

写真の編集

さて、傑作を写真に収めたら、それを本当に輝かせるために編集したくなるでしょう。App Storeには何千ものフォトエディタアプリがあります。.Adobe Light-
roomのように、写真にプロフェッショナルな変更を加えることができるものもあれば、ただ楽しむだけのものもある。

この章では、Ap-
pleの内蔵エディタを使って基本的な編集をすることに専念します。エディターでできることはたくさんあります。

通常写真とライブ写真

エディターのオプションは、撮影した写真の種類によって変わります。ライブ写真を撮影した場合は、いくつかの編集が追加されます。モードで撮影した場合も同様です。この最初のセクションでは、最も一般的な写真について説明します。

どのように写真の種類を見分けるのですか？写真アプリに入って写真を表示すると、左上の戻る矢印のすぐ下に表示されます。下の例はライブ写真です。

写真の下部には、写真の編集に使用できるすべてのオプションのリストが表示されます。最初のボタンです。このオプションを使うと、写真アプリの外で写真を加工することができます。どういうことでしょうか？まず、テキスト、Eメール、Air-
Dropで共有したり、他のアプリにアップロードすることができます。印刷、壁紙への追加、アルバムへの追加、連絡先への割り当てなどなど。次のオプションはお気に入りボタンで（

これらの写真の保存先については次のセクションで説明します）、最後のオプションは写真の編集と削除です。

編集]を選択すると、[今すぐ開くフォトエディタ]の下部にいくつかの新しいオプションが表示されます。最初のオプションはライブボタンです（ライブ写真の場合）。ライブ写真を撮影すると、その写真の中に複数の写真があります。ライブボタンをタップすると、使用したい写真を選択できます。ライブボタンをタップすることで、使用したい写真を選択することができます。電話は自動的に最も良いと思われる写真を選びますが、これは必ずしもそうではありません。

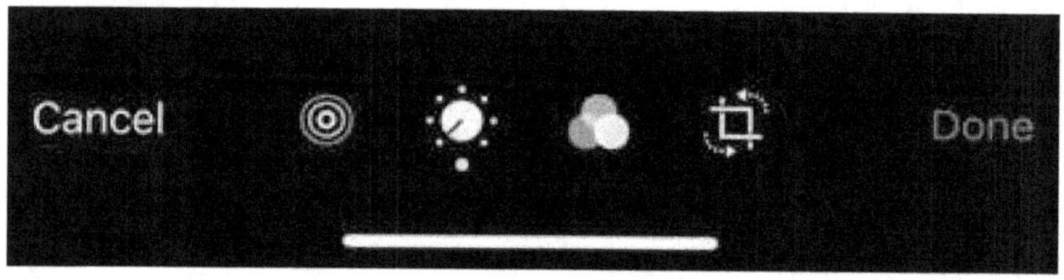

ライブボタンの隣には、写真全体の見た目を補正するオプションがある。最初のオプションは「自動補正」です（これは、照明と色レベルを携帯電話が最適と考えるものに調整します）。その次は、すべての手動補正です：露出、輝度、ハイライト、シャドウ、コントラスト、明るさコントラスト、明るさ、ブラックポイント、彩度、鮮やかさ、暖かさ、色合い、シャープネス、解像感、ノイズリダクション、ヴィネット。リダクション、ビネット。

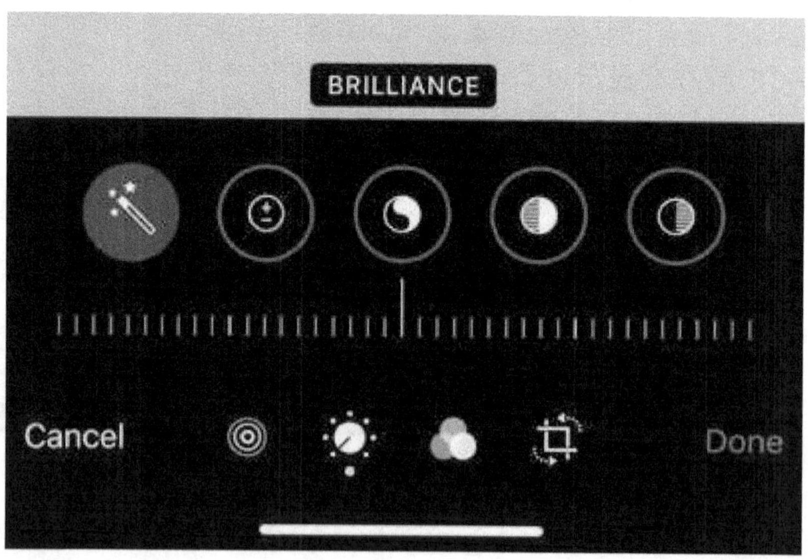

実行したい補正に指をスライドさせると、その下にスライダーバーが表示されます。

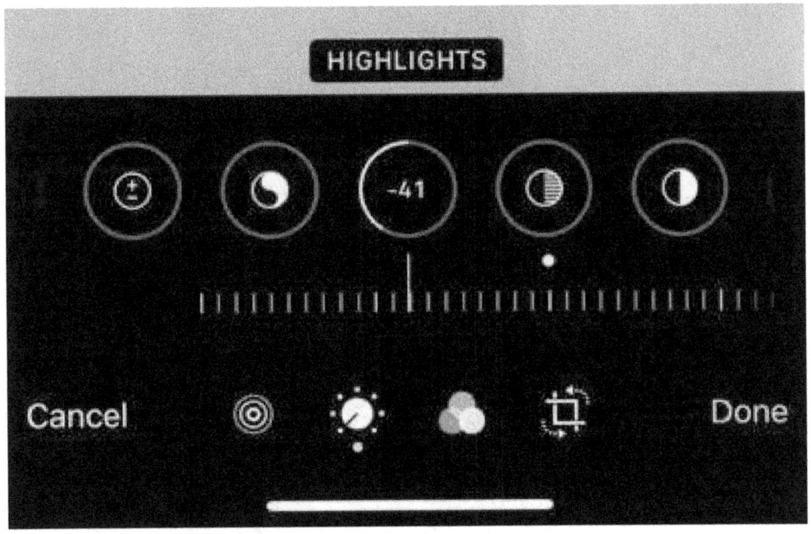

次に、写真にフィルターを適用するオプションです。適用したいフィルターを選択し、下のスライダーでフィルターの強さを増減します。使用可能なフィルターは、ビビッド、ビビッドウォーム、ビビッドクール、ドラマチック、ドラマチックウォーム、ドラマチッククール、モノ、シルバートーン、ノワールです。

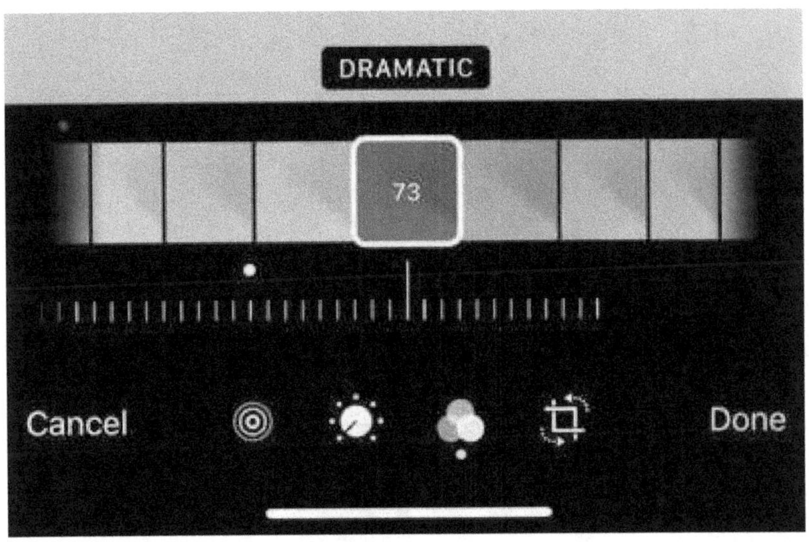

最後のオプションは「クロップ」です。.このオプションを選択すると、写真の周りに小さな白い角線があることにお気づきだろうか？これを使って、トリミングしたい部分にドラッグし、上下左右にスライドさせることができます。

トリミング領域の下部には、写真をまっすぐにするオプションがあります。

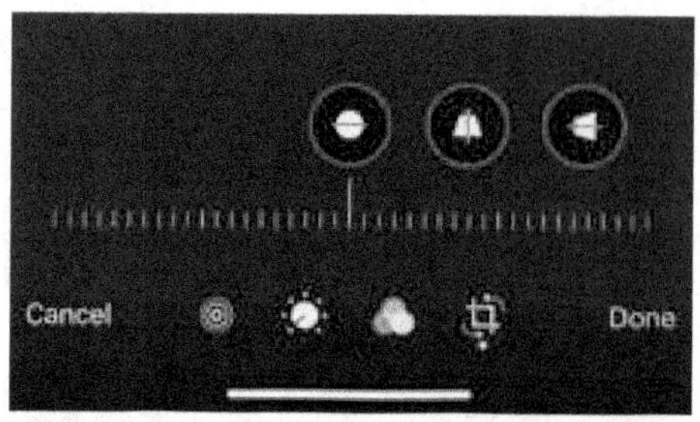

左上隅には、写真を回転または反転させるオプションがあります。

右上には、あらかじめ設定したサイズに切り抜くオプションがある。

定義済みサイズボタンを選択すると、いくつかの新しいオプションが表示されます。これらは、フレームなど特定のもののために作成する場合に便利です。

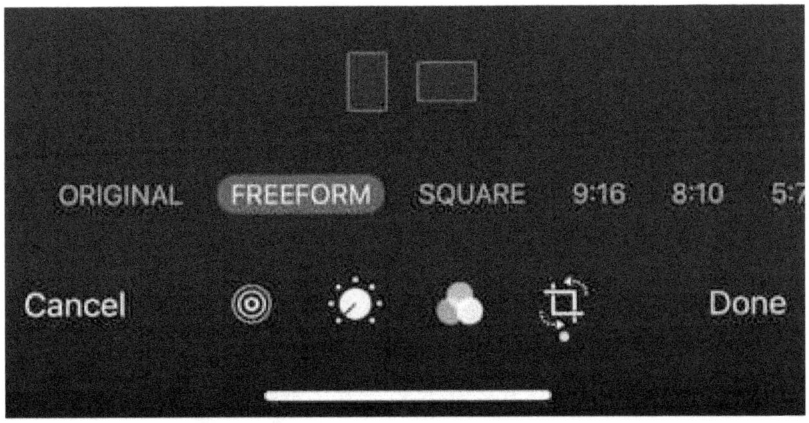

すべての編集が終了したら、完了ボタンをタップします。また、キャンセルを選択することで、すべてを取り消し、元の写真を残すことができます。

いつでも、画面右上の3つの点をタップすることもできます。オプションメニューが表示されます。

他の写真アプリを使っている場合は、ここに表示されるかもしれない。しかし、ほとんどの人が使うであろうオプションは、マークアップオプションだ。

マークアップでは、写真に図形を描いたり追加したりすることができる。

下部には、色と筆記具のすべての選択肢がある。また、定規を使えば、どの選択肢でもまっすぐな線を引くことができます。

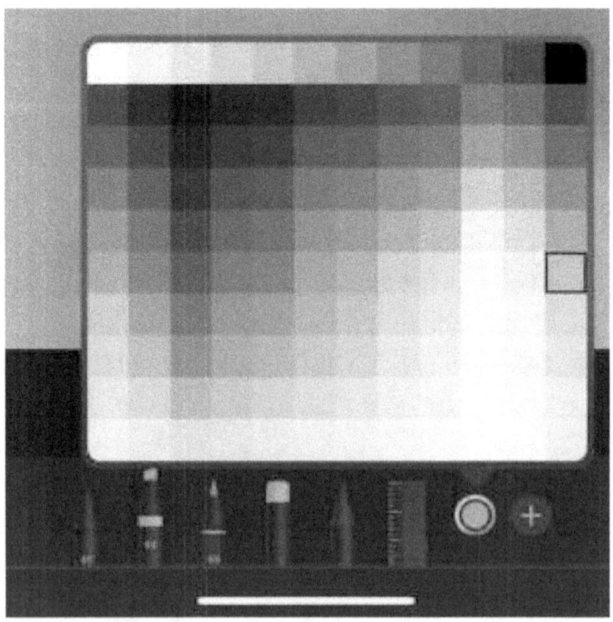

さらにプラスボタンをタップすると、図形やテキスト、署名などを追加できる。

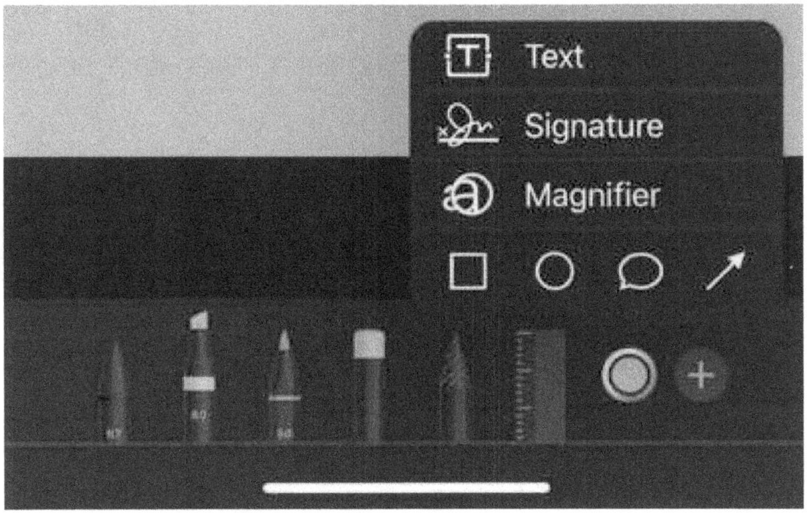

マークアップが終わったら、「完了」をタップして作成したものを保存するか、「キャンセル」をタップしてすべてを消去します。

ポートレート写真

ポートレート写真の編集は、このセクションで説明するいくつかの例外を除いて、まったく同じです。

ポートレート写真上部の表示でわかる。

写真を編集したいことをタップしたら、最初のボタンを選択します。編集が表示されます。指で写真に加えたいポートレート編集にスライドします。使用可能なフィルタは、自然光、スタジオ光、輪郭光、ステージ光、ステージ光モノ、ハイキー光モノです。フィルターを選択すると、その下に強さを調整するためのスライダーが表示されます。

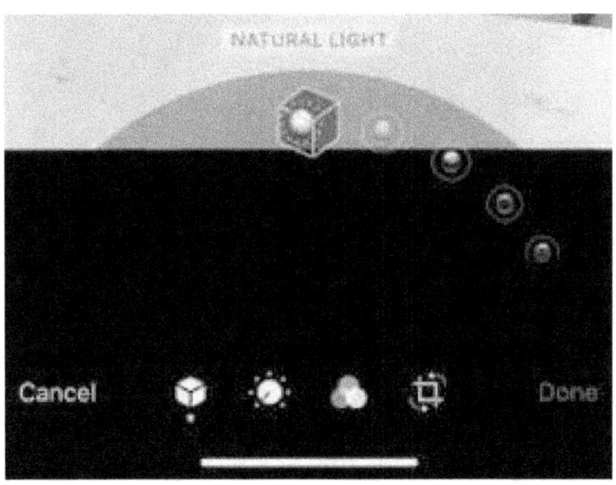

画面の左上隅にf
4.5というボタンがあります。このオプションは写真の深度（または背景のぼかし）を調整します。

このオプションをタップすると、画面下部に写真の深さを調整できるスライダーが表示されます。

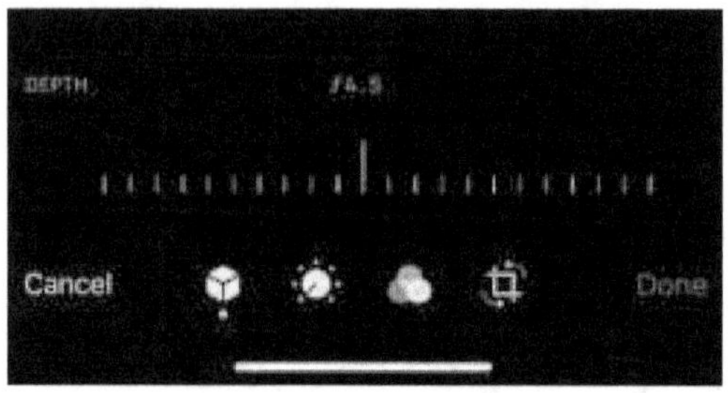

カメラ設定知っておくべきカメラの設定

設定」→「カメラを選択すると、（今は使わないとしても）知っておくべき設定がいくつかあります。

私が最も便利だと思う設定は「構図」です。フレーム外の写真をキャプチャ]をオンに切り替えると、写真を撮ったときに、すべての写真をサムネイルで見たときよりも多くの写真をキャプチャすることができます。

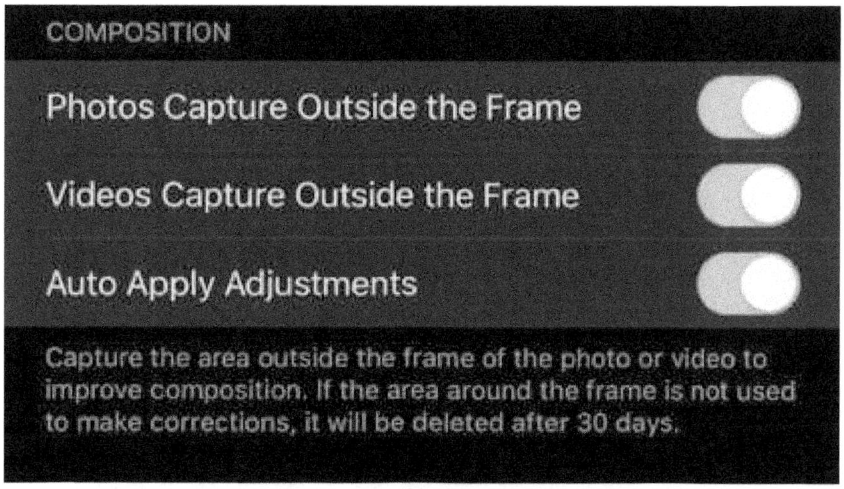

どういう意味だろう？下の画像を見てください。中央の画像は私のライブラリにあるものですが、「編集」→「トリミング」とするとをクリックすると、領域が大きくなっていることにお気づきだろうか？ドラッグすることで、さらに多くの写真を表示させることができるのだ。

カメラを開くたびにデフォルト設定に戻るのが気に入らない場合は、設定を保存に切り替えることができます。

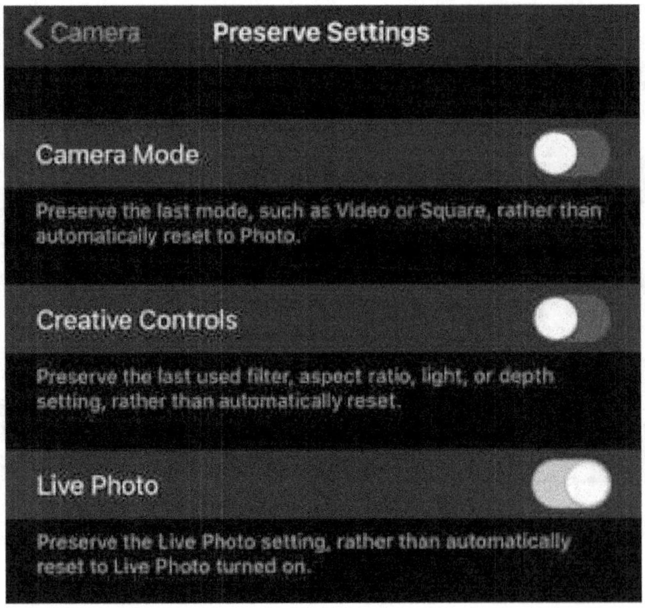

ビデオを録画する場合、4Kの高解像度で撮影することができる。しかし、そうすると、非常に大きな動画が作成されます。もっと低い設定で録画できます。ビデオを録画をタップして、設定を更新します。

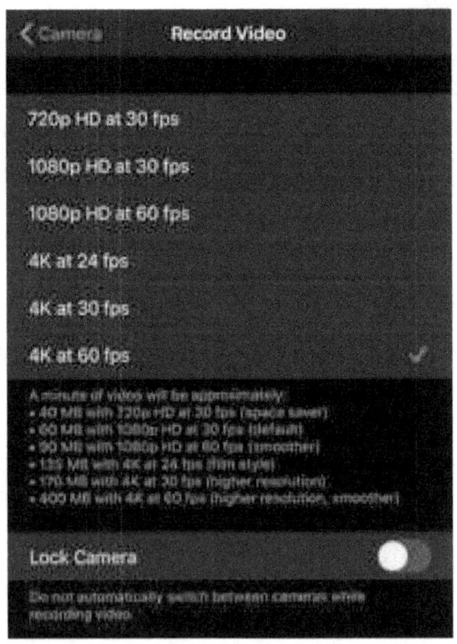

スローモカメラの設定も変更できます。

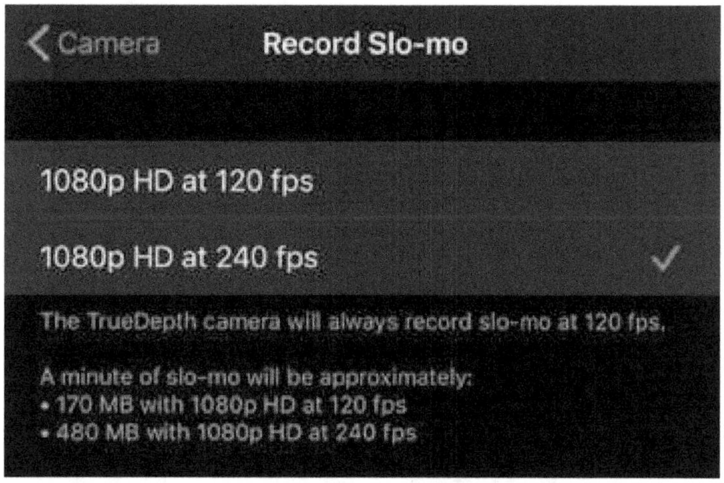

最後に、「グリッド」をオンに切り替えると、写真アプリにグリッドが表示され、写真やビデオをまっすぐに撮るのに役立ちます。

背景から写真を持ち上げる

文章や文書の中の写真は楽しい。もっといい方法がある。背景を取り除くと、画像が本当に際立ちます！

写真を開き、背景から抜き出したい部分をタップします。次にコピーを選択します。

次に、貼り付けたいアプリケーションにアクセスする。私はメモアプリを使っていますが、テキストメッセージやメール、その他たくさんのアプリを使うことができます。ここから、タップ&ホールドし、ペーストを選択します。

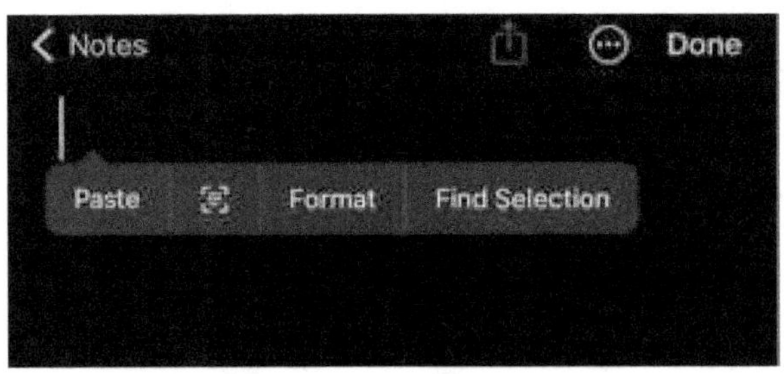

見てください！背景を取り除いた写真が貼り付けられている！

写真の表示、整理、検索、共有

昔、1本のフィルムに12枚か2枚しか撮れなかったことを覚えているだろうか。撮れる瞬間が限られていたから、撮る写真に気を使ったものだ。スマートフォンはそれを変えた。今では数秒で何十枚もの写真を撮ることができる。つまり、ほとんどの人が何千枚もの写真を携帯電話に入れていることになる。アップルは、人々がそれらの写真を整理し、見つけることに問題を抱えていることに気づくのに時間はかかりませんでした。

さて、写真に変更を加えた後、どのようにして写真を見つけ、整理するのでしょうか？このセクションでは、それについて説明します。

写真」アプリを開くと、4つのタブが用意されている：写真」（すべての写真が表示されます）、「For You」（「On This
Day」のような写真のキュレーションコレクション）、「アルバム」（プライベートな共有アルバムがあります）、「検索」（写真を検索できます）。(プライベートな共有アルバムがあります）、検索（あなたの写真を検索します）。

写真を見る

最初のタブ（写真）を選択すると、下に新しいオプションが表示されます：年、月、日、すべての写真。多くの人と同じように、携帯電話には何千枚、何万枚もの写真があることでしょう。これで、探しているものを簡単に見つけることができる。

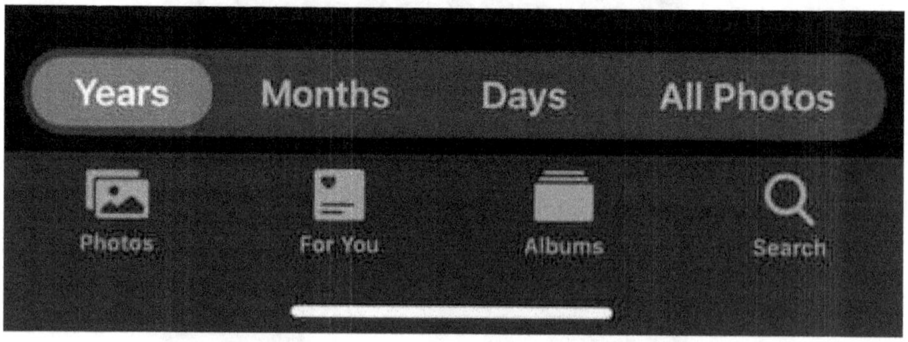

また、思い出を共有するのも簡単になる。例えば、元旦に撮った写真を妻と共有したい。**Years** "で希望の年に移動し、"**Months**
"にスライドして**1**月を見つける。もう一度「日」にスライドして「**1**月**1**日」を見つけ、最後に右上の木の点をタップして写真のオプションを表示する。これですべての写真が集められ、いくつかのオプションが表示される：共有する、ムービーにする、地図上に表示する。

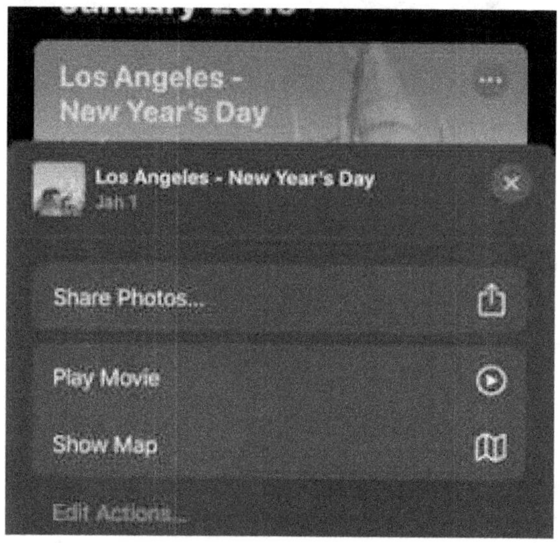

共有を選択すると、共有方法を尋ねられる。を選んで妻に写真をメールした。

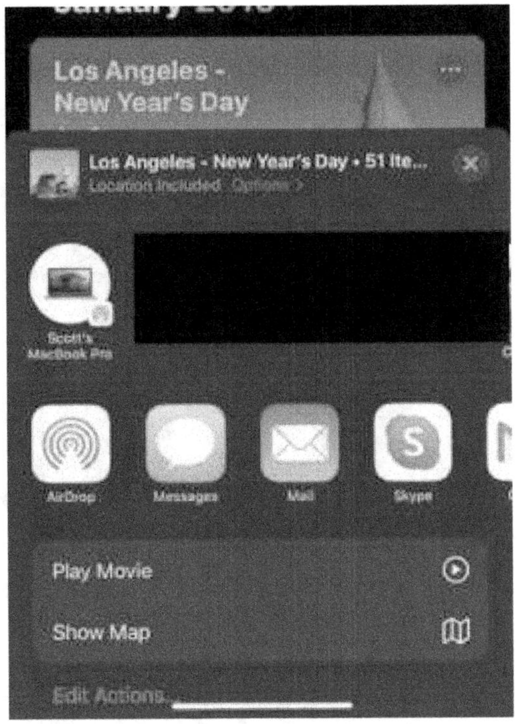

ここから、彼ら全員にiCloudのリンクが割り当てられ、そのリンクがテキストメッセージに挿入される。リンクがテキストメッセージに挿入される。妻が受け取ったときには、51枚の写真が表示されるのではなく、すべての写真の撮影場所へのリンクが表示される。そうすれば、妻は写真を見ることも、ダウンロードすることも、数枚だけ選んでダウンロードすることもできる。

あなたのために

あなたの携帯電話がかなりスマートであることは、もうお気づきだろう。あなたが誰で、何が好きなのかを把握するために、バックグラウンドで様々なことが実行されている。特定のエリアで写真をたくさん撮ると、それを認識して思い出としてマークし、このセクションに割り当て始めます。写真を共有したり、ムービーにしたりと、写真と同じことができる。

思い出を開くと、右上のオプションをタップして、思い出をブロックしたり削除したりできる。

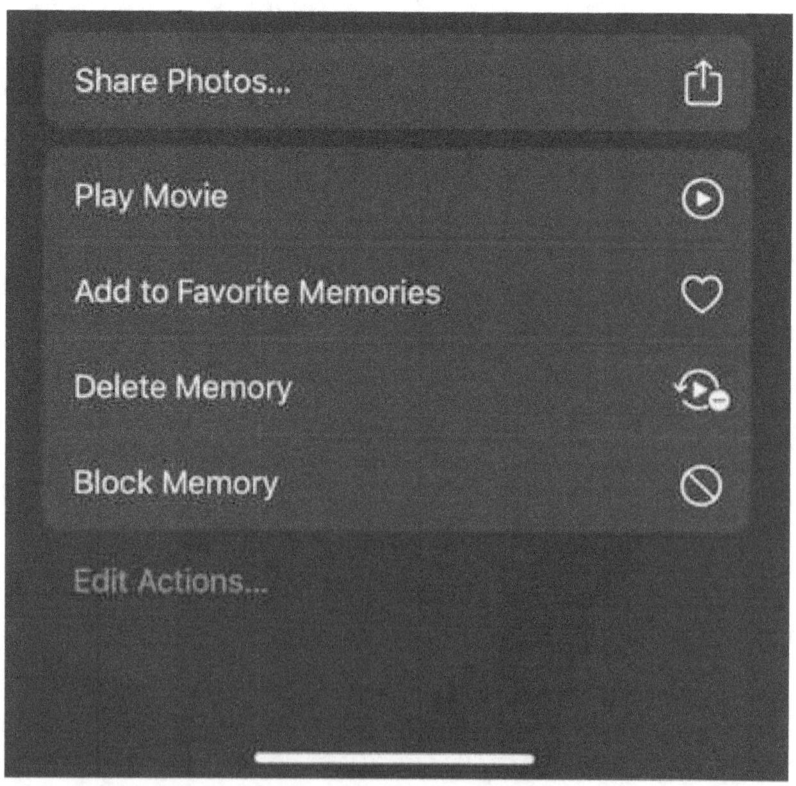

メモリーでムービーを再生する場合（これはムービーにするアルバムにも適用される）、どのように表示するか（短いクリップか中程度のクリップか）、どのようなエフェクト（音楽など）をかけるかを編集できる。

アルバム

アルバムは、本当に整理を始めることができる場所です。写真に「いいね！」ボタンを押すと、「お気に入り」フォルダに移動します。そのフォルダがここにあります。アルバムを追加するには、**+**ボタンをタップします。

新規アルバムを作成するか、新規共有アルバムを作成するかを尋ねられます。最初のオプションはあなたが見るもので、2番目はあなたが他の人に公開するものです。

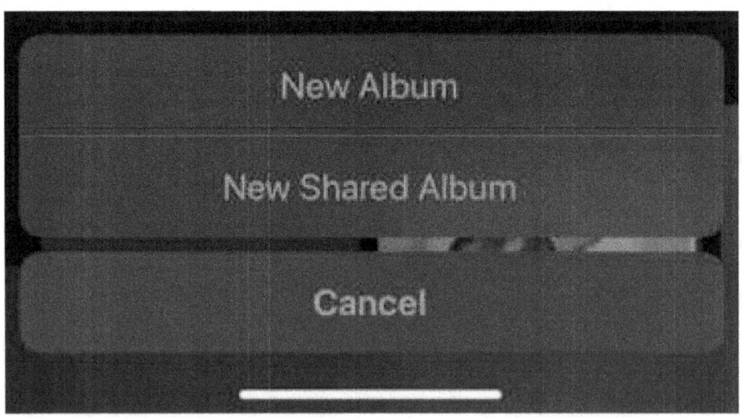

共有アルバムを作成すると、最初に名前を付けるよう求められます。

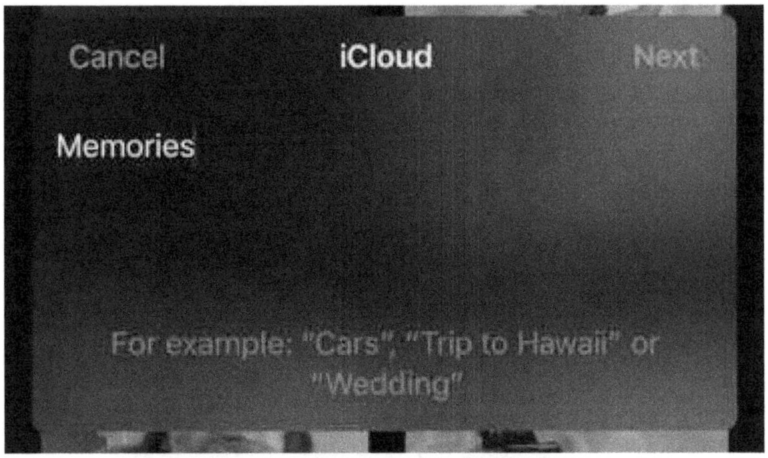

次に、共有したい相手を選択します（今は空欄のままでもかまいません）。

この後、空白の共有アルバムが表示されます。

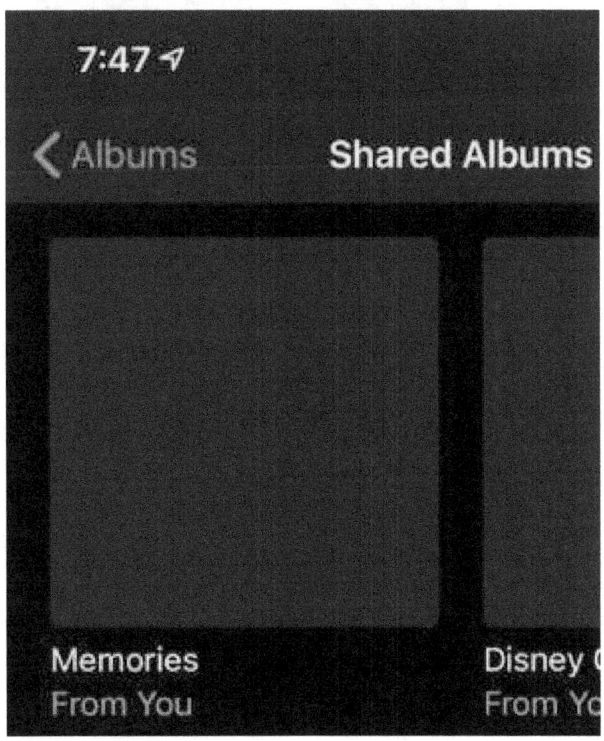

アルバムをタップすると、写真の追加が始まります。

一番下の「人々」を選択すると、そのアルバムを見るために人々を招待することができます。例えば、結婚式を挙げたばかりなら、出席者全員にアルバムを共有し、自分が撮った写真を追加してもらうことができます。また、アルバムを削除する場合は、"People "に移動します。

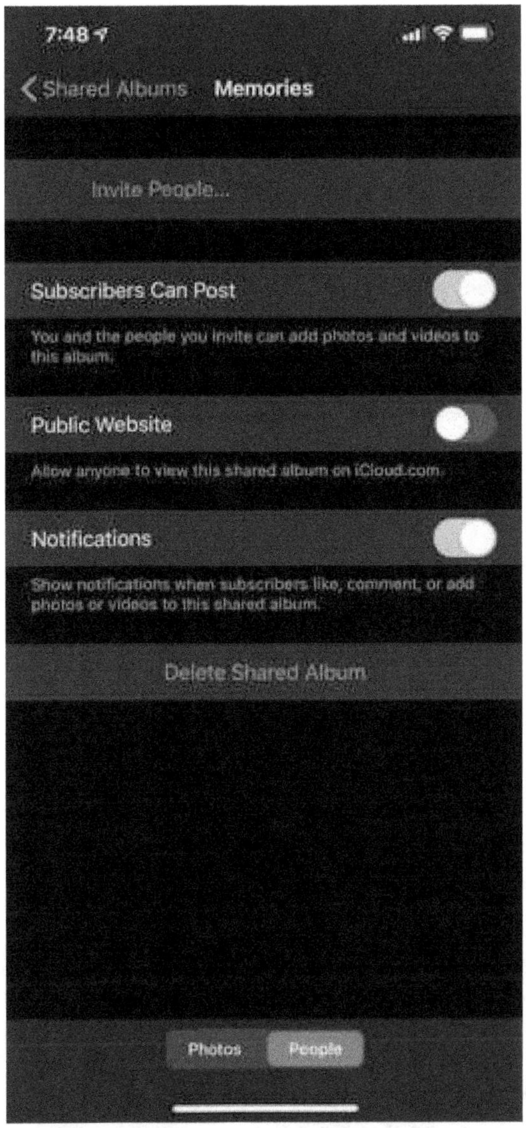

また、いつでも「People」に入り、アルバムのメンバーである人の名前をタップして削除することもできます。

検索

検索はかなり賢い。テキストがないのにどうやって写真を検索するのかと思うかもしれない。方法はいくつかある。

写真を撮ると、その場所にジオタグが付けられる（言い換えれば、撮影された場所（都市名か、場合によっては実際の地名）が表示される。

もうひとつの方法は顔認識だ。写真を撮ると、スマホの中のAIがそれをスキャンして、人や動物に気づくかどうかを確認する。

下の例では、パパをタップすると、パパが写っている写真をすべて見ることができる。また、上のボックスで場所とパパを検索すると、その場所でパパが写っている写真をすべて見つけることができる。

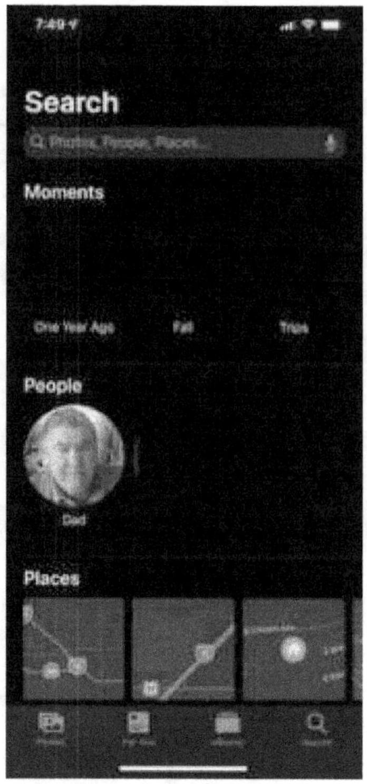

例を挙げると、私は南カリフォルニアに住んでいて、子供がいるので、ディズニーランドによく行く。ディズニーランドを検索すると、そこで撮ったすべての写真が表示される！さっきも言ったように、僕はディズニーランドによく行くんだ。

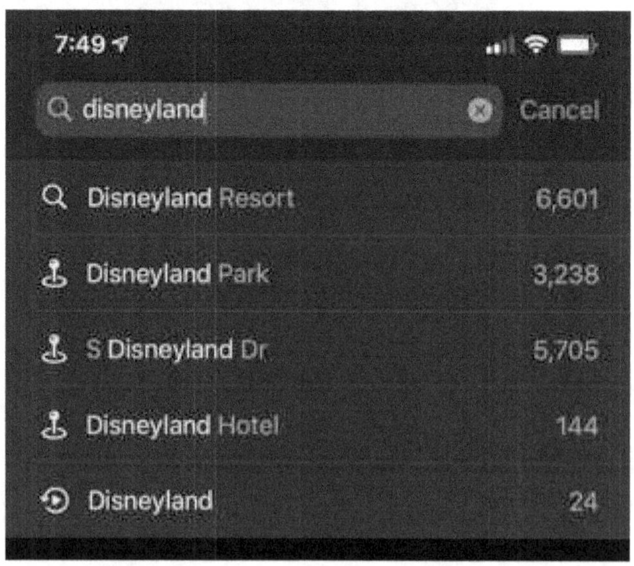

検索結果がとても多いので、検索に他のものを加えることができる。例えば、ナッシュビルを検索して、食べ物が写っている写真だけを検索したり、冬に撮られた写真だけを検索することもできる。

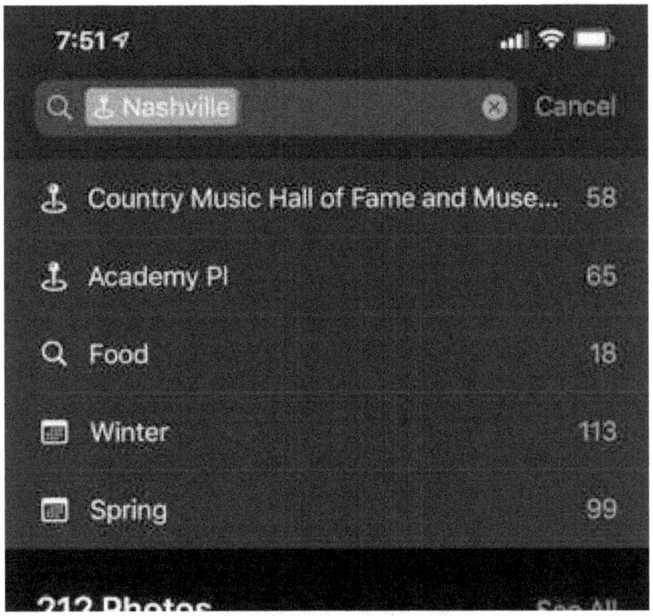

他のことに関しては、検索はそれほど賢くはないが、進化している。例えば、物体を検出することはできるが、人間ほど正確ではない。しかし、動物に対してはかなり良い仕事をしてくれる。

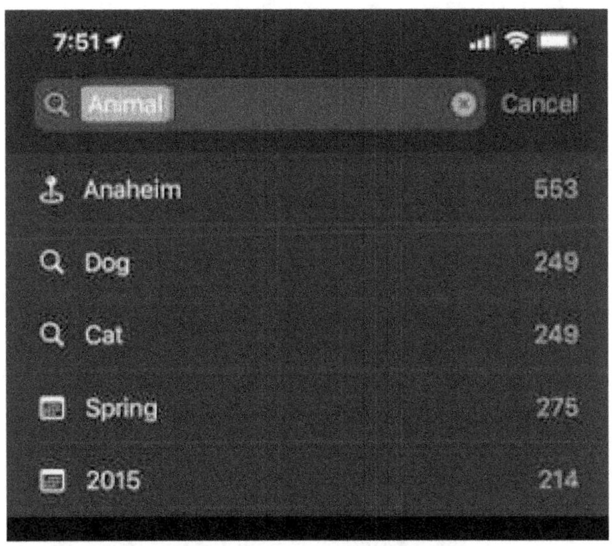

多くの写真に写っている人物がいる場合、その人物は「Unnamed Person」として表示されます。その人物に名前を付けると、その人物が写っているすべての写真がその名前で表示されるようになります。

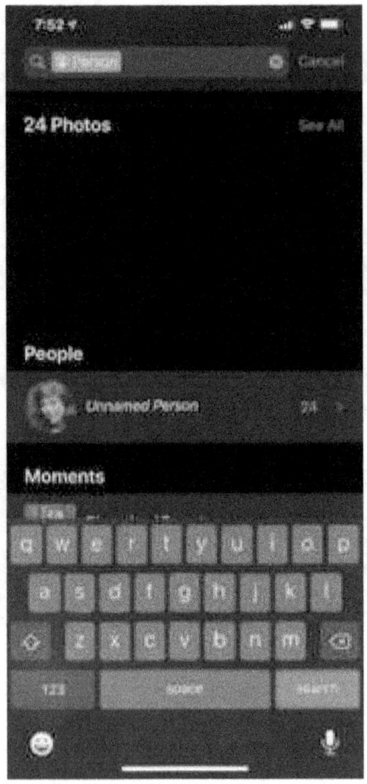

人物をタップすると、右上のオプションを選択し、写真を共有したり、ムービーにしたりすることができる。また、追加写真を確認するオプションもあり、AIがあまり自信がなさそうな写真を見ることができる。

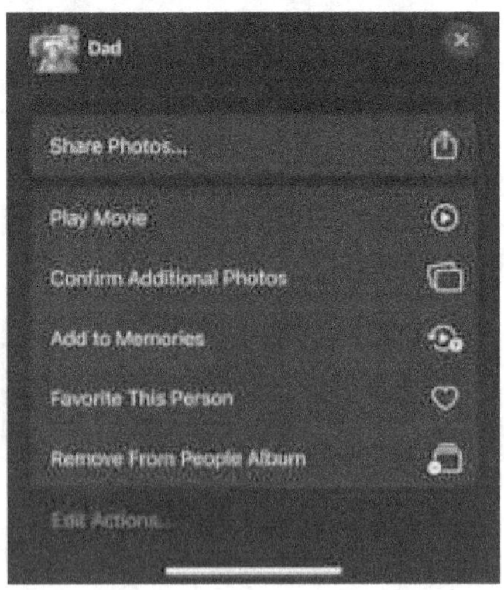

写真を隠す

ユニコーンに乗りながらチュチュを着ている写真とか。それとも私だけ？

特定の "写真

"を非表示にして、自分だけが見られるようにしたいのであれば、それはオプションです。以前は非表示にしてもアルバムには表示されていました。非表示のようなもの」でしたが、非表示というより見つけにくくなっていたことにほとんどの人が同意すると思います。

iOS
15以降では、このフォルダを完全に隠す機能が追加された。設定」アプリから「写真」を開き、「隠しアルバム」までスクロールします。.オンに設定されている場合、隠しアルバムはアルバムのユーティリティエリアに表示されます（私が言ったように、見つけにくくなりますが、実際には隠れていません）。オフにすると、どこにもありません。画像はクラウドに保存されます。画像はクラウド上に保存・保管されます。で「ユーティリティ」までスクロールする。そうすれば、非公開のはずの写真が "偶然
"共有されたという話を聞くこともなくなるだろう。

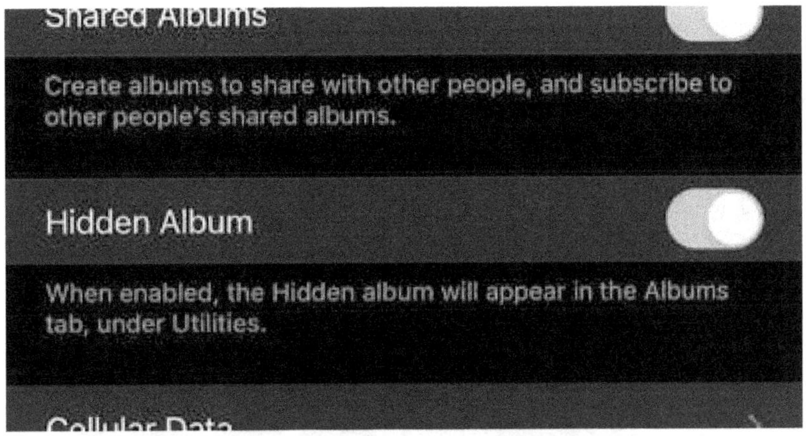

写真を非表示にするには、写真を見つけて選択し、共有アイコンをタップする。

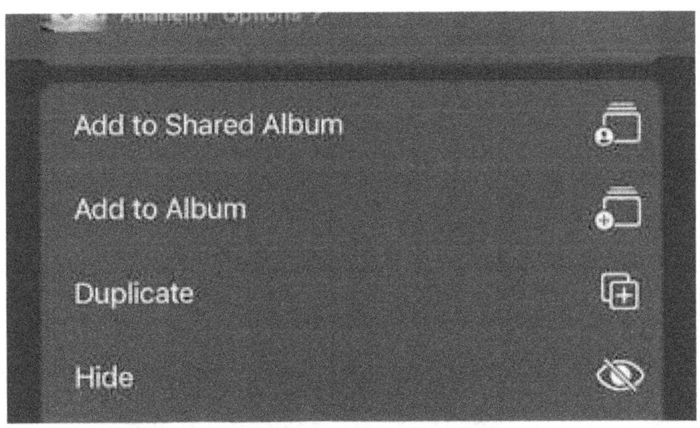

本当に非表示にしたいのか確認されます。後で気が変わった場合は、非表示のアルバムに入り、同じ方法で非表示を解除します。一度に複数の画像を選択して、グループとして非表示にすることもできます。

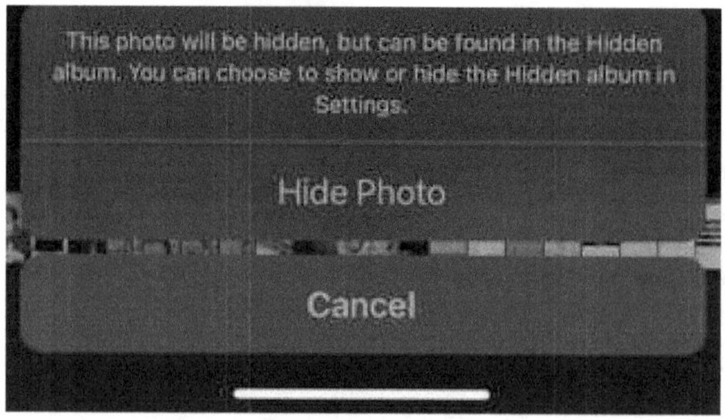

キャプション写真

写真を上にスワイプすると、写真を変更したりフィルターを追加したりできるほか、キャプションを追加することもできる。キャプションは後で検索することもできる。

写真の複製

写真やビデオは、おそらくすぐに携帯電話の容量を最も多く占めることになるだろう。しかも、多くの写真は重複している。こうなる理由はたくさんあります。下の画像を見ると、1,000枚以上重複していることがわかります！写真アプリを開き、「アルバム」をタップし、一番下の「ユーティリティ」から「重複」を選択すれば、これを一掃することができます。

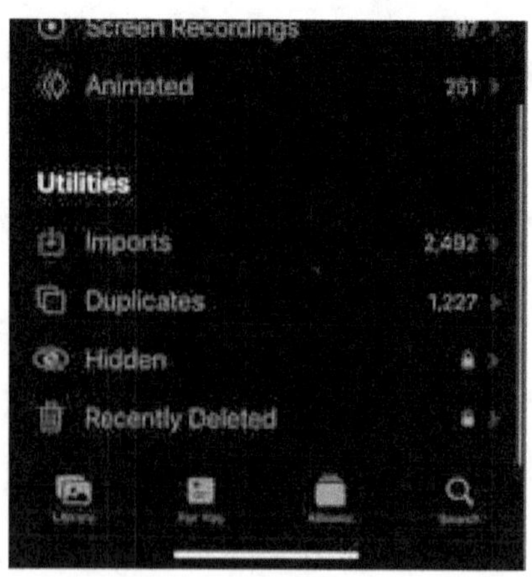

これは、あなたの携帯電話上のすべての重複を表示します。2つのコピーは不要ですか？結合をタップしてください。結合されます。2つの画像のサイズが異なる場合、最高品質の画像を保持します。

共有ライブラリー

アルバムの共有はiOSでは目新しいことではない。しかし、ライブラリの共有は全く異なるものです。ライブラリを共有することで、あなたのすべての写真、またはあなたが日付範囲などの閲覧許可を与えた写真にアクセスできるようになります。このクールな機能のひとつは、写真を撮ったときにそのフォルダに直接共有できることです。その設定方法と仕組みを見てみましょう。

開始するには、設定に入る必要があります。設定]から[写真]に移動し、[共有ライブラリ]オプションをクリックします。

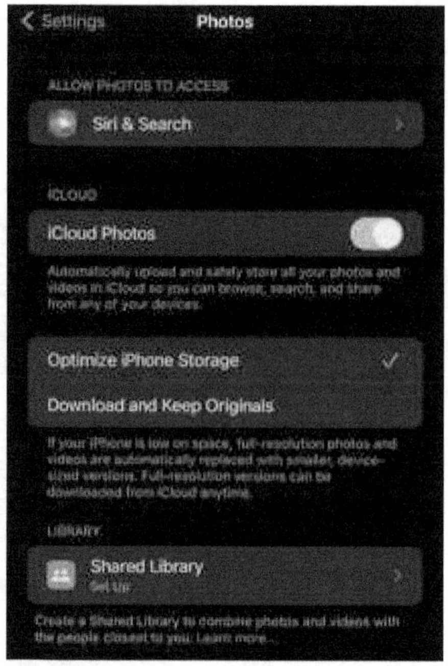

青い "Get Started "オプションをタップしてください。

すべての写真を共有するのだから、おそらく肉親だけを選択したいだろう。

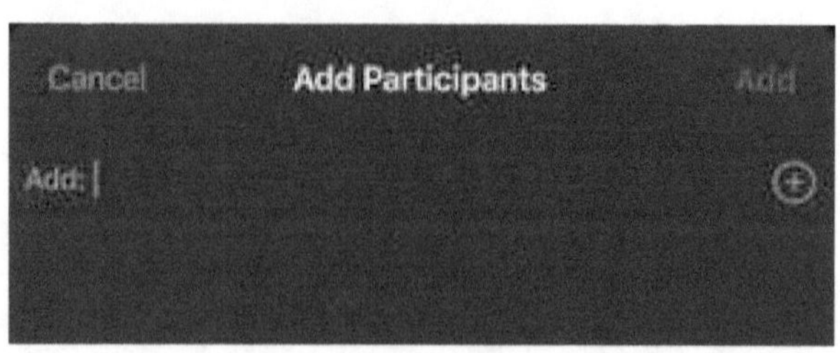

次に、共有したい写真を選択します：すべての写真、写真の日付範囲、または手動で選択します。

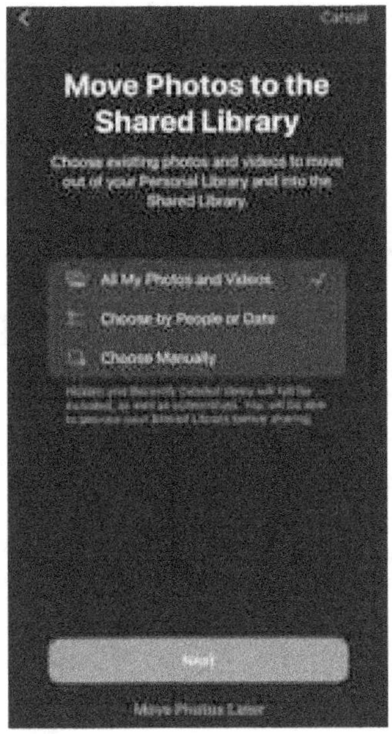

次に、共有内容のプレビューが表示される。私の場合、50,000枚近い写真と4,000本の動画を共有していることがわかる。同じようなものを共有する場合、おそらく長時間処理中の画面が表示されることだろう。

ここから、どのように写真を見てもらうかを決める。

送信したメッセージには、小さなサムネイルとリンクが表示されます。

また、カメラから直接共有するかどうかも尋ねられる。

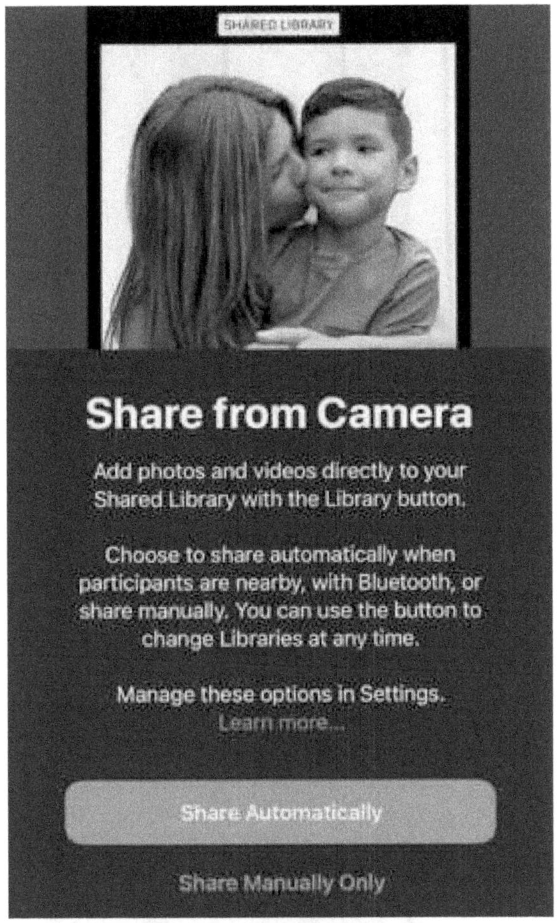

カメラに関する質問に答えたら、共有の準備は完了です。

写真に入り、すべての写真の右上にある小さな3つの点をクリックすると、さまざまなライブラリを表示するオプションがあることにお気づきでしょう。

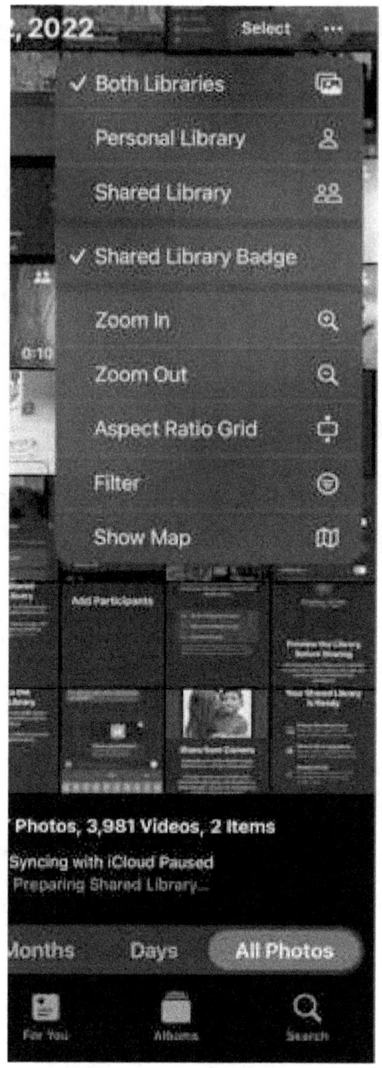

カメラアプリに向かうと、小さな人物のアイコンのオン／オフが切り替わります。

オフは、共有ライブラリで撮影した写真を共有しないことを意味し、オンは共有することを意味します。

写真（思い出）

バケーションのスライドショーを共有するのに技術が必要だった昔のことを覚えているだろうか？iPh-
oneでは？バケーションのスライドショーを共有するのに技術が必要だった昔のことを覚えているだろうか？トランジションや音楽を使ったムービー・メモリーを作成すれば、メールやテキストであっという間に共有できる！しかも見栄えもいい！

始めに、写真アプリに行き、アルバムをタップし、新しいアルバムを作成するために+アイコンを選択するか、または既存のアルバムを使用することができます。

次にニューアルバムを選択する。

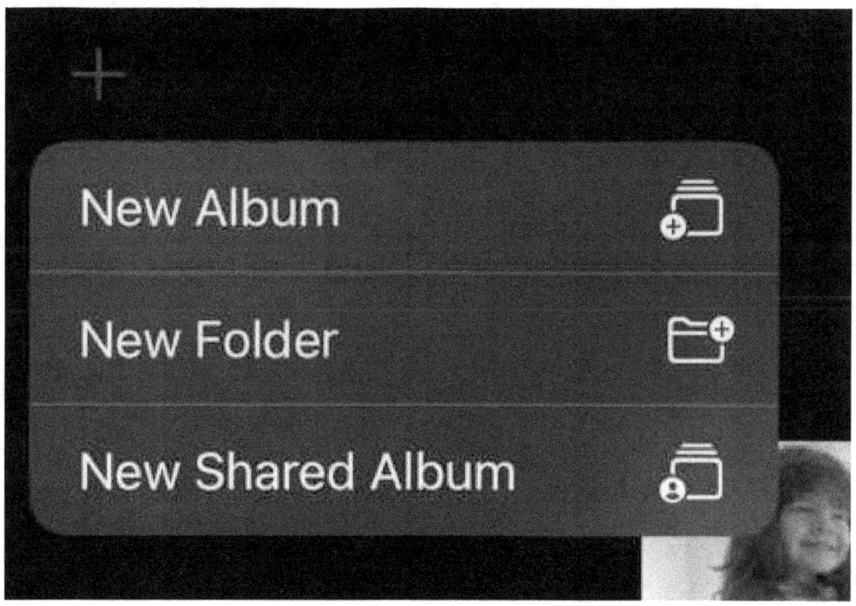

そして最後に、アルバムに名前を付け、そこに入れる写真を選択する。

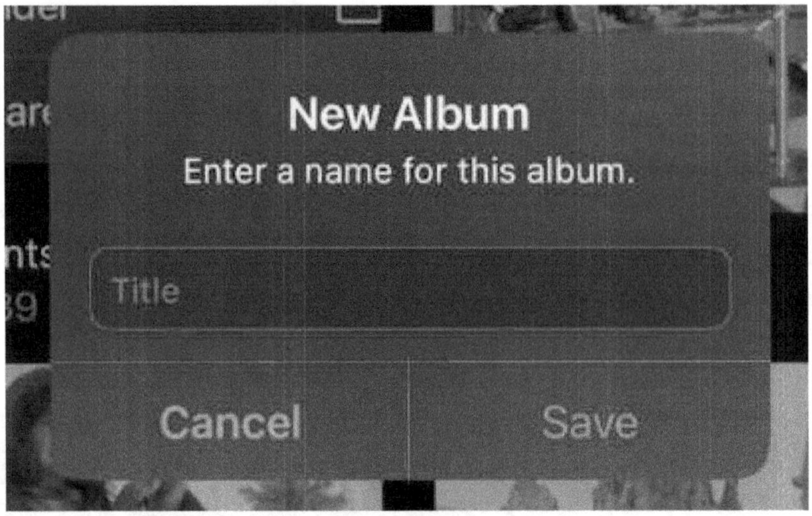

私は何年もの間、クリスマスというものを作ってきた。

このアルバムのビデオを作成するには、右上の3つの点をタップし、メモリームービーの再生を選択します。

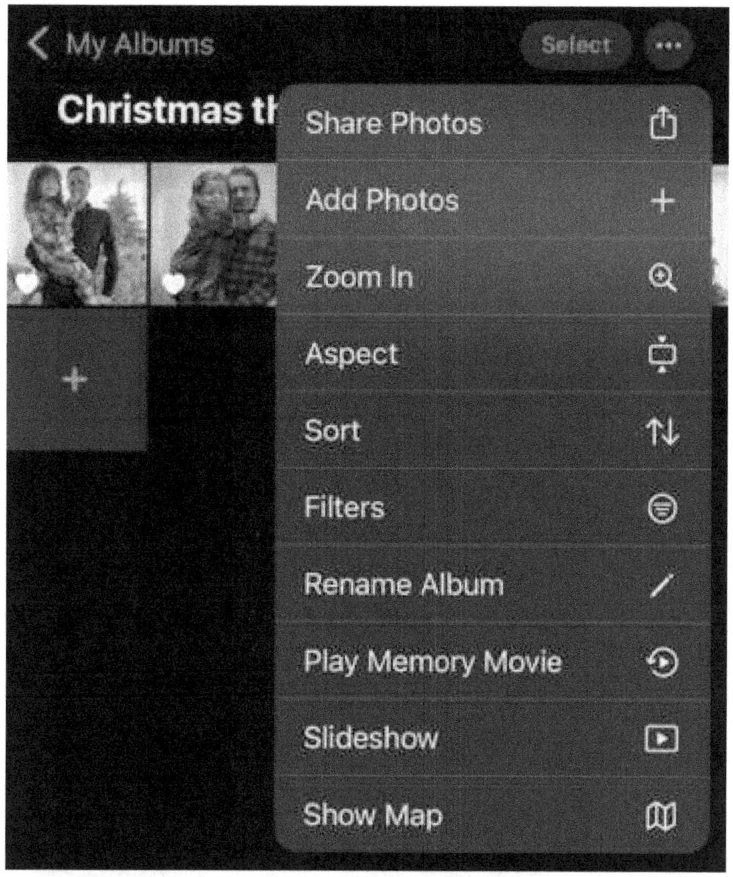

アップルに何も言わなくても、これらの写真がホリデー期間中のものであることを認識し、クリスマス・ミュージックをビデオに添付する。誰かと共有したい場合は、右上の「共有」をタップしてください。

次に、共有する方法と相手を選択し、あとはiPhoneに任せる！

音楽を変更するには、左下隅の音楽アイコンを選択し、音楽の追加アイコンを選択します。

アップルは写真に合うと思われる曲をいくつか提案する。曲を検索したい場合は、虫眼鏡をタップする。

音楽のアイコンをタップすると、音楽を追加するアイコンの右側に3つの丸があります。それを使ってムービーの見え方を調整できます。

数種類のルックスから選ぶことができる。お好きなものをタップしてください。

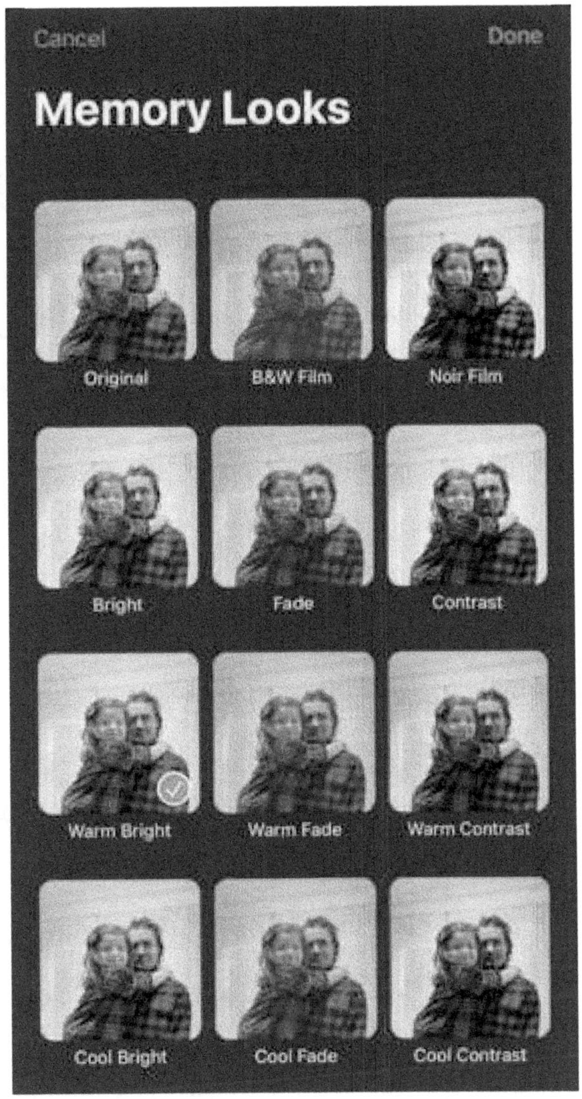

上を見る

iPh-
oneの写真はスマートだ！下の写真を見てください。犬であることはわかりますが、どんな犬か（つまり犬種）を知りたい場合はどうすればいいでしょうか？

上にスワイプすると、アップルが写真の中に何か重要なものを認識した場合（常にうまくいくとは限りません）、「Look
Up」と表示され、その横にそれが何であるかが表示されます。下の写真では犬ですが、食べ物かもしれないし、他の種類の動物かもしれない！

Look Upをタップすると、写真に写っているものを教えてくれ、さらに見るためのページが表示される。

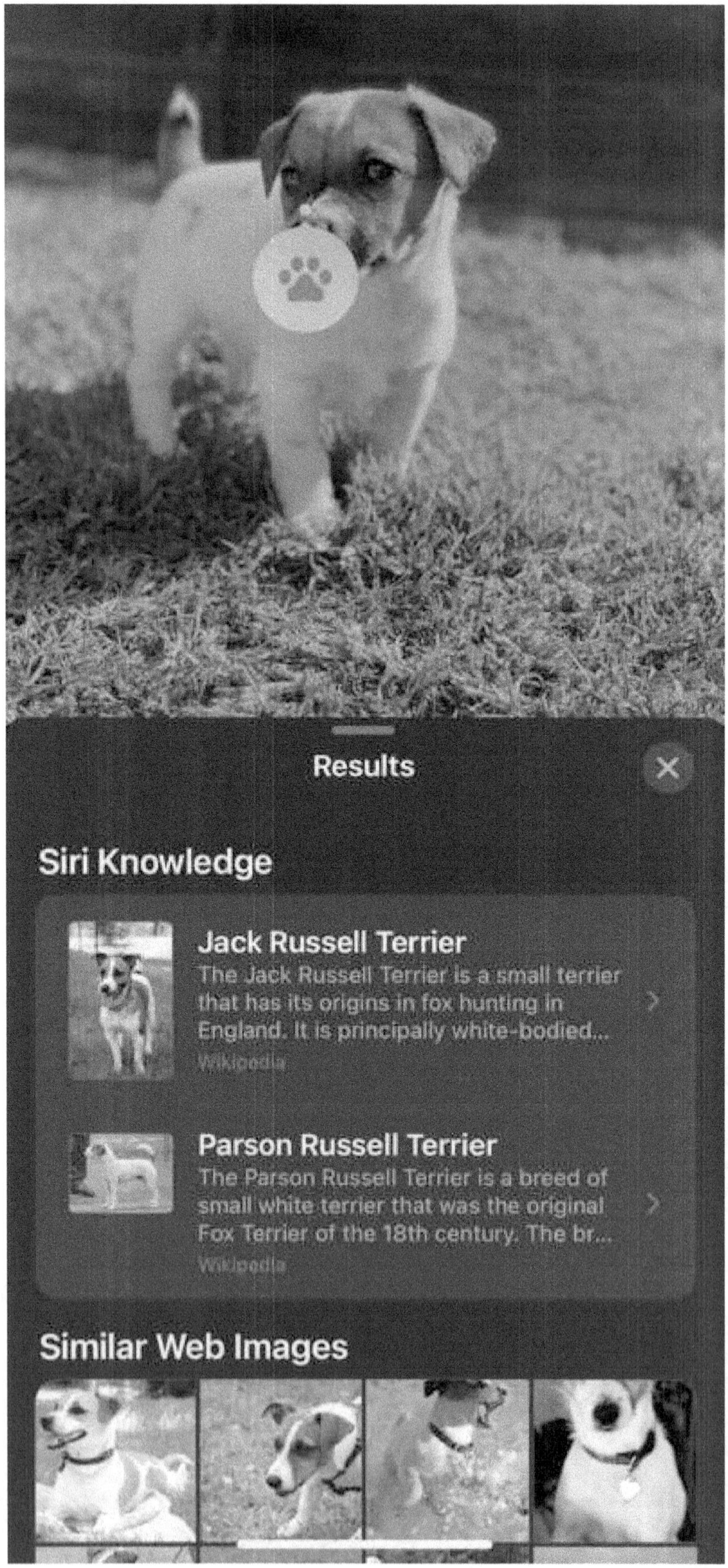
Results
Siri Knowledge
Jack Russell Terrier
The Jack Russell Terrier is a small terrier that has its origins in fox hunting in England. It is principally white-bodied...
Wikipedia
Parson Russell Terrier
The Parson Russell Terrier is a breed of small white terrier that was the original Fox Terrier of the 18th century. The br...
Wikipedia
Similar Web Images

スマートテキスト

iPh-
oneは重要な場所を認識するだけではない。テキストも認識する。テキストの上で指をタップしたままにすると、それをコピーしたり、調べたり、翻訳することもできる。電話番号なら、写真をタップして相手に電話をかけることもできる！

アニ文字

この章で取り上げるのは

- アニ文字とは??
- アニ文字の使い方

独自のアニ文字を追加する方法

正直に言うと、アニ文字はちょっと不気味で、でも楽しい！
アニ文字って何？これはやってみないとわからない。簡単に言うと、Ani-
mojiはあなたを絵文字に変身させるのです。誰かにサルの絵文字を送りたい？それは楽しい
。でも、他にも楽しいことがあるでしょ？そのサルにあなたと同じ表情をさせること！

アニ文字アニ文字を使うときは、自分の前にカメラを置く。舌を出すと絵文字が舌を出す。ウィンクをすれば、絵文字はウィンクをする。つまり、自分の気持ちをそのまま絵文字にして相手に送ることができるのです。

これを使うには、iMes-
sageのアプリを開きます。通常の方法でテキストを開始します。Appボタンをタップし、次
にAni-
mojiボタンをタップします。アニ文字を選び、タップしてフルスクリーンにします。カメラを直視し、あなたの顔を名声に入れます。録音ボタンをタップし、最大10秒間話します。プレビューボタンをタップしてアニ文字を見る。送信するには上向きの矢印ボタンを、削除するにはゴミ箱をタップします。

あなたに似た絵文字を作ることもできます。他のアニ文字の隣にある大きな「+」ボタンをクリックしてください。

髪の色から鼻のタイプまで、自分だけのカスタムアニ文字を送信するためのすべての手順を説明します。-髪の色から鼻のタイプまで。

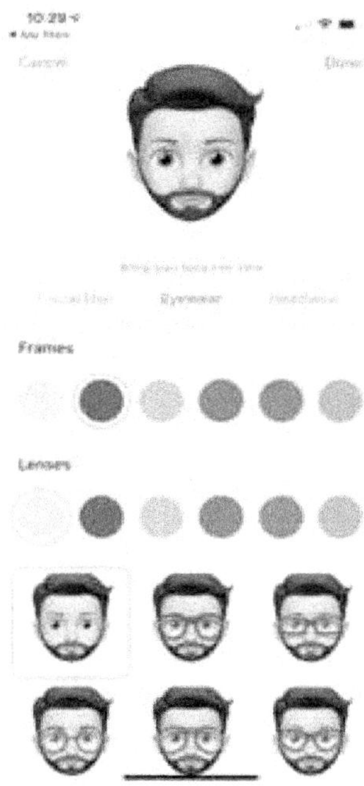

完了したら、送信の準備完了です。

メッセージのプロフィール写真にアニ文字が使えるようになりました。.
設定 > メッセージを選択し、「名前と写真を共有」を選択します。

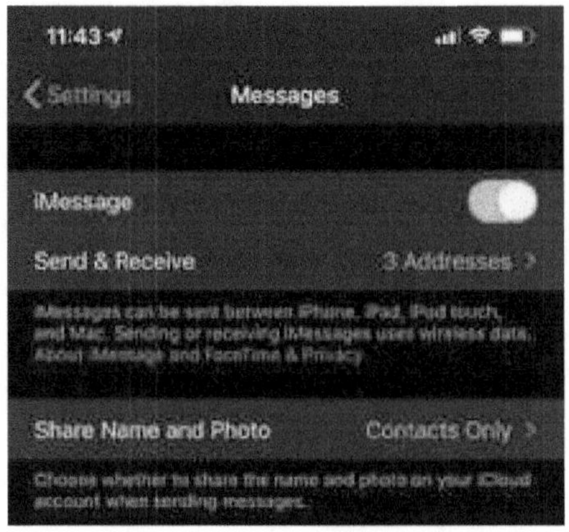

ここから、自分のアバターの下にある「編集」を選択し、写真を選択して、使用を許可します。

ヘイ、シリ

この章で取り上げるのは

- シリ

Siriのことはもうご存知でしょう。について、そしてSiriがあなたに何かを思い出させる方法について。そうでない場合は、サイドボタンを長押ししてください。

Siriはいつもと同じように動作しますが、より速く動作するよう、いくつかのアップデートが施されています。

Siriの最大の変更点はの最大の変更点は見た目だ。iOSの多くの変更のテーマは、すでに機能しているものをいかに最小化するかということだ。Siriの場合、それは見た目を小さくすることを意味します。より邪魔にならない方法で起動するようになりました。

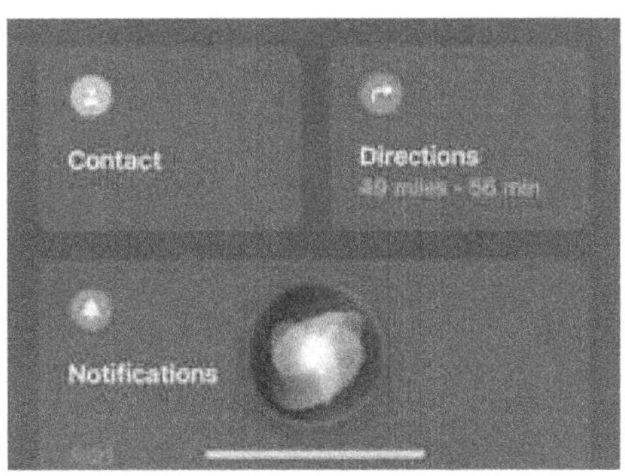

彼女の返信は、気が散ることも少ない。以前はフルスクリーンの返信が表示され、答えを見るために今していることから離れなければならなかった。今は少しスペースが空くだけだ。

では、Siriを使って具体的に何をするのか。まず最初にすべきことは、Siriを家族に紹介することです。を家族に紹介することです。Siriはとても賢いので、あなたの家族に会いたがっています。Siriを家族に紹介するには、ホームボタンを長押ししてSiriを起動し、こう言ってください："ブライアンは私の兄です"、または
"スーザンは私の上司です"。関係を確認したら、次のように言うことができます：「兄に電話する」、「上司にメールする上司にメール"

Siriは位置情報にも対応している。どういう意味か？つまり、「朝8時に妻に電話するようリマインドして」と言う代わりに、「退社時に妻に電話するようリマインドして」と言えば、オフィスを出たらすぐにリマインダーが届くということです。Siriは最初は少しイライラするかもしれないが、携帯電話の最もパワフルなアプリのひとつなので、ぜひ試してみてほしい！

誰だって待たされるのは嫌なものだ。お腹が空いているのに1時間も待たされるほど嫌なことはない。Siriがあなたの代わりに予約をして、あなたの生活を楽にしてくれます。この機能を使うには、アップルのAppストアにある「OpenTa-
ble」という無料アプリ（無料アカウントも必要）が必要です。このアプリはレストランからの支払いで収益を得ているので、使うのにお金がかかる心配はない。このアプリをインストールしたら、Siriを起動して（電源が入るまでホームボタンを押してください）、「Siri、オリーブガーデンの予約をして」と言うだけです。すべてのレストランがOpenTa-
bleに参加しているわけではありませんが、何百というレストランが参加しています。

Siriは進化し続けている。そして最新のアップデートで、アップルは彼女にスポーツについて知っておくべきことをすべて教えました。さっそく試してみましょう！ホーム」ボタンを長押ししてSiriを起動し、次のように話しかけましょう：「キングスの試合のスコアは？」「リーグトップのホームラン数は？

シリは映画に関しても少し賢くなった。ピーター・ジャクソン監督の映画」と言うと、リストが表示され、あらすじ、Rotten Toma-
toesのレビュー評価、場合によっては予告編や映画購入のオプションまで表示されます。また、「映画の上映時間」と言えば、近くで上映中の映画が表示される。現時点では、映画のチケットを購入することはできないが、そのオプションがすぐに登場することは想像に難くない。

最後に、Siriがアプリを開いてくれます。アプリを開きたい場合は、「開く」とアプリ名を言うだけです。

新しいiOSでは、Siriにショートカットを追加できます。設定」>「Siriと検索」>「ショートカット」で確認できます。

シリショートカット

シリショートカットは、あなたの携帯電話で最もパワフルなアプリケーションのひとつです。そして、おそらくほとんどの人が使ったことのないアプリです。それは何ですか？

ショートカットという表現は適切ではないかもしれない。オートメーションの方が正しい。それはSiriにに教える方法です。

例を挙げよう：

携帯電話をCarPlayに接続する際、プレイリストがあるとします。.いつもシャッフルで再生する。目的地に着いたら停止する。

昔のやり方は手動だった。新しいやり方は、携帯電話を接続するだけで、あとは携帯電話に任せるというものだ。

あなたがすることはまったくない。

シリショートカットiOSでは、プリインストールされたネイティブのアプリがすべて電話機に組み込まれているため、より簡単になります。

ショートカットと自動化

最初にアプリを開くと、下にショートカット、オートメーション、ギャラリーの3つのメニューが表示される。何が違うのか？

ショートカットは、アプリのように携帯電話に追加できるもので、ホーム画面にショートカットを表すアイコンを表示することができる。「オートメーション「例えば、CarPlayに接続すると、携帯電話はXの動作をします。例えば、CarPlayに接続すると、電話はXを実行します。

ショートカットの使用

ショートカットを作成するには、ショートカットメニューから "ショートカットを作成 "をタップします。

次に「アクションの追加

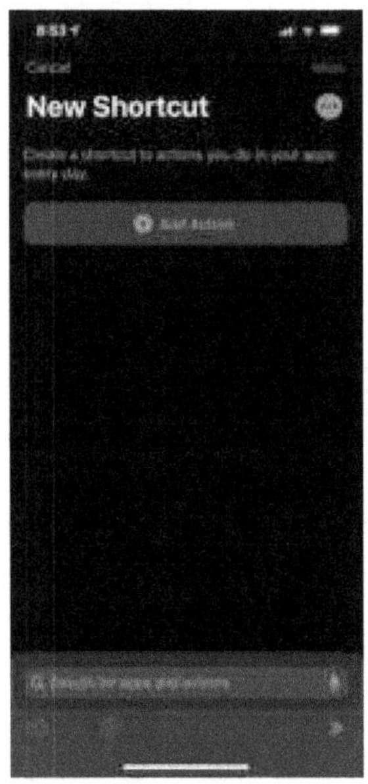

ここからショートカットを定義します。例えば、ワークアウトのプレイリストを再生したいときにショートカットを使いたいですか？"メディア
"をタップする。私は妻に電話するショートカットを作ろうと思います。候補の中から "電話 "と "妻 "を選択します。

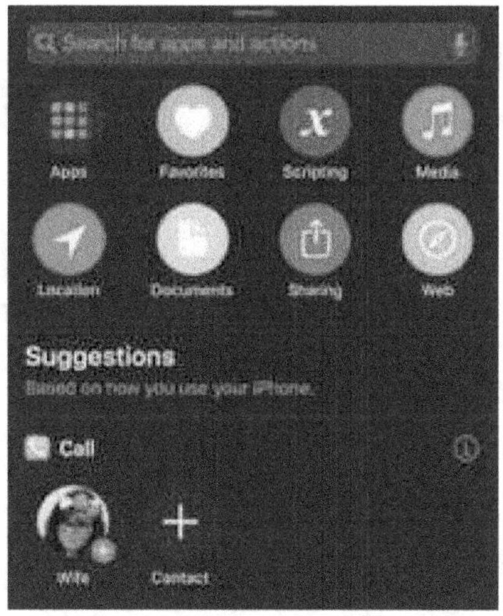

ショートカットが作成されます。ここから「+」ボタンをタップして追加アクションを作ることができる。例えば、彼女に電話するときはいつでも、現在の運転時間を取得して、自宅からの距離を彼女に伝えることができる。

つの点をタップすると、ショートカットをカスタマイズできる。

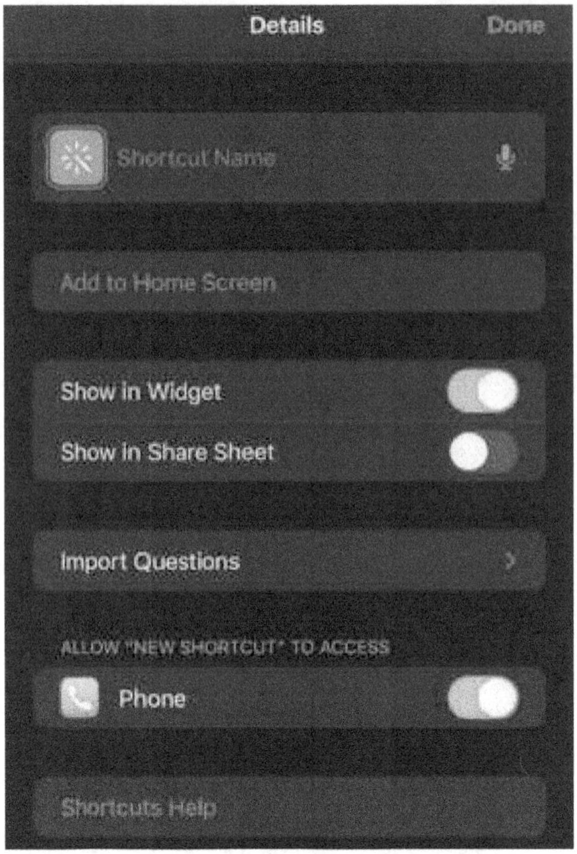

名前をつけたら、"ホーム画面に追加"でホーム画面に追加できる。ここから小さなアイコンをタップすると、カスタム写真を選んで割り当てることができる。

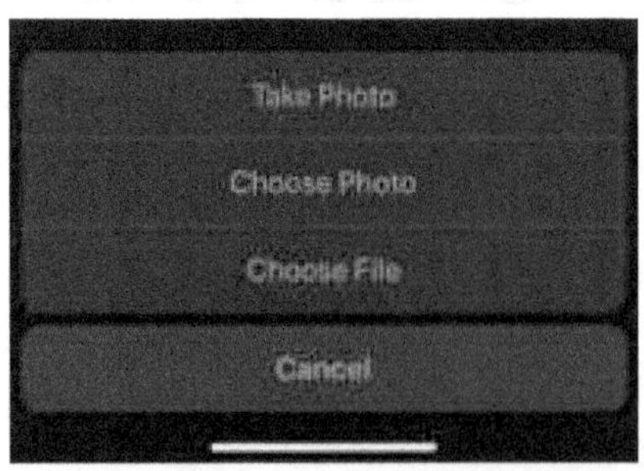

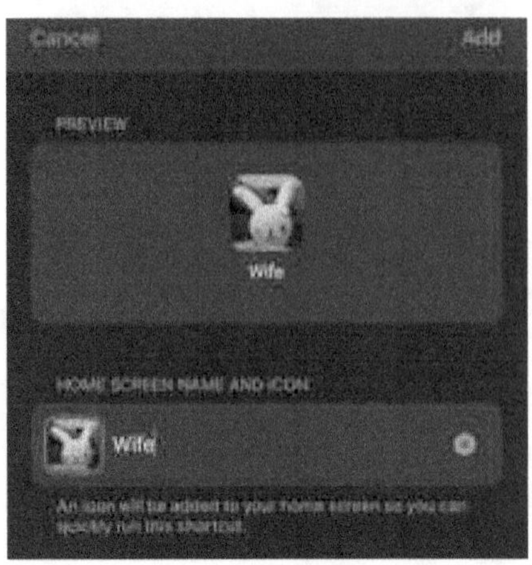

追加すると、ホーム画面に表示されます。

ショートカットはSiriショートカット」アプリにも表示されます。

削除するには、それを長押しする。次に "削除 "をタップします。

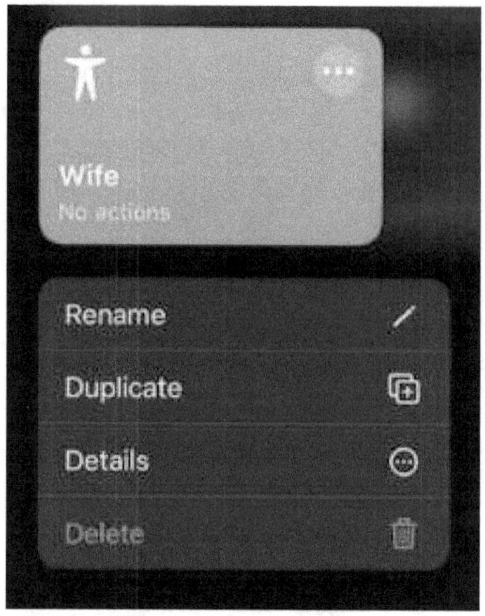

オートメーションの使用

オートメーションの追加は、ショートカットに使われる方法と似ている。Siriから「を選択します。を選択します。2つのオプションがあります。パーソナルオートメーションとホームオートメーションです。パーソナルオートメーションは、あなたのiOSデバイス上で使用するオートメーションです。ホームオートメーションは、家の中で誰でもアクセスできるもので、Homepodのようなものに最適です。

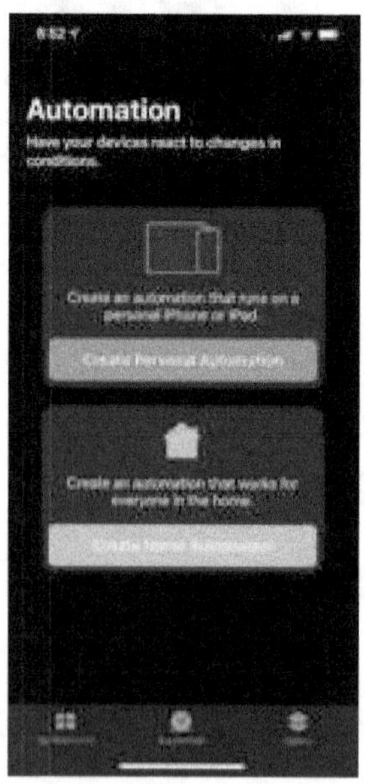

作成」を選択すると、一連の提案が表示されます。お好きなものを選び、手順に従ってください。

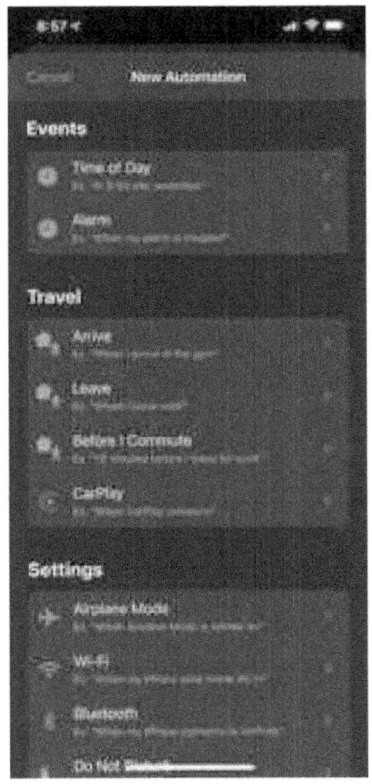

オートメーションを削除するには、スワイプして "Delete "を選択する。

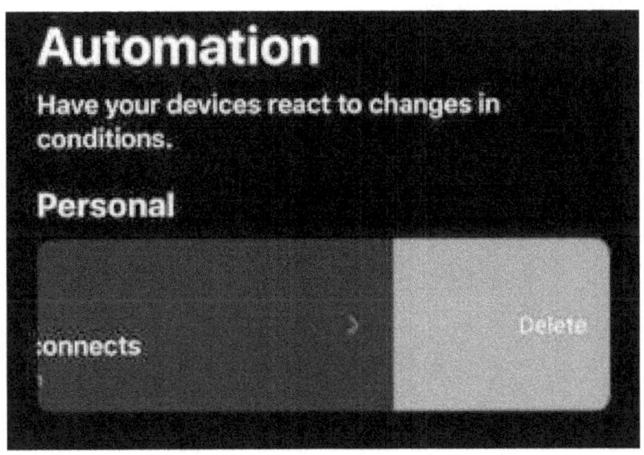

アップル・サービス

この章で取り上げるのは

- iCloud
- アップル・アーケード
- アップル・ミュージック
- テレビ+
- アップル・ニュース
- アップルカード

かつては年に数回、アップルが壇上に上がり、誰もが頭を抱えるような発表をすることがあった！iPhone！iPad！アップルウォッチiPod！

しかし、アップルもまた、ほとんどの人が毎年新しいハードウェアにアップグレードするわけではないという現実をよく知っている。そのようなとき、企業はどのようにしてお金を稼ぐのだろうか？一言で言えば、サービスだ。

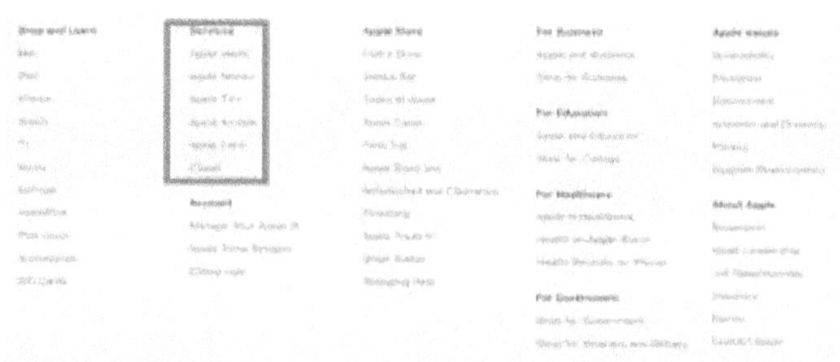

ここ数年（特に2019年）、アップルはいくつかのサービスを発表した。それは、人々がハードウェアを買わないときでもお金を稼ぎ続ける方法だった。

それがうまくいくためには、アップルはそれが良いものでなければならないことを知っていた。劣悪なサービスを提供し、アップルと書いてあるからお金を払うと期待することはできない。それは良いものでなければならなかった。そして、それは実現した！

本書では、これらのサービスを紹介し、最大限に活用する方法を紹介する。

iCloud

iCloudはアップルがあまり語らないが、おそらく最大のサービスだ。8億5000万人近くが利用していると推定されている。しかし、多くの人は自分がiCloudを使っていることに気づいていない。

それは一体何なのか？グーグル・ドライブに慣れている人なら、そのコンセプトはすでに理解していることだろう。オンライン・ストレージ・ロッカーだ。しかし、それだけではありません。iPhoneでメッセージを送れば、MacBookやiPadにも表示される。iPadでKey-noteプレゼンテーションに取り組めば、iPhoneで中断したところから続けることができる。

iCloudのさらに優れた点はのさらに優れた点は、手頃な価格だということだ。新機種は5GBが無料。それ以降の価格帯は以下の通り（印刷後に変更される可能性がありますのでご注意ください）：

- 50GB: $0.99
- 200GB: $2.99
- 2TB：9.99ドル

この料金はご家族全員分の料金です。つまり、5人がこのプランに加入している場合、各自が自分のストレージ・プランを持つ必要はない。また、購入したものも保存されるため、家族の誰かが本や映画を購入すれば、全員がそれにアクセスできる。

iCloudは、フォトライブラリが増えるにつれて、さらに強力になっている。以前は写真のサイズは比較的小さかったのですが、カメラの進歩とともにサイズが大きくなりました。iCloudを使えば、最新の写真は携帯に残し、古い写真はクラウドに置くことができる。iCloudを使えば、最新のものは携帯に残し、古いものはクラウドに置くことができる。また、一番大きなハードドライブを搭載した携帯にお金を払う心配もない。

iCloudはどこにある??

携帯電話を見ても、iCloudアプリは見当たらない。アプリはない。iCloudアプリがないからだ。iCloudアプリがないからです。"アプリがある。

iCloudを見るにはを見るには、コンピュータのブラウザでiCloud.comにアクセスしてください。

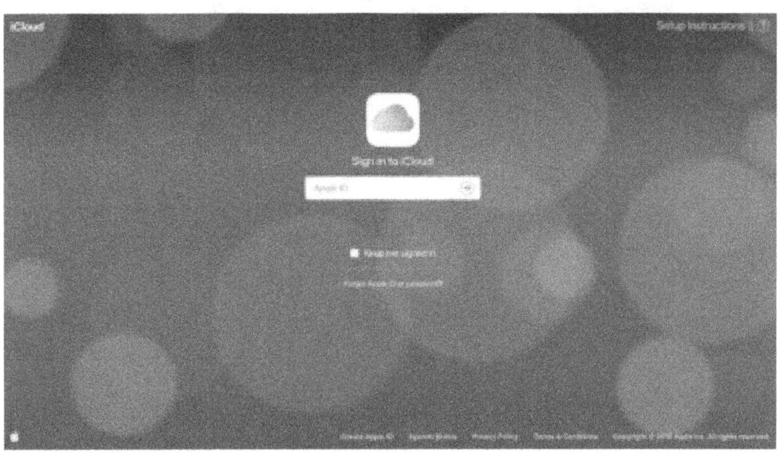

サインインすると、写真、連絡先、メモ、ファイルなど、クラウドに保存されているすべてのものが表示される。

さらに、iCloudiPhoneだけでなく、電話、時計、AirPodsまで、すべてのAp-
pleデバイスの場所を特定する「iPhoneを探す」を使う必要がある場合は特に便利です。.

iCloudで電話をバックアップする

iCloudについてまず知っておくべきことはについて最初に知っておくべきことは、iCloudを使って携帯電話をバックアップする方法です。これは、ある携帯電話から別の携帯電話に移行する場合に必要なことです。

もしiCloudアプリがない場合、どうすればいいのでしょうか？あなたが慣れ親しんだ伝統的な意味でのネイティブアプリはありませんが、設定アプリにはいくつかのiCloud設定があります。

設定アプリを開き、上部に自分の名前とプロフィール画像が表示されるので、それをタップする。

IDの設定が開き、電話番号やEメールなどを更新できる。オプションの1つはiCloud.それをタップする。

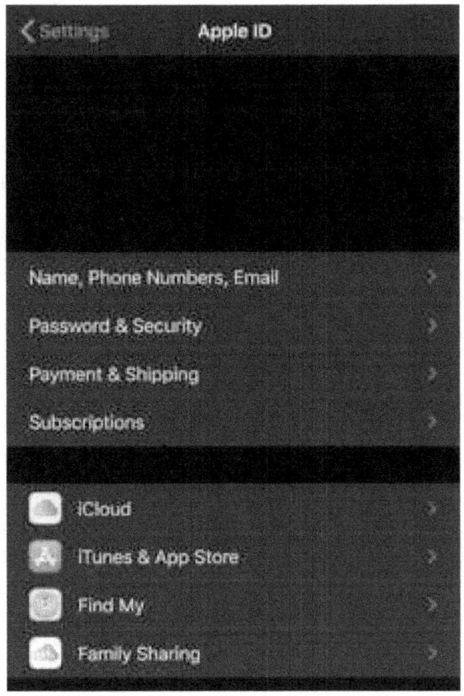

少し下にスクロールして、iCloudをタップします。

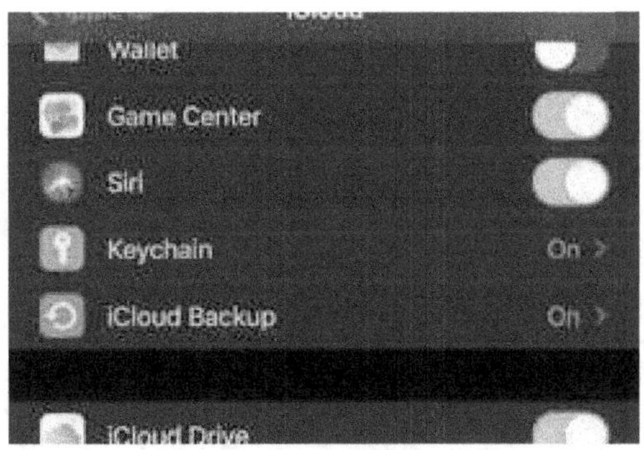

おそらくオンになっているはずです（トグルスイッチが緑色になっています）。手動で行いたい場合は、オフに切り替えてから「今すぐバックアップ」を実行してください。オフにした場合は、毎回手動でバックアップを取る必要があります。

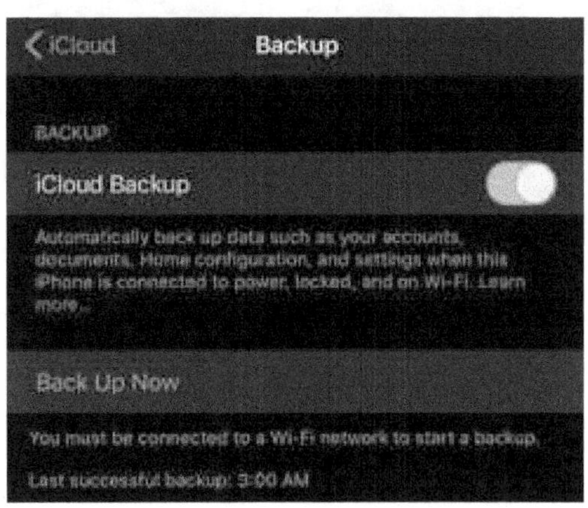

iCloudからから、iCloudを使用するアプリを変更したり、残りの容量を確認したりすることができます。私の場合、2TBプランですが、半分ほど使っています。

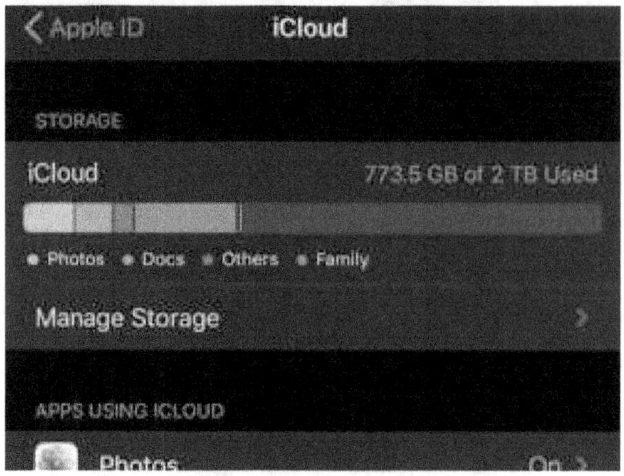

ストレージの管理」をタップすると、ストレージが使用されている場所を確認できます。また、このページからChange Storage Planをタップして、アカウントをアップグレードまたはダウングレードすることもできます。

家族の使用状況」をタップすると、どの家族が何を使っているかをより具体的に見ることができます。このページから共有を停止することもできます。

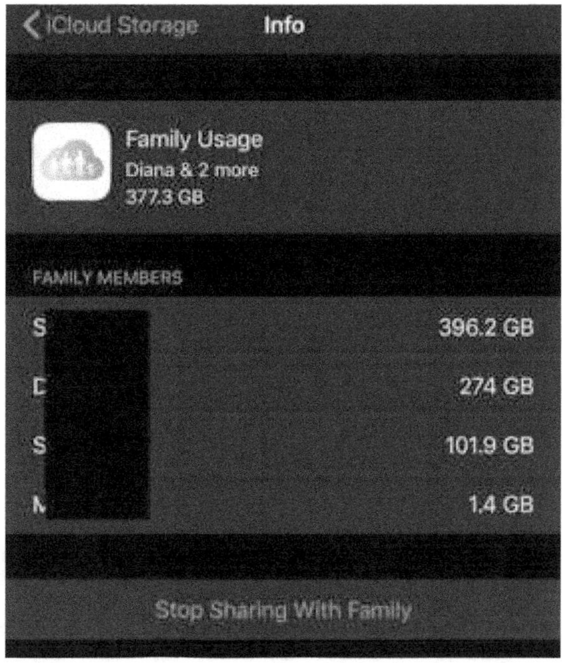

新しいデバイスへの移行

新しいデバイスを入手すると、セットアップ中に以前のデバイスに関連付けられたApple IDでログインするよう求められ、以前のデバイスから復元するオプションが表示されます。

iCloudで写真を共有する

iCloudで写真を共有・バックアップするには設定] > [写真]に進み、iCloud Photosが緑に切り替わっていることを確認します。ストレージが不足している場合は、下の「ストレージを最適化」オプションをチェックしてください。

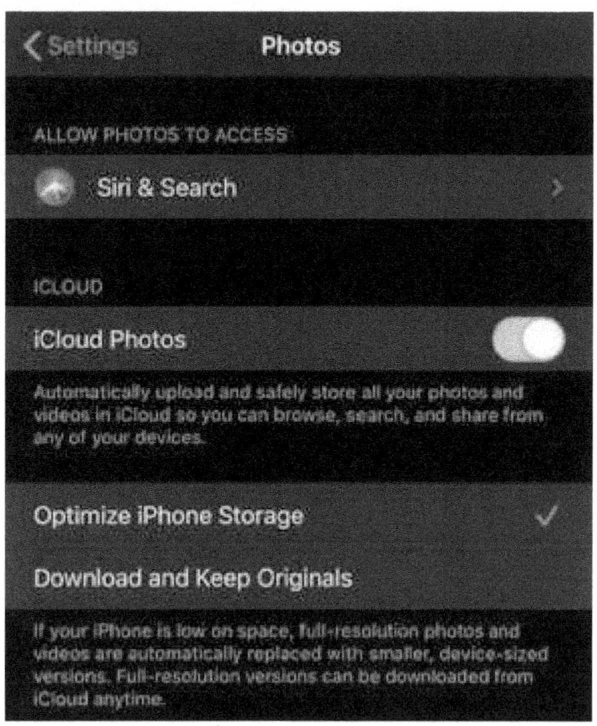

ファイルアプリ
クラウド・ファイルを見るには、Filesアプリを開きます。

最初に表示されるのは、最近のすべてのファイルです。

探しているものが見つからない場合は、一番下のタブで「Recents」から「Browse」に切り替えてください。

これは、より伝統的な外観のファイルエクスプローラーを開きます。

新しいフォルダを作成したり、サーバーに接続したり、書類をスキャンしたりしたい場合は、左上の3つの点をタップしてアプリのオプションを開きます。

ドキュメントのスキャンでは、従来のフラットベッドスキャナのようにカメラを使ってドキュメントをスキャン・印刷できます。

名前順に並べ替え」をタップすると、ファイルの並べ替え方法を変更できます。

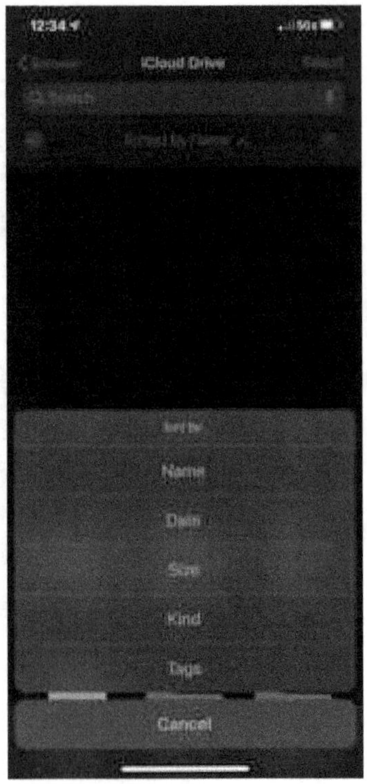

iCloud設定

iCloud設定のもうひとつの重要なセットは設定は「設定」>「一般」>「iPhoneストレージ」にあります。

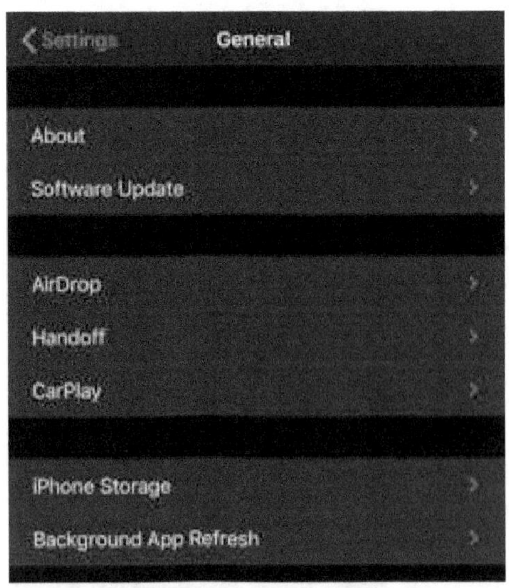

これをタップすると、アプリが使用しているストレージの容量が表示され、おすすめのアプリも表示される。

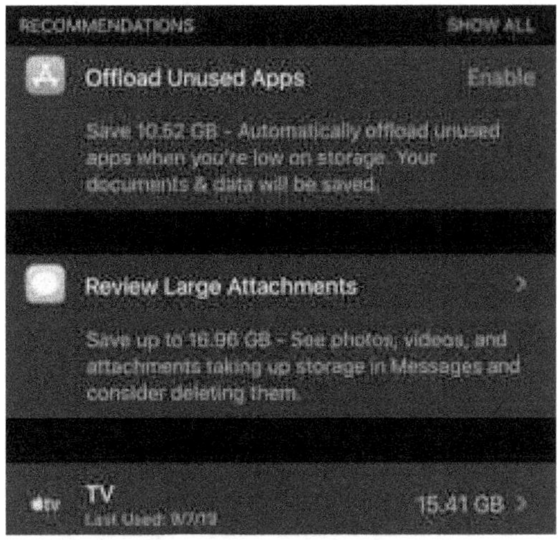

アップル・アーケード

アップル・アーケードは、ゲームのNet-
flixのようなものだ。月額4.99ドル（他の家族には追加料金はかかりません。）

この価格で100以上のゲームにアクセスできる。オンラインでゲームをプレイしなければならない一部のストリーミングサービスとは異なり、Apple Ar-
cadeでは、ゲームをダウンロードしてオフラインでプレイできます。iPhone、iPad、Apple TVなど、お手持ちのすべてのアップル互換デバイスでお楽しみいただけます。.スマートフォンでのプレイを中断しても、テレビやiPadで中断したところからプレイできます。

広告もなく、ペアレンタル・コントロールも使える。

登録方法

アップル・アーケードはアプリではありません。サービスです。好きなものだけをダウンロードできます。サインアップするには、アプリストアにアクセスし、Ar-
cadeをタップします。すると、Ar-
cadeのメインメニューが表示されるので、そこで「購読」をタップするだけです。

登録すると、ウェルカムメニューが表示されます。

アーケードメニューがダウンロードできるゲームに変わりました。お好きなゲームの"Get "をタップしてください。4.99ドルはアプリごとではなく全てに適用されます。

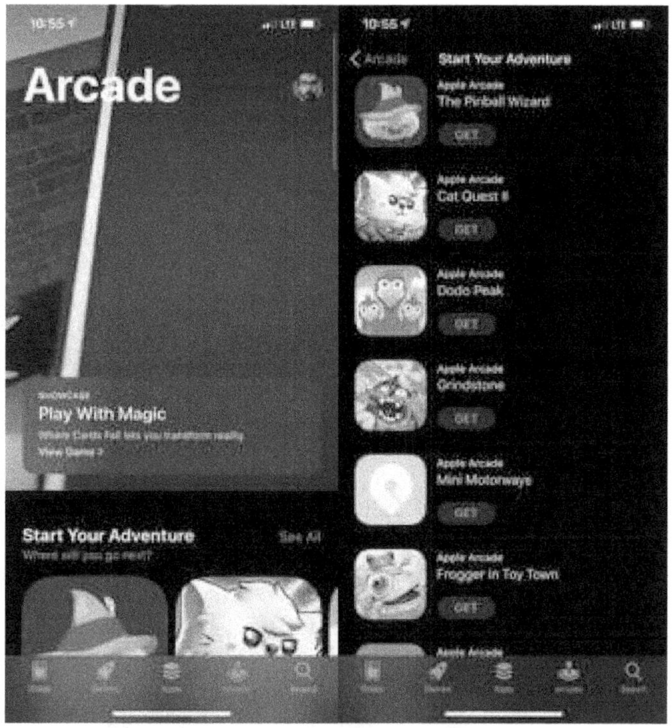

ゲームについて読むときは、アプリのサイズに注意してください。データ制限がある場合は、Wi-Fi経由でダウンロードするようにしてください。.

このアプリは、あなたの携帯電話にある他のアプリと同じように見える。唯一の違いはスプラッシュ画面で、"Arcade".."

アーケードの解約サブスクリプション

解約方法はすべて同じです。アプリストアにアクセスし、アカウントをタップします。次に、「購読」をタップします。

Apple Arcadeを含む、アクティブなすべてのサブスクリプションが表示されます。.

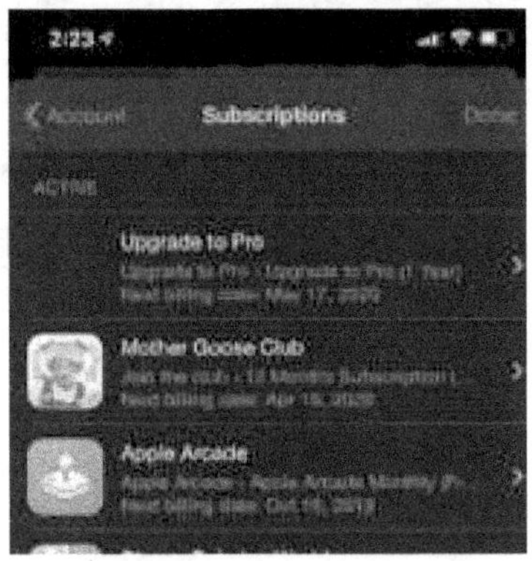

クリックすると、下にキャンセルするオプションがある。

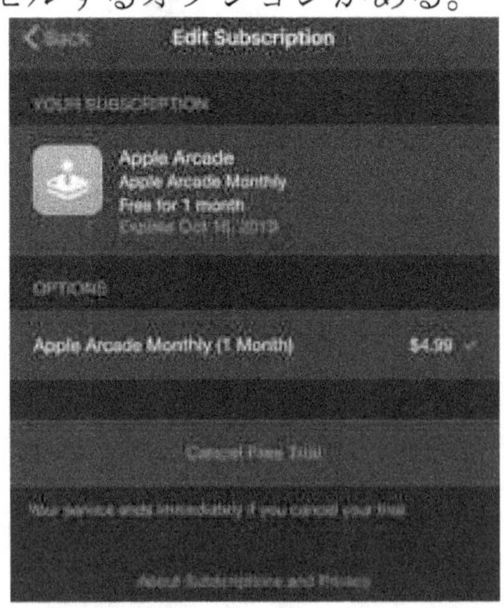

サブスクリプションの有効期限が切れると、すべてのゲームが消去されるという通知が届きます（注：キャンセルした日ではなく、当初の有効期限が切れることにご注意ください）。

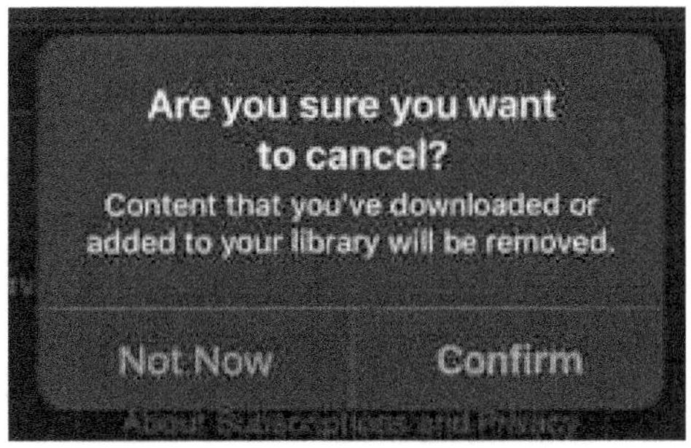

サブスクリプションの詳細で、いつキャンセルされたかがわかるようになりました。

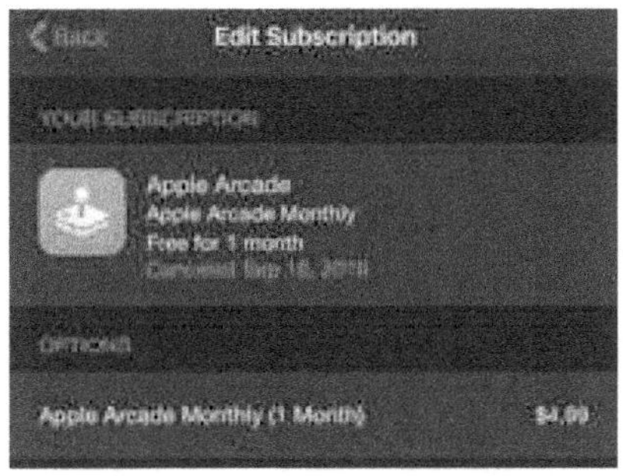

アップルTV+

アップルはかなり以前から、テレビかなり長い間、このサービスに取り組んできた。2019年、ついにその詳細が明らかになった。月額4.99ドル（iPhone、iPad、Apple Watch、Apple TV、Macを購入した場合は1年間無料-将来変更される可能性があることに注意）で、11月1日に開始された。

これらの番組を見るには、TVアプリにアクセスする。アプリで見ることができる。Apple TV、iPad、iPhoneで利用可能で、あなたの場所を記憶するので、あるデバイスで一時停止しても、別のデバイスで中断したところから再開できる。

毎月のように番組や映画が追加され、現在放送中の番組も次のシーズンを迎える。

アップル・ミュージック

アップルミュージックはアップルの音楽ストリーミングサービスである。

多くの人が疑問に思うのは、どちらが優れているかということだろう：SpotifyとApple Music?紙の上では、それは難しい。どちらも曲数は同じで、料金も同じ（月額9.99ドル、学生は5ドル、家族は14.99ドル）。

明確な勝者はいない。結局は好みだ。Spotifyには、広告付きの無料プランなど、良い機能もある。

アップル・ミュージックの際立った特徴のひとつはの目玉機能のひとつがiTunesマッチ.もしあなたが私のように、コンピューターに大量のオーディオ・ファイル・コレクションを持っているなら、iTunes Matchを気に入るだろう。アップルはこれらのファイルをクラウドに置き、どのデバイスでもストリーミングできる。この機能は、Apple Music を持っていない場合でも年間25ドルで利用できる。

アップル・ミュージックアップル・ミュージックは、アップル・デバイスとの相性も抜群である。アップル・ハウス（つまり、スマートスピーカーからテレビまで、所有しているものすべてにアップルのロゴが付いている）であれば、アップル・ミュージックはおそらくあなたにとって最高のものだろう。

アップルは他のスマートスピーカーと互換性があるが、独自のデバイスで輝くように作られている。

Spotifyについてはここでは取り上げないが、アドバイスとしては、両方を試してみて（どちらも無料トライアルがある）、どちらのインターフェイスが好みかを確認することだ。

アップルミュージッククラッシュコース

アップル・ミュージックで何ができるかを説明する前にApple Music がウェブブラウザ（ベータ版）からアクセスできるようになったことは、注目に値する。http://beta.music.apple.com。

また、私には小さな女の子がいるため、"大人向け "の音楽をあまり聴く機会がない！

Apple Music のメインナビゲーションのメインナビゲーションは一番下にあります。5つの基本メニューから選択できる：

- 図書館
- あなたのために
- ブラウズ
- ラジオ
- 検索

図書館

プレイリストを作成したり、曲やアルバムをダウンロードしたりするときは、ここで探すことになる。

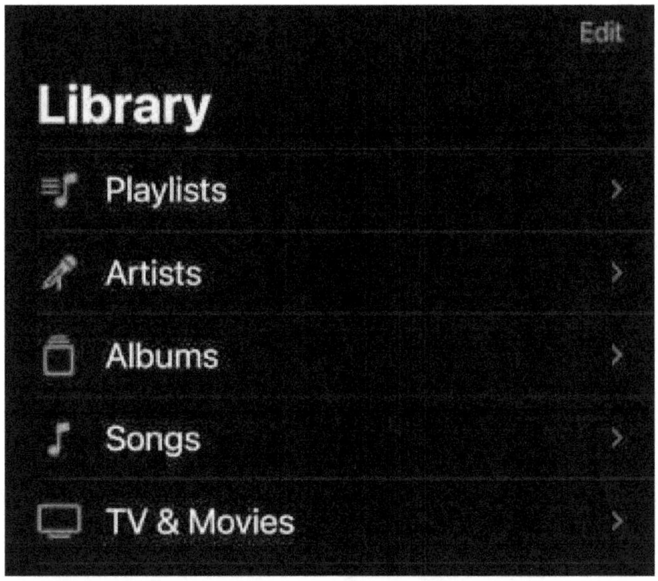

この最初のリストに表示されるカテゴリーを変更するには、「編集」をタップし、必要なカテゴリーにチェックを入れる。変更を保存するには、必ず「完了」を押してください。

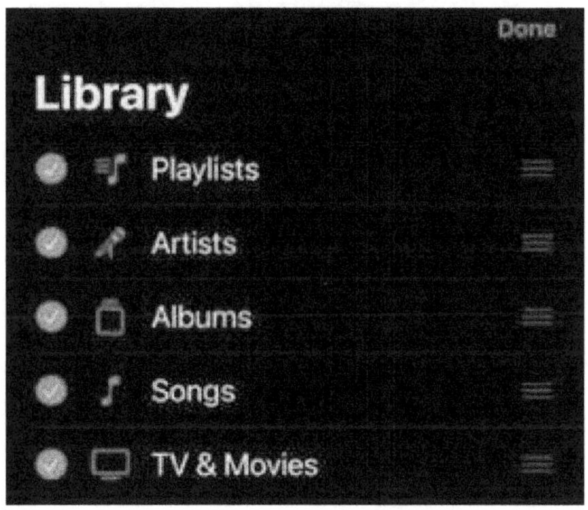

再生したいプレイリストをタップしたら、オプションメニューを表示する3つの点をタップし、「プレイリストを共有」をタップすることで、友達と共有することもできます。

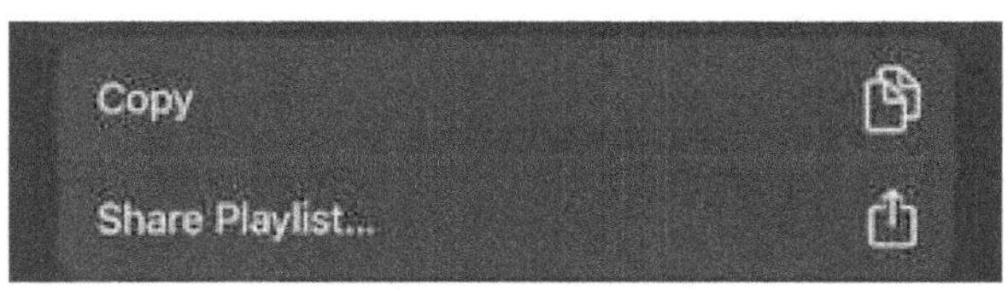

今すぐ聴く

音楽を再生すると、Apple Musicはどんどんあなたのことを知り始めます。Listen Nowでは、これらの曲をミックスしたり、他のおすすめを見ることができます。

さまざまなスタイルの音楽に加え、友達のおすすめもあるので、友達が聴いている音楽から新しい音楽を発見することもできる。

ブラウズ

お勧めのジャンルはお決まりですか？Browseメニューでジャンルをブラウズすることもできます。さまざまなジャンルのカテゴリーに加え、新しい音楽や人気の音楽も確認できます。

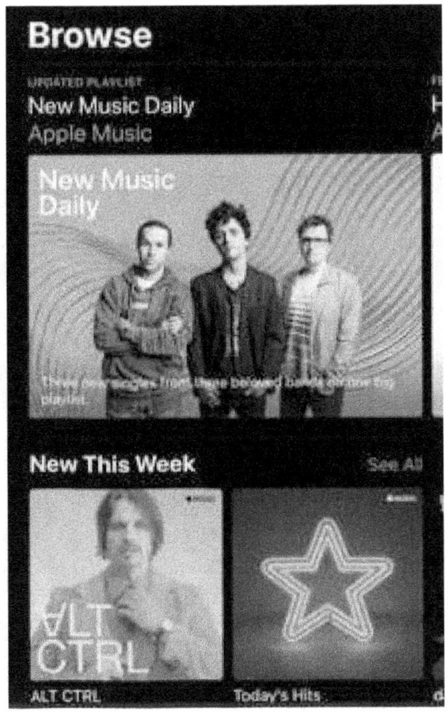

ラジオ

ラジオはアップル版AM/FMで、メインのラジオ局はBeats Oneだ。オンエアのDJがおり、ラジオ局に期待されるあらゆるものが揃っている。

Beats Oneはアップルのフラッグシップ・ステーションだが、それだけではない。下にスクロールして「その他」の下にある「ラジオ局」をタップすると、音楽のスタイル（カントリー、オルタナティブ、ロックなど）に基づいた他のラジオ局を検索して見ることができる。このメニューの下には、ニュースやスポーツを扱うトーク・ステーションもいくつかある。通常のラジオで聴くような意見の多いトークラジオは期待しない方がいい。

検索

最後のオプションは検索メニューだ。探したいもの（アーティスト、アルバム、ジャンルなど）を入力する。

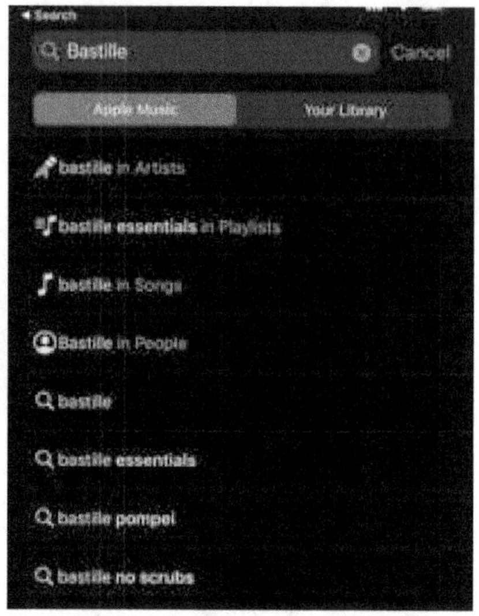

音楽を聴くプレイリストの作成

画面下部から現在聴いている音楽にアクセスできる。

これで、聴いている曲の全画面が表示され、いくつかのオプションが選べる。

再生、戻る／進む、音量ボタンはいたってシンプルだ。その下のボタンは新しく見えるかもしれない。

最初のオプションは歌詞です。曲が一時停止中であれば、歌詞を読むことができる。曲が再生中であれば、現在再生中の曲の歌詞が太字で表示される。もしあなたが、歌手が

"dense "と言っているのか "dance
"と言っているのか疑問に思ったことがあるなら、この機能は画期的だ。

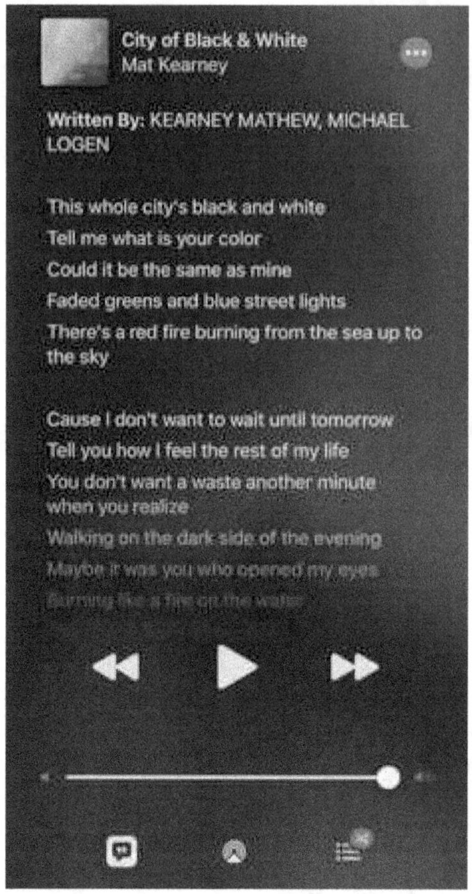

真ん中のオプションでは、音楽を再生する場所を選ぶことができる。例えば、HomePodを持っていて、そのデバイスからワイヤレスで音楽を聴きたい場合は、ここで変更できる。

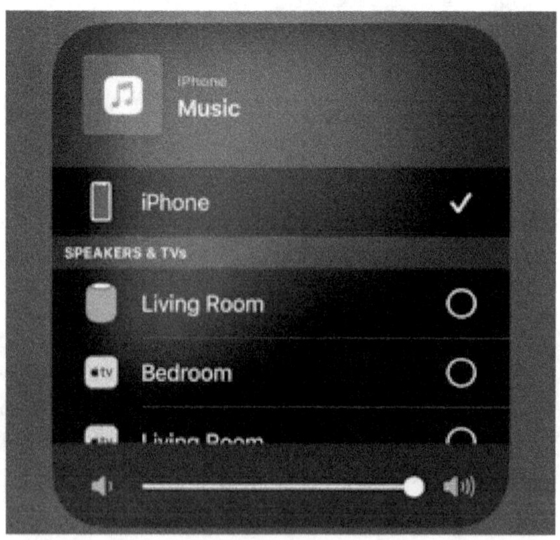

最後のオプションは、プレイリストの次の曲を表示します。

プレイリストに曲を追加したい場合は、アルバム／アーティスト名の横にある3つの点をクリックする。すると、いくつかのオプションのリストが表示されます（ここで曲の好き嫌いをすることもできます。プレイリストに追加
"です。プレイリストを持っていない場合や、新しいプレイリストに追加したい場合は、ここで作成することもできます。

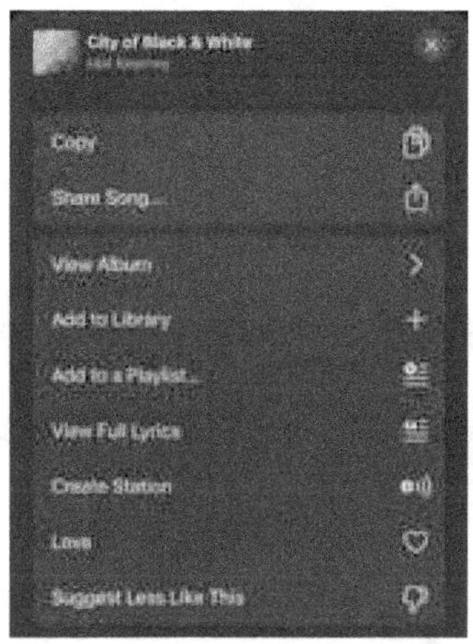

アーティストの名前をタップすると、そのアーティストのすべての楽曲を見ることができる。

バンドの情報、人気曲、アルバムに加え、彼らの必須曲のプレイリストや、彼らが影響を受けたバンドのプレイリストを見ることができる。

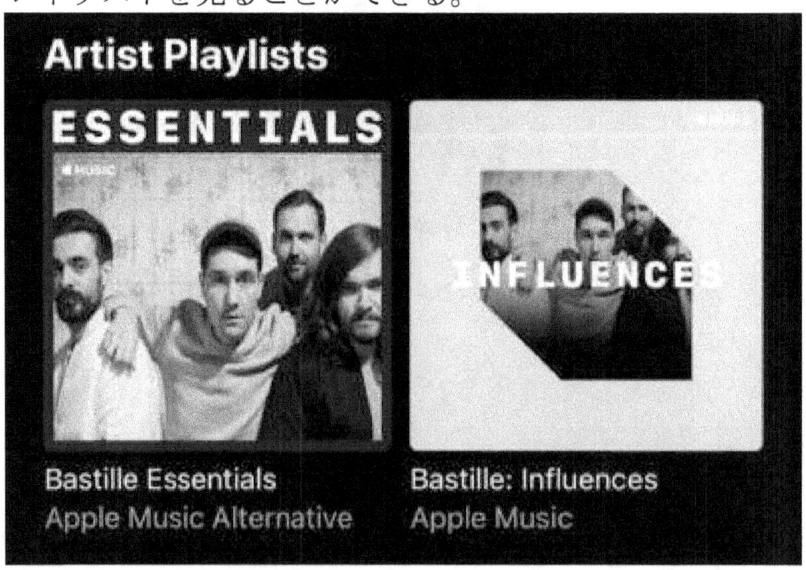

一番下までスクロールすると、Similar Artistsも表示され、現在聴いているバンドに似た新しいバンドを発見するのに最適な方法だ。

Apple Musicを最大限に活用するためのヒント

ハート・イット

お気に召しましたか？好きですか？嫌いですか？嫌い？アップルは、あなたが何を聴いているかによってあなたを知ることができますが、あなたが本当に好きな曲...または本当に嫌いな曲の感想を伝えると、精度が向上します。

使用設定

Apple Musicの最も便利な機能のいくつかは、Apple Musicにはありません。それはApple Musicの中ではなく、あなたの設定の中にあります。

設定」アプリを開き、「ミュージック」までスクロールします。.

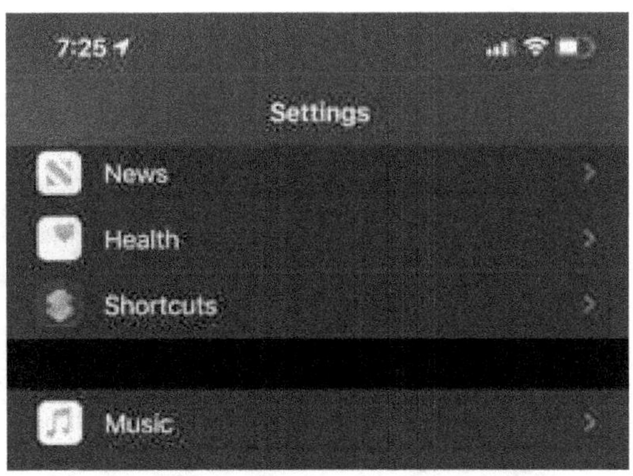

ここで注意すべきことがいくつかある。

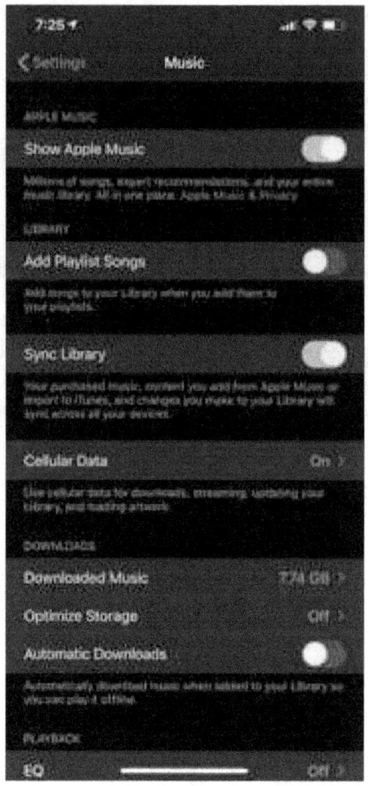

最初の項目は「セルラーデータ」の下にあります。これをタップすると、高画質ストリーミングのオンとオフを切り替えるオプションが表示されます。データ通信中でも最高の画質を望むなら、オンにしてください。

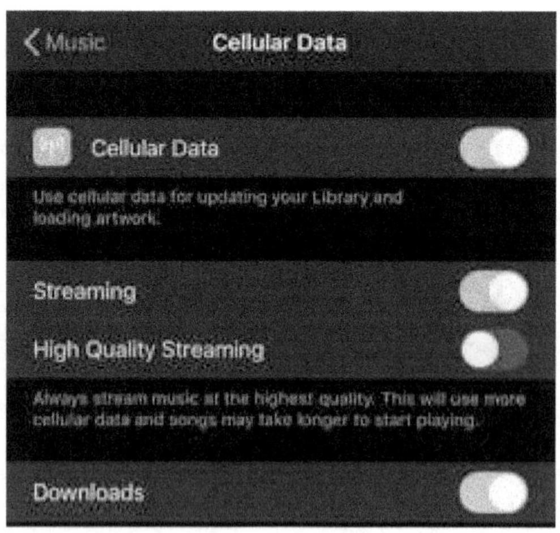

次に、「ストレージの最適化」に進みます。容量が不足している場合は、タップしてオフに切り替えてください。

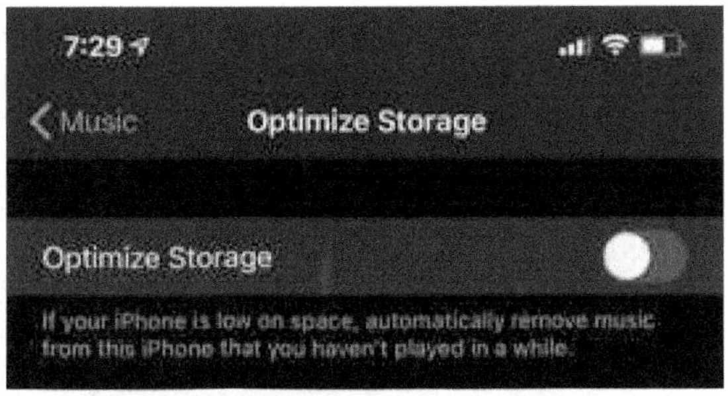

低音を強めたり弱めたり、音楽の聞こえ方を変えたい場合は、設定のEQに進みます。

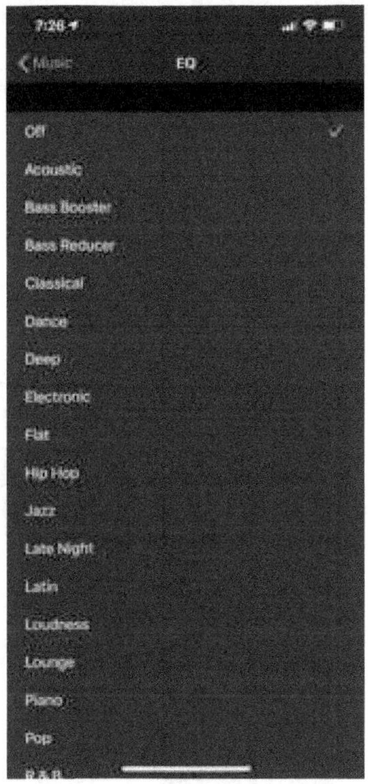

音楽をダウンロード

外出先でデータに頼りたくない場合は、音楽の「クラウド」をタップして音楽を携帯電話にダウンロードしてください。クラウドが表示されない場合は、プラスをタップしてライブラリに追加してください。

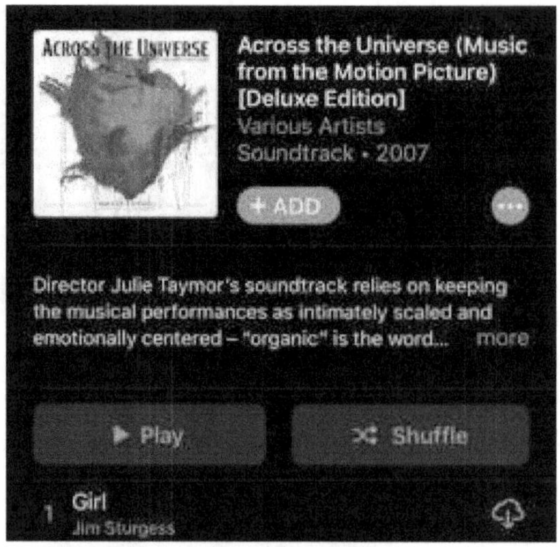

ヘイ、シリ

Siriは音楽を知っている！Hey
Siri」と言って、何を聴きたいかを言えば、AIが仕事を始める。

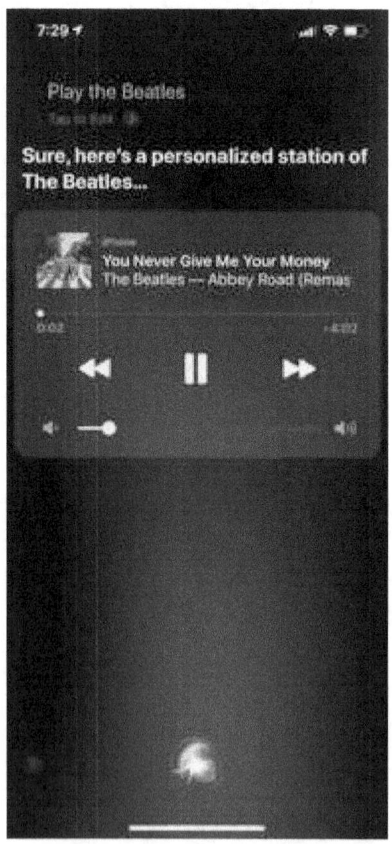

音楽で目覚める

ブザー音の代わりに曲で目覚めたい場合は、アラームを開いてください。次に、"サウンド."

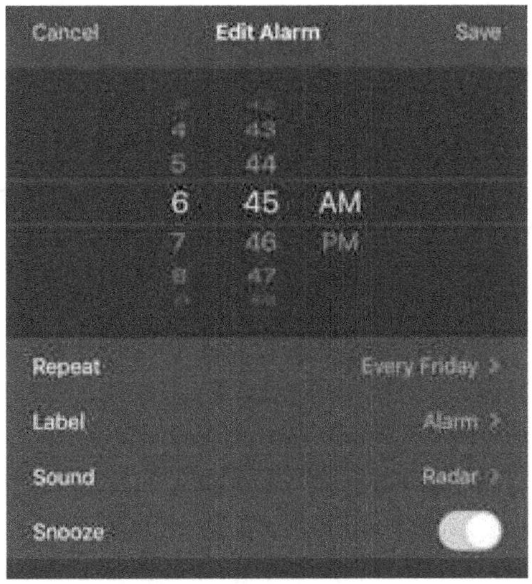

ここから "Pick a Song "を選ぶ。

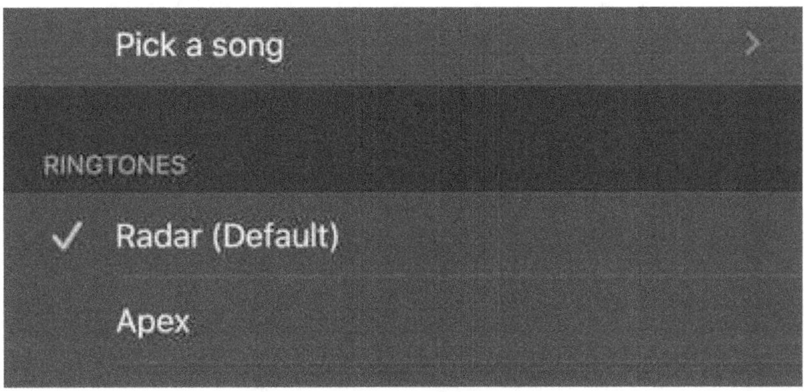

最後に、音楽を選ぶ。

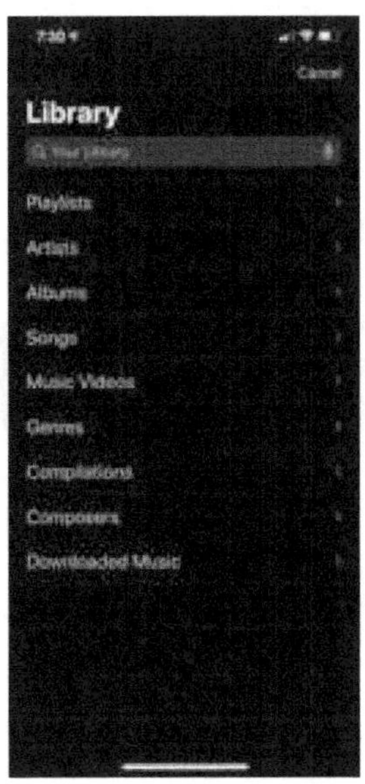

アップル・ニュース+

2012年、「Next」（後に「Tex-
ture」に改名）という大きな野望を抱いた小さなアプリが、雑誌のNet-
flixを生み出し、雑誌業界を破壊した。低価格で何百もの雑誌（バックナンバーも）を読むことができた。それらは小さなインディーズ雑誌ではなく、大手雑誌だった：Peo-
ple』、『Time』、『Wired』などだ。

アップルはこれに注目し、2018年に同社を買収した。壁に書いてあった：アップルは印刷サービスに参入したかったのだ。

2019年、アップルが「News」という新サービスをリリースするため、Tex-
tureの閉鎖が発表された。+.News+はTextureが行っていたことをすべて行うが、新聞（Los Angeles TimesとThe Wall Street Journal）も組み合わせる。

ニュースをキュレーションしてくれる無料版もあるが、雑誌の定期購読ができる有料版は9.99ドル。(プランには5人の家族が登録できる）。

アップルニュースが際立っているのは、あなたとあなたの好みに合わせてキュレーションされていることです。もしあなたのプランに他の家族がいる場合、その家族向けのニュースもキュレーションされます。

アップルニュースクラッシュコース

始めるには、携帯電話からニュースアプリを開いてください。

アプリのUIはとてもシンプルだ。下部に3つのメニューがある：

Today-キュレーション・ニュースはここで見つかる

ニュース+-雑誌を探す

Following-
ここで興味のあるものを変更したり、特定のニュースのフォローを外したりできる。

今日

To-
dayメニューでは、すべてのニュース（トップニュース／ニュース速報から始まる）をスクロール形式で見ることができる。

このアプリはジェスチャーを多用する。見出しやストーリーの上で左にスワイプすると、そのようなストーリーをもっと提案したり、ストーリーを共有したり、ストーリーを後で保存したりするオプションが表示される。

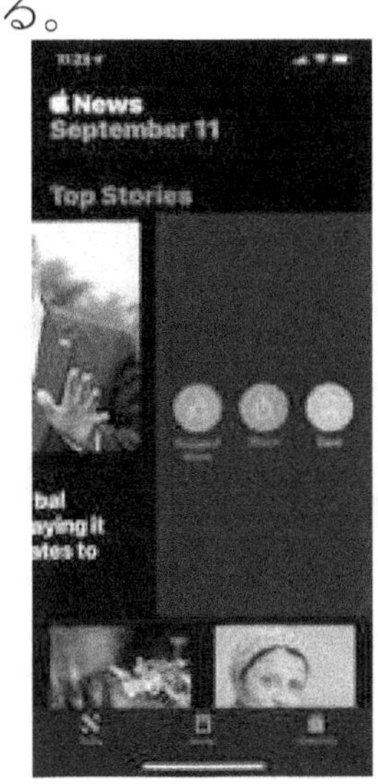

記事の上で右にスワイプすると、その記事を「嫌い」（そうすれば似たような記事が表示されなくなる）、または「報告」することができる。一般的に、ニュースアプリで「報告する」とは、何らかの不適切な性質があると判断することを意味する。ここでもその通りだが、日付が間違っている、カテゴリーが間違っている、リンク切れなど、報告する理由は他にもある。

下にスクロールしていくと、さまざまなカテゴリー（下の例ではTrending Sto-
ries）が表示され始めます。3つの点と丸をタップすると、フィードに表示されないようにブロックするオプションが表示されます。

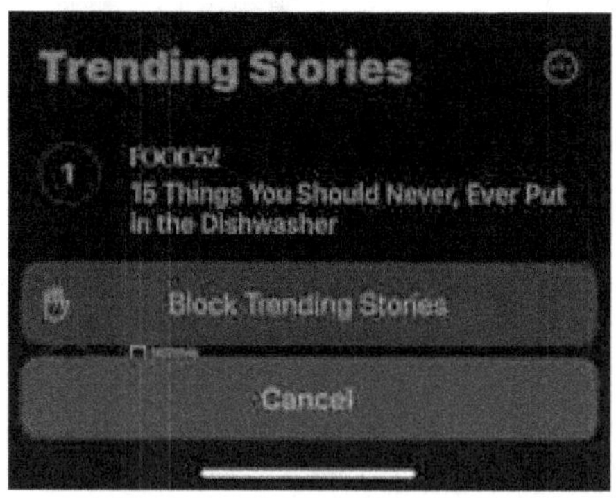

ストーリーを読むためにタップすると、いくつかのオプションしかない。一番上には、テキストを大きくしたり小さくしたりするオプションがあり、その隣には、ストーリーを友人と共有するオプションがある（その友人がApple
News).前のページに戻るには、左上にある戻る矢印をタップするか、画面の左側から右にスワイプする。

アップル・ニュースに対する批判の一つは、そのUIである。アップルがロサンゼルス・タイムズ紙とウォールストリート・ジャーナル紙との提携とともにこのサービスを発表したとき、多くの人が雑誌セクションで見られるような完全な新聞タイプのレイアウトを期待していた。

さらに悪いことに、多くの人は新聞の見つけ方さえ知らなかった。見つけたとしても、記事を検索することはできなかった。このアプリはかなり機知に富んでいるが、これはまだ初期の製品であり、あなたが望む機能のいくつかはまだないかもしれない。

とはいえ、『ロサンゼルス・タイムズ』紙（あるいはアップル・ニュースに掲載されている新聞）は、もっと伝統的な方法で「一応」読むことができる。をもっと伝統的な方法で読むことができる。まず、フィードでもっと見たい新聞社の記事を見つけ、記事の一番上にある新聞社名をクリックする。

Los Angeles Times

これにより、その出版物とその出版物に掲載されたすべてのトピックが表示されます。

特定の記事や出版物を検索したい場合は、画面下部のタブでFollowingに向かい、探したいものを検索する。

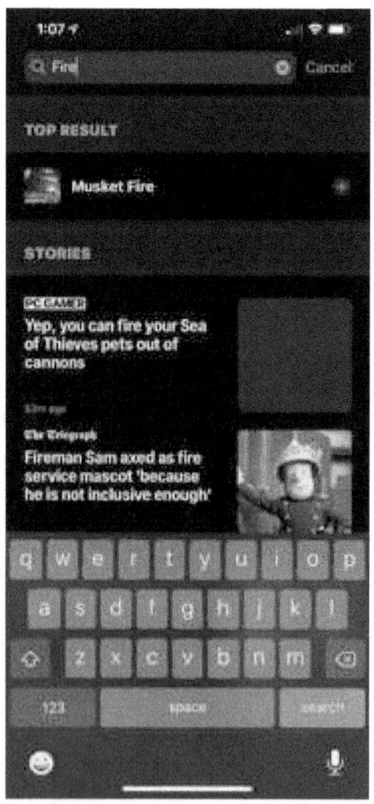

以下

Followingタブにいるのだから、それについて少し話してから、真ん中のタブに戻ろう（News+).

ここでは、履歴を見たり、保存したストーリーを読んだり（前述のとおり）、ストーリーや出版物を検索したり、トピックをフォローしたりフォローを解除したりすることができる。

カテゴリのフォローを解除するには、そのカテゴリを左にスワイプし、フォロー解除を選択します。

新しいカテゴリーを追加するには、少し下にスクロールします。トピックの候補が表示されます。フォローしたいトピックの＋をタップしてください。

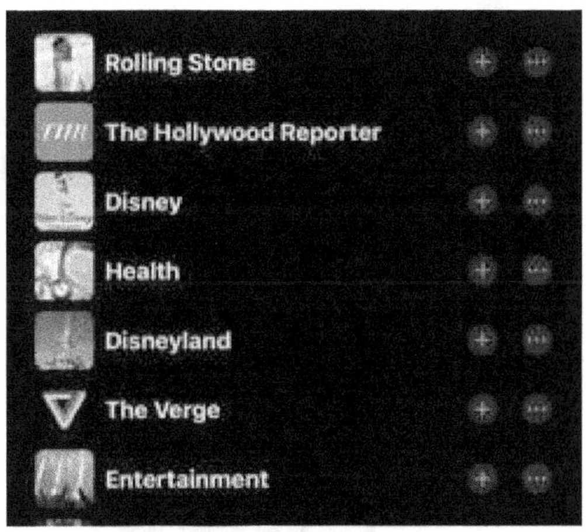

右上の編集ボタンをタップすると、カテゴリーを移動できます。

ニュース+

最後のセクションはニュース+あなたが好きな雑誌はすべてここにあります。

このフォーマットはTo-
dayの画面と似ており、あなたが読んでいる雑誌が一番上に、その下にはアプリがあなたが興味を持ちそうだと考えるいくつかの異なる雑誌から抜粋された記事が並んでいる。また、よりパーソナライズされたFor Youセクションもある。

リストから記事を読むと、実際の雑誌が開き、Today エリアの記事とは少し違って見える。

雑誌の続きを読みたいとき（あるいはバックナンバーを見たいとき）はいつでも、今読んでいる記事のロゴをクリックしてください。

そうすると、雑誌の最新記事だけでなく、読めるすべての号のリストが表示される。

右上の＋ボタンをタップすると、出版物をフォローできる。

マイ雑誌セクションから雑誌の表紙を長押しすると、その雑誌のフォローを解除したり、削除したり、バックナンバーを見たりすることもできます。

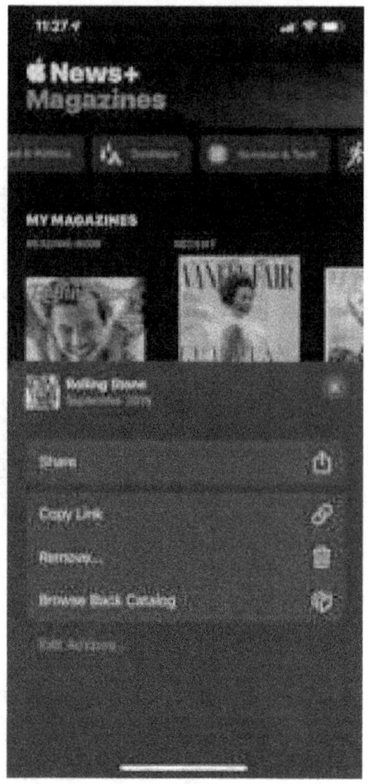

利用可能なすべての雑誌を閲覧するには、メイン画面からカタログを閲覧を選択します（または、興味のあるカテゴリーで閲覧します）。

これで読める雑誌のリストが表示される（この記事を書いている時点では約300誌）。

どれかを長押しすると、雑誌のダウンロード、フォロー、ブロック、バックナンバー・ライブラリーの閲覧ができる。

アップルカード

アップルの新製品の中で最も話題になっているもののひとつがアップルカードである。. アップル・カードは、一見すると一般的なクレジットカードと変わらない。最高の特典（購入額に応じて1%から3%のキャッシュバック）や最高の金利はないかもしれないが、だからといって業界を破壊していないわけではない。

表面的には、アップル・カードの利点はの利点は、特典を待たずに翌日に受け取れることだ。それはいいことだ。しかし、このカードが優れているのは、セキュリティと購入履歴の管理方法だ。

カードの取得

アップルカードアップルカードを作るのは、おそらくこれまでの人生で最も簡単なクレジットカード登録だろう。まずは、iPhoneのWalletアプリから始めましょう。

アプリが開いたら、「+」ボタンをクリックし、申請に従ってください。一連の質問が表示され、承認されるかどうかが表示されます。

承認されると、あなたのカードは他のカードと一緒にWalletアプリに表示されます。

アップルペイがない場合

カードが承認されたら、すぐに使い始めることができます！カードを待つ必要はない。むしろ、カードを使わない方が特典は大きい！

しかし、カードが必要な場合もある。すべての人がApple Payを使えるわけではない。結局のところ。幸いなことに、カードをリクエストすることができる。

おそらくカードを見て驚くだろう。分厚い。本当に分厚い。財布の中で一番厚いカードかもしれない！曲げることもできない。プラスチックのカードとは思えない。金属のように感じる。それは金属でできているからだ。幸いなことに全然重くない。

到着まで1週間ほどかかり、アクティベートするとおそらく感動することになるだろう。電話番号はない。ウェブサイトに入力する番号もない。そんなものは一切ない。

スタイリッシュな封筒に入っており、封筒のフラップを持ち上げてiPhoneの底の横に置くと、カードが認識され、アクティベーション・プロセスが始まる。下の画面のように見えるが、図のカードはすでにアクティベートされているため、手順がなくなっている。すべてのプロセスは素早く、スタイリッシュで、隙がない。

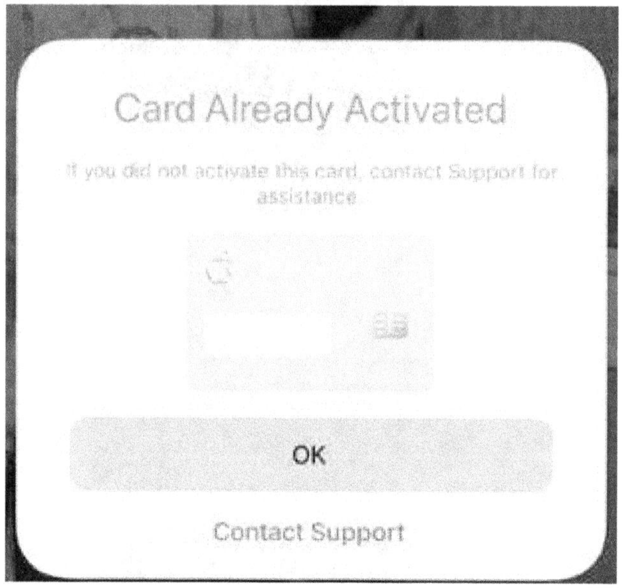

多くの人は、Apple Payが利用できないオンラインでカードを使うには、カードを待たなければならないと考えている。と思っている人が多い。そんなことはない。クレジットカード番号さえあればいいのです。クレジットカード番号なんてありませんよね！そこが間違っている。目に見える番号はありませんが、番号はあります。

表示するには、Walletアプリでカードをタップし、上部にある3つの小さな点をタップします。

アカウント情報が表示され、利用限度額、金利、支払い方法、サポートへの問い合わせなどができます。オプションのひとつに "カード情報 "があります。

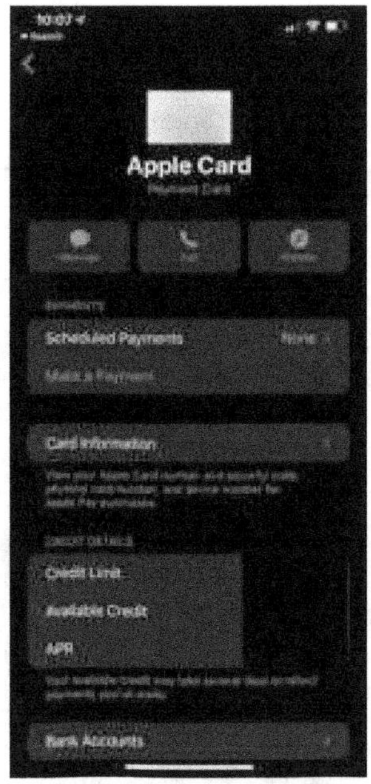

カード番号、有効期限、セキュリティカードが確認できます。誰かに番号を知られるのが心配ですか？新しい番号をリクエストしてください。

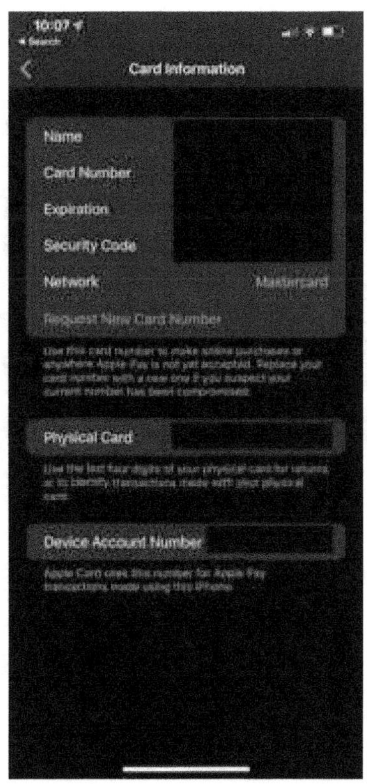

新しい番号をリクエストしても、物理的なカードには影響しません。もし誰かがあなたの物理的なカードを盗んだ場合は、そのカードを無効にし、新しいカードをリクエストしてください。その方法は？戻る矢印を押してアカウントメニューに戻ります。スクロールダウンして "Request Replacement Card

"を選択します。これでアカウントは一時停止され、今後の取引が停止され、新しいカードが送付されます。

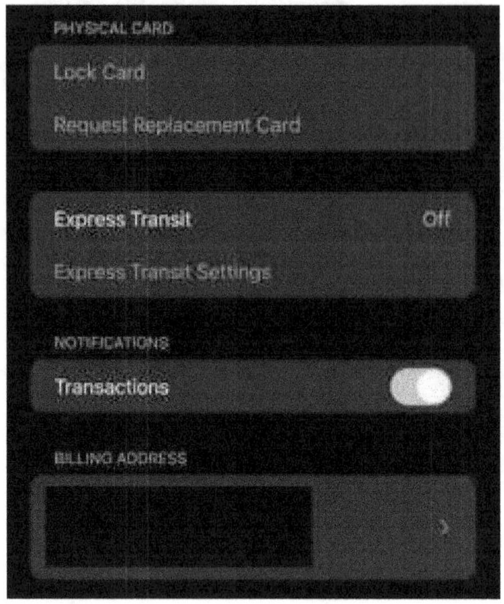

カードを削除したい場合は？画面を1つ戻って、画面の一番下まで行き、「このカードを削除」をタップしてください（ただし、この操作ではアカウントは閉鎖されません）。

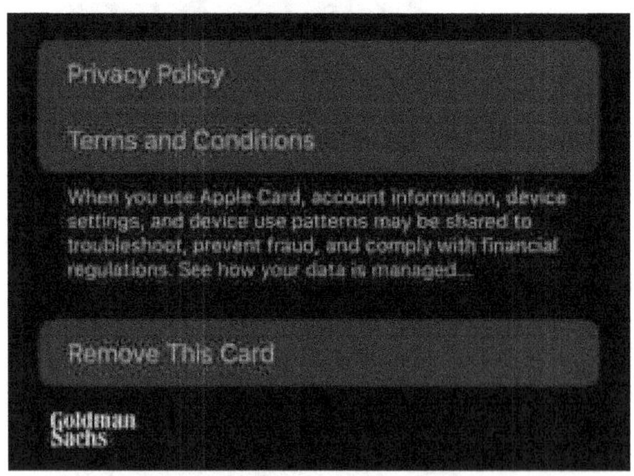

カード・アクティビティを見る

Wal-
letアプリからカードをタップすると、残高、支払期限、最近の取引など、すべてのアクティビティが表示されます。

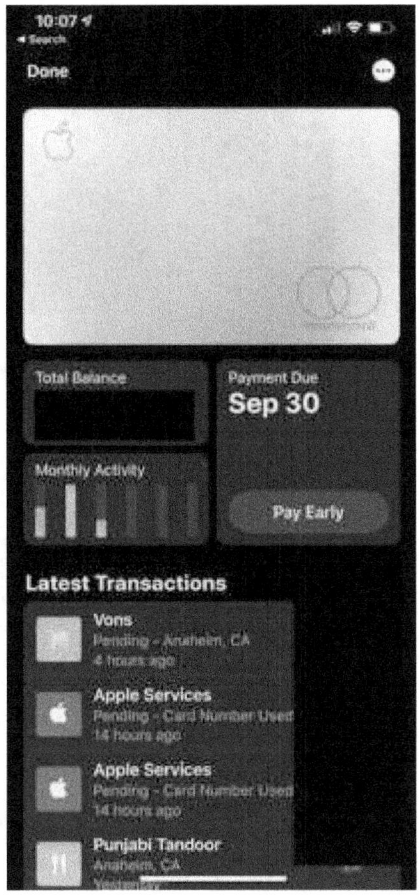

取引が何なのかわからない？タップすると、その店に関する詳細情報が表示され、多くの場合、購入した場所の地図が表示される。これは、謎の支払いを追跡する際に役立つ。他のクレジットカードでは、意味不明の奇妙な名前で表示され、ビジネスというよりコードのように見える。

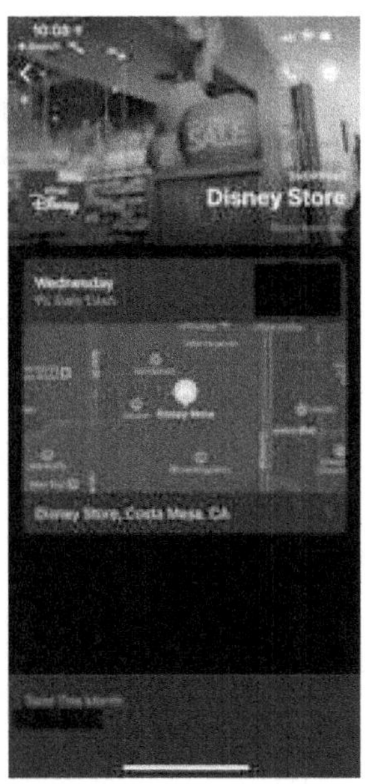

前の画面から「月間アクティビティ」をタップすると、お金を使ったカテゴリーが表示されます。また、報酬も確認できます。

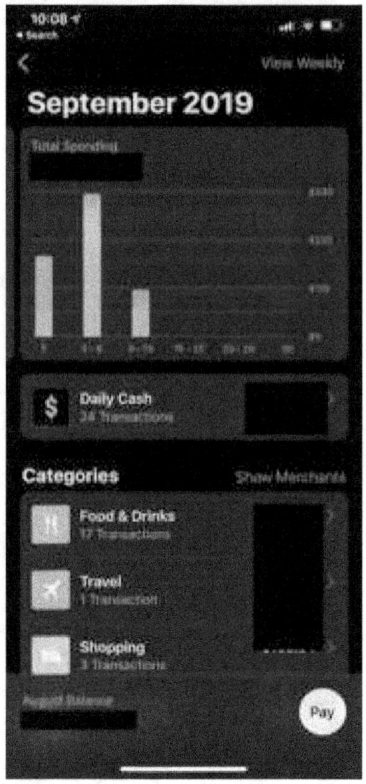

気になるのは、その特典をどのように使うかということだろう。特典金はキャッシュカードと呼ばれる別のカードに入っており、Wal-
letアプリからアクセスできる。このキャッシュカードは、Apple
Payが使える場所ならどこでも使えます。またはそのまま銀行口座に振り込むこともできます。また、キャッシュカードを使って友達にお金を送ることもできます。

支払いと明細書の確認

カードへのお支払いを行うには、カードのメインページに移動し、支払期限ボックスをタップします。支払情報が表示されます。Apple
Cardの利息は非常に透明です。.円上の点が見えますか？チェックマークをタップし、その点のひとつまでドラッグしてください。これにより、支払いの一部のみを行うことで発生する金利手数料がわかります。支払いたい部分までドラッグし、「今すぐ支払う」（または「後で支払う」を選択して支払いを予約する）を選択します。銀行口座の設定がお済みでない場合は、この時点で設定する必要があります。

クレジットカードの利用明細を見るには、メインメニューから「合計残高」をタップします。一番下まで行き、見たい利用明細を選択します。

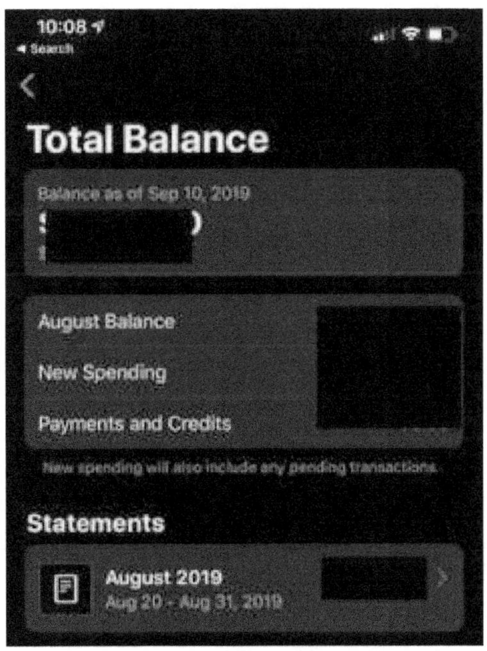

このため、簡単でハイレベルなデジタル声明文が浮かび上がった。

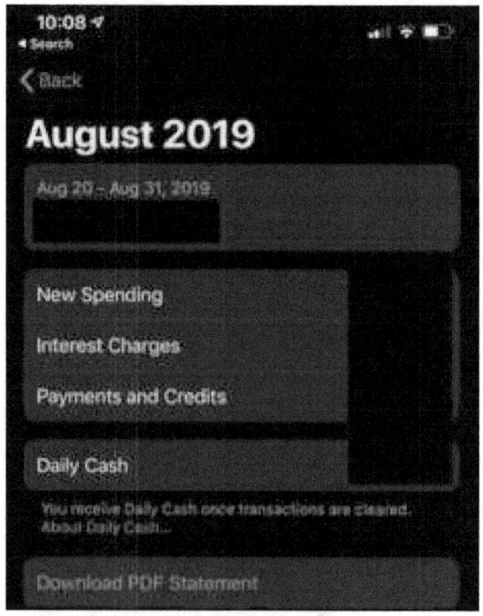

利用明細の全文を見たい場合は、「PDF利用明細をダウンロード」をタップしてください。

フィットネス

アップル・デバイスの最大の改良点のひとつが、Fitness+だ。Tこれは、フィットネス業界を破壊する新しいアップルのサービスだ。

アップルは9月にこのサービスの概要を発表したが、本書の出版時点ではまだ開始していない。

料金は月額9.99ドルまたは年額79.99ドル（新しいApple Watchを購入すると3ヶ月間無料）。また、Fitness+は新しいApple One Premierサービス（月額29.99ドル）にバンドルされ、家族全員がすべてのAppleサービスにアクセスできるようになる。

このサービスの仕組みは、Apple TV、iPad、iPhoneのいずれかを使ってワークアウトの種類を選ぶ。iPad、iPhoneのいずれかを使ってワークアウトの種類を選ぶ。ビデオワークアウトの再生中は、心拍数などがビデオで確認できる。

ワークアウトは毎週変わり、運動器具の有無にかかわらず利用できる。初心者向けと上級者向けのワークアウトがあり、アップルのAIがワークアウトのやり方に応じてさまざまなワークアウトとトレーナーを推薦する。

時間（5分から45分まで）でワークアウトを絞り込むこともできるので、スケジュールに数分しかない場合でも、そのスケジュールに合ったワークアウトのルーティンを見つけることができる。

Pelotonを使ったことがある（または知っている）なら、そのコンセプトはよく似ている。最大の違いは、より多くのデバイスで（あるいはまったくデバイスなしで）使えることだ。

ワークアウト中に流れる音楽の種類も選べる。

維持と保護

スタンバイ・モード

　せっかく何百ドルも出して買った携帯電話なのだから、時計として使ってみてはどうだろう！StandByモードは、携帯電話を水平に回転させるとデジタル時計になる新機能だ。このモードをフル活用するには、携帯電話用のスタンドを購入する価値があるだろう。もしあなたの携帯電話がMag-Safeに対応しているなら、20ドル以下で買える素晴らしいものがたくさんある。

　この機能をオンにするには、[設定]>[StandBy]を選択し、オンになっていることを確認します。

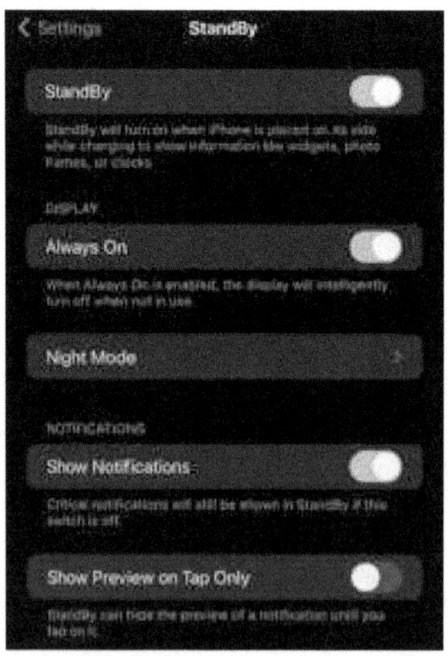

マグセーフ

MagSafeは2020年のiPh-
oneで初めて導入された。それは何か？一言で言えば、磁石です。磁石です。しかし、それだけではありません。ワイヤレスで携帯電話を充電しようとしたことがある人なら、位置合わせがうまくいかず、結果的にうまく充電できないことに遭遇したことがあるだろう。イライラすることもあるだろう。Mag-
Safe充電器（別売り）を使えば、磁石で携帯電話にくっつくので、最高の充電ができます。

MagSafeには、MagSafeウォレットやMag-
Safeチャージングパックなど、たくさんのアクセサリーがあります。

マグセーフ充電器

Mag-
Safeチャージャーは、携帯電話をワイヤレス充電する最も簡単な方法だ。アップル社製だが、サードパーティ製のソリューションもある。個人的には、充電し過ぎないようにするため、充電には常にアップル社の公式アダプターを使うことをお勧めする。個人的には、過充電にならないよう、充電には必ずアップルの公式アダプターを使うことをお勧めする。

MagSafeチャージャーの最後はUSB-Cだ。USB-
CはUSBの標準規格になりつつあるが、USB-
Cアダプターを持っていない場合は購入する必要がある。

マグセーフ・ウォレット

アップルのMagSafe Wal-
letは、アップルに期待される品質だ。強力な接続が可能で、使い方によっては、携帯電話をポケットに入れても装着したままになるはずだ。この財布の大きな欠点のひとつはサイズだ。カードは2～3枚しか入らない。ほとんどの買い物はApple Wal-
letで済ませるという考え方がある。そうするのであれば、この財布はうまく機能するかもしれない。

マグセーフ・バッテリー・パック

公式のMagSafeバッテリーパックは薄くてスマートだ。iPhone
Miniの場合、電話の端まであるので、少し持ちにくいかもしれない。また、画面のアニメーションでバッテリーの健康状態を教えてくれる。もし充電されていないと感じたら、それはまだ十分なバッテリー残量があり、充電が開始されていないからかもしれない。

アニメーションはとてもシンプルで、バッテリーの健康状態を教えてくれるだけだ。

MagSafe Bat-
teryがいくつかのバッテリーパックと違う利点は、充電器としても使えることだ。USB-Cポートに差し込むだけで、通常のMagSafe充電器と同じように使える。

MagSafeウォレットや充電器はアップル社製のものしか買えないと思ってはいけない。

以下は、磁気でデバイスを充電する安価なバッテリーパックの一例です。個人的には、もしサードパーティ製の充電パックを手に入れるなら、Ap-
pleとパートナーシップを結んでいる大きな会社のものをお勧めする。

注意しなければならないのは、携帯電話用のケースを持っている場合は、それがMag-
Safeケースであることを確認することだ。Mag-
Safeケースは、ケースに磁石が付いており、携帯電話の磁石と整列することで、磁石の接続が強力に保たれます。

インデックス

著者について

スコット・ラ・カウンテは図書館員で作家。初の著書『*Quiet, Please*：2011年にはYA本『The N00b Warriors』を出版し、アマゾンのベストセラー1位となった。最新刊は『*#OrganicJesus*』（*Kregel 2016*）：*最新刊は『#OrganicJesus: Finding Your Way to an Unprocessed, GMO-Free Christianity*』（Kregel 2016）。

ベストセラーとなった技術製品のハウツーガイドを多数執筆。現在はカリフォルニア大学バークレー校でUXデザインを、ゴッサム・ライターズ・ワークショップでライティングを教えている。

ScottDouglas.orgで彼とつながることができる。

www.ingramcontent.com/pod-product-compliance
Lightning Source LLC
LaVergne TN
LVHW082028051026
849532LV00011B/3306